A. ALEXIS MONTEIL

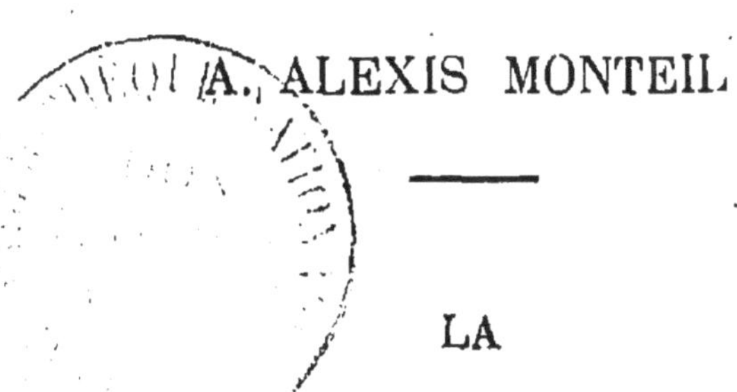

LA

MAGISTRATURE FRANÇAISE

Clichy. — Impr. Paul Dupont et Cie, rue du Bac-d'Asnières, 12.

1. Avocat du roi (1400). — II. Avocat (1564). — III. Échevin de Rouen (Henri IV).
— IV. Hérault d'armes (Henri IV). — V. Avocat du Parlement (Henri III),
d'après, Ferraris, bibl.

A. ALEXIS MONTEIL

LA
MAGISTRATURE FRANÇAISE
LES LOIS
ET LES GENS DE LOI

Depuis les premiers temps de la monarchie jusqu'à nos jours

AVEC INTRODUCTION, NOTES ET SUPPLÉMENT

PAR

CHARLES LOUANDRE

PARLEMENTS, PRÉSIDIAUX, JUSTICES ROYALES, COURS SEIGNEURIALES,
COURS D'EXCEPTION, BASOCHES, GENS DU ROI,
AVOCATS, PROCUREURS, NOTAIRES, GREFFIERS, HUISSIERS, ETC.

PARIS

BIBLIOTHÈQUE NOUVELLE

LIBRAIRIE PAUL DUPONT | **LIBRAIRIE P. DAFFIS**
41, rue Jean-Jacques-Rousseau, 41 | 7 — Rue Guénégaud — 7

AVIS SUR CETTE ÉDITION

Les ouvrages relatifs à l'histoire de nos anciennes institutions judiciaires et de nos anciennes lois ne s'adressent qu'à une classe particulière de lecteurs, c'est-à-dire aux hommes qui font de la science du droit leur étude particulière et la pratique de leur profession. Le volume que nous présentons aujourd'hui au public s'adresse tout à fois aux hommes spéciaux, et à tous ceux qui cherchent à s'instruire des choses du passé.

Ici, comme dans les autres volumes de cette nouvelle édition de Monteil, nous avons extrait du vaste travail de ce célèbre érudit tous les chapitres qui se rattachent, siècle par siècle, au sujet énoncé dans le titre du livre. Ce sujet est des plus vastes, et toutes les parties essentielles en sont traitées avec cette érudition pénétrante et toujours sûre d'elle-même, qui a fait à l'auteur une si juste renommée.

Les personnes qui s'occupent de l'histoire du droit trouveront dans ce volume les indications les plus précises, et pourront suivre époque par époque les changements que les ordon-

nances royales, la rédaction des coutumes et les arrêts des
Parlements ont introduits dans la législation générale. Les
formalités si minutieuses et si peu connues de notre ancienne
procédure civile et criminelle, y sont pour la première fois,
nous pouvons le dire sans crainte d'être contredit, mises en
pleine lumière, et présentées sous cette forme discursive et
vivante, qui est l'un des caractères du talent de Monteil, et qui
fait en quelque sorte disparaître la rouille du temps.

A côté de la partie purement scientifique, Monteil a fait
revivre le personnel de notre ancienne magistrature et tous
ceux qui, de près ou de loin, se rattachaient à l'administration de
la justice ou à la pratique du droit. Les juges des Cours souveraines, Parlements, Chambres des comptes ou Cours des aides,
les juges des siéges inférieurs, sénéchaussées, présidiaux,
bailliages, les juges des juridictions administratives, élections,
maîtrises des eaux et forêts, amirautés, les juges des tribunaux d'exception, des grands jours et des commissions extraordinaires, passent tour à tour sous nos yeux. Les avocats, les
greffiers, les huissiers, les sergents leur font cortége ; nous
assistons à leurs débats avec les juges d'église qui viennent
leur disputer les causes sous prétexte que tous les crimes et
les délits rentrent dans la catégorie des cas de conscience ;
nous les trouvons dans la salle d'audience, dans la salle des
appels, dans la salle des sentences ; nous assistons à la question par le feu, par l'eau, par les brodequins ; nous entendons
le tourmenteur nous expliquer comment on s'y prend pour faire
craquer, sans les rompre, les os des accusés, en les serrant
dans la planchette. Les prisonniers nous racontent leurs
souffrances, dans les caveaux humides des cachots seigneuriaux, et le bourreau nous apprend, par des factures authen-
tiques, ce qu'il en coûtait au roi pour faire couper la tête à
l'un de ses sujets.

Les magistrats, les avocats, tous les gens de loi du dix-neuvième siècle, retrouveront dans ce livre leur généalogie profes-
sionnelle, et pour ainsi dire la vie intime de leurs aïeux, noble

famille qui, même aux époques les plus troublées de notre histoire, a donné l'exemple du patriotisme, du désintéressement, et du dévouement à la science. Monteil signale sans doute, dans notre ancienne organisation judiciaire, de nombreux abus, mais ils tenaient à l'ensemble de la constitution politique, économique et sociale du royaume, ils ne tenaient point aux hommes chargés d'appliquer les lois, et si les plus criants abus ont disparu peu à peu, c'est que nos magistrats et nos légistes n'ont jamais cessé de les combattre, et que dans les ténèbres mêmes du moyen âge, les membres de nos Parlements, nos avocats et nos légistes ont tenté les plus généreux efforts pour améliorer la jurisprudence, élever l'idée de justice au-dessus de l'arbitraire royal ou féodal, et faire disparaître ce qu'on appelait les *mauvaises coutumes*.

Gardons-nous de l'oublier : si la France est sortie victorieuse de tant et de si terribles épreuves, c'est qu'elle a été avant tout suivant le mot de Shakespeare, un peuple de légistes et de soldats. Les soldats ont reculé ses frontières, les légistes ont fondé son unité politique ; et malgré les trahisons passagères de la fortune, la main de justice et l'épée assureront sa grandeur dans l'avenir comme elles l'ont assurée dans le passé.

Maintenant, en donnant au lecteur des explications sur le présent volume, nous ne pouvons que répéter ce que nous avons dit en tête de l'*Histoire de l'Industrie*, de l'*Agriculture* et des *Finances*. Nous avons laissé de côté la plupart des notes, lorsqu'elles ne donnaient que des indications de sources ; car ainsi que nous l'avons indiqué déjà, il suffit, pour les personnes qui font de l'érudition l'objet spécial de leurs études, que ces notes soient consignées dans les quatre éditions précédentes. Le travail de Monteil ne commençant qu'au quatorzième siècle, nous l'avons fait précéder d'une introduction générale, qui résume, depuis la période gauloise jusqu'au règne de Philippe le Bel, les faits les plus importants de l'histoire de la justice et des lois ; et nous avons donné dans un supplément une vue générale de notre organisation judiciaire et de notre législation, telles qu'elles sont sorties de la Révolution. En tête de chaque siècle, nous avons placé des arguments qui en font connaître l'esprit, au point de vue particulier du sujet qui nous occupe ; nous avons, en outre, donné quelques textes historiques, et ajouté au texte même de Monteil des notes qui l'élucident ou le complètent. Ces notes sont signées L., celles qui ne sont point signées sont de Monteil.

L'accueil bienveillant que les précédents volumes ont rencontré parmi les lecteurs, nous fait espérer que celui que nous leur offrons aujourd'hui ne sera pas reçu moins favorablement, attendu que Monteil y a mis la même science, la même exactitude, et l'éditeur les mêmes soins.

INTRODUCTION

LA JUSTICE ET LES LOIS AVANT LE QUATORZIÈME SIÈCLE.

Le sujet que nous allons aborder est trop vaste pour qu'il nous soit possible d'en exposer ici tous les détails : il nous suffira d'en donner au lecteur une idée générale et de mettre en relief les faits les plus importants. Ces faits sont très-complexes et souvent très-obscurs : on ne peut les faire comprendre qu'à la condition de les exposer avec méthode et clarté; et c'est là ce que nous avons cherché avant tout dans cette rapide exposition, qui n'a d'autre mérite que de résumer exactement les documents du passé et quelques-unes des appréciations de la science moderne.

Nous avons divisé notre travail en cinq parties : Organisation judiciaire; — Législation; — Procédure; — Pénalité; — Barreau.

Dans chacune de ces parties nous avons rigoureusement suivi l'ordre chronologique; mais avant d'entrer dans l'histoire de la France proprement dite, nous avons donné quelques indications sur la Gaule avant et pendant la conquête romaine, et pour la Gaule comme pour la France, nous n'avons avancé aucun fait qui ne soit justifié par les textes, par les historiens et par les jurisconsultes les plus autorisés de notre temps.

LA GAULE AVANT ET PENDANT LA CONQUÊTE ROMAINE.

« Les druides, dit César, jugent toutes les contestations qui intéressent les particuliers ou l'État; si quelque délit grave, si quelque meurtre a été commis, s'il s'élève une difficulté pour un héritage ou des limites, ce sont eux qui prononcent; ils récompensent et ils punissent. Lorsqu'un homme revêtu d'un caractère public ou un simple particulier ne se soumet pas à leur décision, ils lui interdisent les sacrifices; c'est là chez les Gaulois le châtiment le plus grave. Ceux que frappe cet interdit sont regardés comme des impies et des scélérats; chacun les fuit; chacun évite de les aborder et de leur parler, dans la crainte d'éprouver quelque malheur par l'effet de leur contact; ils ne sont point admis à demander justice (1). »

Chez les Éduens et quelques autres peuplades

(1) *De bello Gallico*, lib. VI, 13

gauloises, les druides élisaient chaque année une sorte de président ou magistrat suprême qui, sous le nom de *vergobret*, avait le droit de prononcer des condamnations à mort. Les criminels frappés par ces condamnations étaient sacrifiés aux dieux indigènes. On les enfermait dans de grands mannequins en osier tressé et on les brûlait tout vivants ; car, ainsi que le dit César (1), les Gaulois croyaient que l'immolation des hommes convaincus de vol, de brigandage ou de quelque autre mauvaise action était celle qui plaisait le plus aux dieux.

Voilà tout ce que nous savons de la justice gauloise. On trouve dans une foule de livres des détails plus circonstanciés, mais ces détails ne reposent que sur des hypothèses, et pour rester dans le vrai nous devons nous en tenir à ce que dit César, en faisant remarquer toutefois l'analogie qui existe entre l'interdit lancé par les druides contre ceux qui refusaient de se soumettre à leurs décisions, et l'excommunication du moyen âge.

Si de la justice nous passons à la législation, nous rencontrons la même incertitude, la même obscurité.

Les lois qui régissaient la Gaule avant la conquête romaine nous sont inconnues. Etaient-elles écrites ? faisaient-elles partie de l'enseignement que les druides donnaient dans leurs écoles ? ou, comme les coutumes du moyen âge, consistaient-elles uniquement dans des traditions orales qui se transmettaient de génération en génération ? nous ne saurions le

______

(1) *De bello Gallico*, lib. **VI, 16.**

dire, et nous ne pourrions mieux faire que de transcrire ici les textes de César, qui seuls nous en font connaître quelques dispositions :

« Quand les maris ont reçu de leurs femmes une somme d'argent à titre de douaire, ils mettent dans la communauté, après avoir fait estimer leurs biens, une part de ces biens équivalente au douaire. On constate dans un seul et même compte le total des deux apports, et les fruits en sont mis de côté ; quel que soit le survivant, c'est à lui que reviennent les deux parts, avec tous les fruits précédemment perçus.

« Les hommes ont droit de vie et de mort sur leurs femmes et sur leurs enfants.

« Lorsqu'un chef de famille d'un rang élevé vient à mourir, ses parents se rassemblent, et s'ils ont quelque sujet de soupçonner que sa mort soit le résultat d'un crime, ils appliquent ses femmes à la torture réservée aux esclaves ; quand le crime est prouvé, ils les font périr par le fer et les plus cruels supplices (1)...

« Les cités qui sont regardées comme les plus habiles dans l'administration de leurs affaires ont décrété dans leurs lois que quiconque apprenait, soit par ses voisins, soit par la rumeur publique, quelque nouvelle intéressant l'État, était tenu d'en faire part au magistrat et de ne la communiquer à aucune autre personne, car on savait par expérience que souvent des

____

(1) Outre la peine de mort, les Gaulois appliquaient aussi le bannissement, la confiscation, la mutilation et l'amende.

gens légers et ignorants, troublés par des bruits sans consistance, étaient entraînés au crime et tentaient des coups désespérés. Les magistrats cachent ce qu'ils jugent convenable de tenir secret, et informent le peuple de ce qu'ils croient utile. Il n'est point permis de s'entretenir des affaires publiques ailleurs que dans l'assemblée (1). »

César et les empereurs, en soumettant nos sauvages aïeux, leur imposèrent les lois et les institutions judiciaires qui régissaient la péninsule italique; car, ainsi que l'a dit un éminent historien : « Rome, à mesure qu'elle étendait ses conquêtes, façonnait le monde à son image, et l'on vit s'élever autour d'elle et dans l'immense étendue de sa domination autant de petites Romes qu'elle avait fondé ou conquis de villes (2). » Mais le droit romain, en pénétrant dans les Gaules, se dépouilla de son excessive rigueur, et se rapprocha du *jus gentium*, en même temps qu'il laissait subsister quelques-unes des coutumes précédemment établies (3).

______

(1) *De bello gallico*, lib. VI, 19.

(2) Lehuërou, *Institutions mérovingiennes*, Paris, 1842, in-8º, p. 144. Voir, pour tout ce qui concerne l'organisation des tribunaux romains, dans les préfectures de l'empire, M. Bécot : *De la Justice répressive*, Paris, 1860, 1 vol. in-8º, p. 95 et suiv. — M. Grellet-Dumazeau, le *Barreau romain*, Paris, 1858, in-8º.

(3) Il n'est pas besoin d'ajouter que le droit qui régissait la Gaule sous la domination romaine subit les mêmes modifications que dans le reste de l'empire, et qu'au moment des invasions barbares c'était le *Codex*, les *Pandectes*, les *Institutes* et les *Nouvelles constitutions* qui étaient en vigueur.

La Gaule fut comprise dans la quatrième des grandes préfectures entre lesquelles était partagé l'empire ; cette préfecture fut divisée en trois grands diocèses, subdivisés eux-mêmes en vingt-neuf provinces. Chacune de ces provinces avait son tribunal qui jugeait au chef-lieu, et où siégeaient comme magistrats criminels, les gouverneurs des provinces qu'on désignait sous les noms de *rectores, correctores, proconsules, præsides*, à cause de certaines différences dans leur dignité ou l'étendue de leur pouvoir. Au-dessous des tribunaux de province, qui correspondaient exactement à nos cours d'assises, il existait des juridictions inférieures où siégeaient des magistrats connus sous le nom de *judices pedanœi ;* enfin dans les municipes, les citoyens du premier ordre, les curiales, remplissaient aussi des fonctions de judicature.

Les choses restèrent en cet état jusqu'au règne de Constantin. Ce prince établit sous le nom de comtes (1), *comites*, des officiers qui, préposés d'abord au commandement des armées, furent investis plus tard d'attributions juridiques et devinrent sous Clovis et ses successeurs les grands juges et les fonctionnaires les plus importants des États mérovingiens.

---

(1) Le nom de comte, qui n'était à l'origine que le titre d'une fonction, devint un titre de noblesse au moment où ceux qui le portaient se furent attribué, par l'hérédité des bénéfices ou l'hérédité des fonctions, la plupart des droits attachés à l'autorité royale.

ORGANISATION JUDICIAIRE.

MONARCHIE FRANQUE.

Les peuplades germaniques, en s'établissant dans la Gaule romaine, y portèrent leurs coutumes et s'organisèrent conformément à leurs traditions nationales, tout en laissant subsister pour les Gallo-Romains la jurisprudence impériale. La justice fut rendue dans des tribunaux, désignés sous le nom de *mallum*, qui rappelaient les anciennes assemblées des peuples transrhénans.

Les hommes libres, de race franque, inscrits parmi ceux qui pouvaient s'armer et faire campagne à leurs frais, avaient seuls le droit d'y siéger. Ils étaient convoqués par le comte, qui ouvrait l'audience en élevant en l'air un bouclier, et publiait un ban, *bannum*, c'est-à-dire une proclamation pour enjoindre à tous les assistants de ne point troubler l'ordre. Ceux qui enfreignaient le ban étaient mis hors la loi et chacun était autorisé à leur courir sus.

Le *mallum* était un tribunal local qui ne comprenait dans son ressort qu'une circonscription déterminée et restreinte et ne connaissait que des causes privées, au civil comme au criminel. Les affaires qui intéressaient la nation tout entière, celles qu'on pourrait appeler les causes politiques, étaient portées devant les assemblées générales de la nation, et ce fut l'une de ces assemblées qui prononça, en 613, la peine de mort contre Brunehaut (1).

L'organisation judiciaire ne subit aucune modification sous les Mérovingiens; mais elle fut notablement améliorée par Charlemagne. Afin de rendre l'expédition des procès plus rapide et de prévenir les erreurs, ce grand homme institua, dans chaque circonscription administrative, une sorte de jury permanent composé de sept assesseurs nommés échevins, *scabini* (2), auxquels il recommanda l'étude des lois. Il conféra aux *missi dominici*, c'est-à-dire aux fonctionnaires chargés d'inspecter les provinces, le droit de reviser les arrêts, et se réserva pour lui-même le jugement en dernier ressort de toutes les causes qui pouvaient s'élever entre les grands de son empire, abbés, évêques et comtes. Il les faisait comparaître devant lui, même pendant la nuit, et prononçait les sentences en se chaussant et en s'habillant (3).

L'Église avait aussi ses assises, mais elles ne ressemblaient en rien à celles de la société laïque. Ces assises se tenaient dans le sanctuaire même, aux portes des basiliques, autour des cimetières. Les cou-

(1) Recueil des *Historiens de France*, t. IV, 648; v, 607.

(2) Ducange, Glossaire, V° *Scabinus*. — Guizot. *Essais sur l'Histoire de France.*

(3) Eginhard, *Vie de Charlemagne*, p. 24.

pables y venaient se dénoncer eux-mêmes, s'accuser publiquement de leurs fautes, et solliciter la peine qui devait les réconcilier avec Dieu et avec les hommes. Les prêtres, après avoir reçu leurs aveux, les condamnaient à passer un temps plus ou moins long dans la pénitence, à jeûner, à s'abstenir du commerce des femmes, à prier, à se prosterner, à se mettre à genoux, à se flageller un certain nombre de fois par jour, d'où sont venus les noms d'*orantes*, *genuflectentes, prosternantes* et *flagellantes*, sous lesquels ils étaient désignés sous les deux premières races.

Les individus qui se plaçaient par la pénitence publique sous la direction de l'Eglise n'étaient plus justiciables des autres tribunaux, ce qui donna lieu à de graves abus. Mais cette juridiction purement morale ne suffisait pas à établir le respect des lois divines et humaines. En l'an 432, Valentinien III accorda aux évêques le droit de juger arbitralement les procès qui leur seraient soumis par les personnes civiles. Justinien à son tour affranchit les gens d'église de la juridiction laïque en les renvoyant devant les évêques et les prêtres, c'est-à-dire devant leurs pairs, et ce fut là l'origine des tribunaux ecclésiastiques, qui donnèrent lieu dans le cours du moyen âge à de graves abus, parce qu'une foule de malfaiteurs se prétendaient clercs, et cherchaient, à l'aide de ce titre usurpé, à se soustraire à la juridiction laïque.

Quant à la législation barbare, on en divise en général les monuments en trois classes différentes :

leges, capitularia, formulæ : on donnait le nom de *lois* aux coutumes nationales qui régissaient les diverses peuplades ; le nom de *capitulaires* aux constitutions promulguées par les rois et discutées par les assemblées générales de la nation, Champ de Mars ou Champ de Mai ; le nom de *formules* aux modèles d'actes judiciaires relatifs soit au droit public, soit au droit privé. Ces trois éléments de la législation barbare subirent l'influence du droit romain, et en reproduisirent quelques-unes des dispositions les plus importantes.

MONARCHIE DES CAPÉTIENS DIRECTS.

La chute de la dynastie carlovingienne modifia profondément l'état politique du pays. Les pouvoirs publics se morcelèrent et se localisèrent en se spécialisant, et de même qu'il y avait des castes séparées les unes des autres par des distinctions profondes, de même il y eut pour chacune de ces castes une justice différente. La noblesse, l'Eglise, les communes et, au-dessus de ces trois ordres, la royauté eurent chacune leur juridiction particulière, et il y eut ainsi quatre espèces de justices :

Les justices féodales ;
Les justices ecclésiastiques ;
Les justices municipales ;
Les justices royales.

LES JUSTICES FÉODALES.

D'après l'usage des fiefs, le vassal devait le service de plaids à son suzerain, c'est-à-dire au seigneur duquel il tenait sa terre, et le suzerain à son tour devait à son vassal exacte et bonne justice. En vertu de ce principe de notre ancien droit public, il se forma, dans chaque fief, une *cour* ou tribunal composé du suzerain et de ses vassaux, qui se réunissaient plusieurs fois dans l'année pour juger les débats auxquels pouvaient donner lieu, soit les rapports féodaux du suzerain avec ses vassaux, ou des vassaux entre eux, soit les causes civiles qui pouvaient surgir entre les individus *levants* et *couchants* dans le ressort du fief, c'est-à-dire domiciliés dans ce ressort, soit enfin les causes criminelles et les simples délits. Cette cour avait ainsi trois degrés de juridiction qu'on désignait sous le nom de haute, moyenne et basse justice : la haute justice conférait le droit de condamner à mort, et ses attributions répondaient à celles de nos cours d'assises; la moyenne justice correspondait à nos *tribunaux de première instance*, et la basse justice à nos tribunaux de simple police.

Les membres des cours féodales étaient désignés sous le nom de *pairs*, c'est-à-dire égaux entre eux, parce qu'ils occupaient le même rang et qu'ils jugeaient les individus de leur condition, d'où est venue la formule : *être jugé par ses pairs.* Ils montraient du reste peu d'empressement à s'acquitter de leurs fonctions de juges, parce qu'ils n'en tiraient aucun profit, et les seigneurs les remplacèrent peu à peu par des officiers spéciaux, désignés suivant les lieux sous les noms de prévôts, baillis ou viguiers.

Les justices féodales subsistèrent jusqu'à la révolution, mais elles perdirent de leur importance au fur et à mesure que le pouvoir central se fortifia. La haute justice passa des seigneurs aux juges royaux. Dans les derniers temps les anciens seigneurs hauts justiciers ne conservaient de leurs attributions primitives que le droit d'élever dans leur domaines des fourches patibulaires auxquelles il ne leur était plus permis de pendre, et des piloris où ils n'avaient plus le droit d'exposer, insignifiants symboles d'une puissance disparue sans retour.

LES JUSTICES ECCLÉSIASTIQUES.

Ces justices se présentent au moyen âge avec un double caractère; elles sont d'un côté purement canoniques et ne connaissent que des délits religieux et des causes où les gens d'église sont engagés, et de l'autre elles sont purement temporelles et connaissent des mêmes causes que les justices féodales, ce qui s'explique par ce fait, que le clergé, en sa qualité de grand propriétaire foncier, jouissait des mêmes droits que les seigneurs laïcs.

La juridiction canonique était primitivement exer-

cée par les évêques et les archevêques dans des tribunaux connus sous le nom de *cours de chrétienté;* mais, comme les fonctions de juges les détournaient des devoirs de l'épiscopat, ils se firent remplacer vers le douzième siècle par des délégués qui prirent le nom d'*officiaux.* Il y en avait un par diocèse, et les circonscriptions soumises à leur juridiction étaient connues sous le nom d'*officialités.* Au-dessus des cours de chrétienté et des officialités étaient placés les conciles nationaux et les synodes diocésains, qui non-seulement décidaient des questions de foi et de discipline, mais qui prononçaient en certains cas des châtiments corporels ; c'est ainsi que le concile d'Orléans, en 1022, décréta la peine de mort contre des individus accusés d'hérésie, et ce fut là la première condamnation capitale édictée par le clergé de France.

Une juridiction beaucoup plus redoutable encore fut instituée au treizième siècle dans le midi de la France ; nous avons nommé l'inquisition, qui jugeait sans appel les hérétiques et leurs adhérents. Elle fut régulièrement organisée par saint Louis en 1235, dans l'assemblée de Melun. Malgré la réprobation qu'elle souleva dès cette époque dans tout le royaume, elle fonctionna à diverses reprises jusqu'en 1465. Le duc de Guise et le cardinal de Lorraine, chefs du parti catholique, en demandèrent le rétablissement en 1560, mais la demande fut repoussée par Catherine de Médicis qui, à cette date, se montrait par politique favorable aux protestants, qu'elle devait douze ans plus tard faire égorger dans la nuit de la Saint-Barthélemy (1).

Quant aux justices féodales de l'Église, elles ne différaient en rien des autres justices du même genre et elles étaient confiées à des laïcs.

LES JUSTICES MUNICIPALES.

Ces justices ont une double origine : les unes, dans les villes du midi, se rattachaient aux municipes romains et n'avaient jamais cessé d'exister malgré les ravages des invasions et les transformations successives de la société politique ; les autres avaient pris naissance, au moment de l'affranchissement des communes, par la substitution des juges roturiers, nommés par les habitants, aux juges féodaux nommés par les seigneurs. Ces juges roturiers, qui étaient en même temps administrateurs de la cité sous le nom d'échevins, consuls, etc., étaient élus par ceux de leurs concitoyens qui jouissaient du droit de bourgeoisie. Ils connaissaient en certains lieux des causes civiles et criminelles, en d'autres lieux des causes civiles seulement, en d'autres encore des faits de simple police. Leur juridiction, comme celle des fiefs, alla toujours en s'amoindrissant, en raison directe des

(1) C'est une opinion très-accréditée que saint Dominique est le fondateur de l'inquisition, mais c'est une opinion fausse. Pendant la mission qu'il fit dans le midi de la France pour convertir les hérétiques albigeois, il n'employa pour ainsi dire que des armes loyales et chrétiennes, c'est-à-dire la discussion, l'éloquence et le bon exemple. Les bourreaux du saint office ne sont venus qu'après lui.

développements de la centralisation ; néanmoins, dans quelques communes du nord, ils pouvaient encore, dans les premières années du dix-septième siècle, prononcer des condamnations capitales. Leurs fonctions étaient obligatoires. Des avocats en titre, des conseillers légistes, des sergents et des bourreaux étaient attachés à leurs siéges, et, au moyen âge, quand ils n'avaient point de bourreau, ils devaient dans certaines villes en faire eux-mêmes l'office (1).

(1) Quelques villes, en très-petit nombre d'ailleurs, ont conservé jusqu'aujourd'hui les registres où étaient transcrits les jugements rendus en matière civile ou criminelle. Voici un spécimen d'un de ces jugements civils qui date de la seconde moitié du treizième siècle ; c'est l'un des plus anciens qui soient connus :

« Se femme tient de douaire hyretage et hoirs soit saisis, sauf le douaire, sans arriérage que li hyretages doive, se le femme muert et ele doie arriérage du chens au seigneur, li hoirs qui est saisi n'est tenus mie à paier ches arriérages. Mais se meubles est demeuré de la femme ou hyretages de ce part à sen hoir, li sires doit demander ses arriérages à sen hoir. »

Cela veut dire en français moderne :
La douairière n'est qu'usufruitière à charge de cens, et s'il est dû des arrérages à sa mort, la succession en est tenue et non les héritiers de son mari ; le seigneur ne peut demander les cens qu'aux héritiers de la douairière.
Voici maintenant un spécimen de jugement criminel ; ce jugement est du quatorzième siècle :
« En l'an de grâce MCCCLXVI, XIIIe jour de juing cognut et confessa Jehan d'Aisseu en jugement en esquevinage d'Abbeville, présent sire Pierre l'Enganneur, maieur et de plusieurs eskevins, que à Paris, en le compagnie d'aucuns houliers, il avait aidé à embler mantiaux, un cuiller d'argent, item huit

LES JUSTICES ROYALES.

Sous les premiers Capétiens, la justice royale ne se distingue en rien de la justice féodale. Les rois, comme les autres suzerains, ont une cour ou parlement, *curia domini regis, parliamentum,* composée de leurs vassaux, à laquelle ressortissent indistinctement les affaires administratives, militaires, financières et judiciaires, et dont l'action ne s'étend pas au delà du domaine royal, c'est-à-dire au delà des terres placées dans la mouvance directe de la cou-

escus, une bourse à Saint-Mor, avec plusieurs autres cas de larechin, et pour le cas dessus dit fut par le conseil de Fermin de Cromont, lieutenant de M. le sénéschal de Ponthieu, conseiller de la ville, maistre Jehan Malicorne, et plusieurs autres conseillers et eskevins, condampnés à estre trainez (sur la claie) et après pendus. »

Les jugements de la même époque sont tous aussi laconiques. Ici, le coupable confesse son crime et on le condamne sur ses propres aveux; mais, dans une foule de cas, il suffit du simple soupçon pour que le prévenu soit condamné, soit à la mutilation du poing, soit au bannissement perpétuel. Les juges agissaient avec le plus complet arbitraire, et les délits de même nature étaient souvent punis de peines très-différentes. Les circonstances atténuantes étaient inconnues, et l'on ne jugeait que sur le fait. Lorsque les juges étaient embarrassés, ils envoyaient des délégués s'informer dans les villes voisines de ce qui avait été fait dans des cas semblables, et demander des conseils. Rien n'était plus barbare et plus confus que cette juridiction municipale, mais elle avait du moins l'avantage de soumettre les roturiers au jugement de leurs pairs, et de les sauvegarder contre les vexations des juges féodaux, qui les traitaient, en leur qualité de vilains, avec une extrême cruau-

ronne ; ils rendent quelquefois eux-mêmes la justice (1) en personne à la porte de leurs palais ou dans les jardins de leurs châteaux, mais il n'existe encore aucune organisation fixe, aucune hiérarchie, aucune juridiction d'appel, et les choses ne commencent à se régulariser que sous Philippe-Auguste (2). Au moment de son départ pour la Terre Sainte, en 1190, ce prince institua, sous le nom de prévôts et de baillis, des officiers auxquels il confia le soin de connaître des causes civiles et criminelles qui pouvaient se produire dans les fiefs royaux. Les prévôts jugeaient en première instance avec des assesseurs choisis parmi les hommes libres ; les baillis revisaient les jugements des prévôts dans des assises mensuelles, et leurs jugements eux-mêmes étaient revisés par la cour du roi. Saint Louis développa l'œuvre de Philippe-Auguste ; il établit quatre grands baillis royaux, deux dans le midi, à Mâcon et à Saint-Pierre-le-Moutier, deux dans le nord, à Saint-Quentin et à Sens,

(1) Les audiences personnelles que donnaient les rois étaient dites *plaids de la porte* ; elle n'ont eu lieu que sous les Capétiens directs. Voir Ducange, IIIe dissertation sur Joinville.

On se faisait au moyen âge une très-grande idée de la justice royale. « Tous les princes de la chrétienté, dit un publiciste du seizième siècle, sont représentés en leur séel armés à cheval, l'épée au poing, comme conquérants. Le nostre seul est assis en un trône, en habit de roy justicier, ayant une robe longue, le sceptre de justice en une main, le royal de l'autre, voulant par là montrer qu'ils estiment la justice et non les armes estre le vrai lien du royaume. » (Du Maillard, *De l'estat des affaires de France*, 1370, in-8°, p. 93.)

(2) *Rec. des ord.*, t. I, p. 19.

et il assura aux administrés les plus grandes garanties. Lorsque les juges des lieux étaient changés, ils devaient rester un mois dans leur ancienne résidence, pour y recevoir les plaintes et les réclamations des habitants. Les procès-verbaux de ces plaintes, rédigés par eux-mêmes, comme un réquisitoire contre leur propre administration, étaient adressés au roi, et ce n'est point par une vaine flatterie que les contemporains de saint Louis l'ont surnommé le prince de paix et de justice.

Les baillis jugeaient les appels des justices seigneuriales et soumettaient leurs arrêts à la sanction de la *cour du roi*. Cette cour elle-même fut profondément modifiée à dater du règne de Philippe-Auguste.

Dans sa constitution première, la cour du roi ne connaissait que des affaires où se trouvaient engagées la couronne et la grande féodalité laïque et ecclésiastique, et ne se réunissait que deux fois par an, à la Toussaint et à la Pentecôte. Philippe-Auguste, en 1190, lui ordonna de siéger trois fois par an au lieu de deux, et lui attribua le dernier ressort sur toutes les juridictions féodales et municipales du royaume. Saint Louis y fit entrer des *conseillers rapporteurs* chargés d'exposer les affaires, et des *conseillers juges* qui prononçaient et rédigeaient les arrêts. Enfin, Philippe le Bel, séparant pour la première fois des attributions qui jusqu'alors étaient restées confondues, y établit trois juridictions distinctes : l'une chargée, sous le nom de *conseil étroit*, des affaires politiques, l'autre, sous le nom de *chambre des comptes*, chargée des affaires financières, la troisième, sous le nom de *parlement*, chargée des affaires judiciaires.

Les ordonnances de 1291 et du 23 mars 1302 organisèrent le personnel et réglèrent la tenue des audiences; la première de ces ordonnances appela des légistes laïcs à siéger à côté des prêtres et des barons, et fixa le nombre des audiences à trois par semaine; la seconde précisa les attributions des juges et détermina leur compétence. Enfin, les services furent spécialisés par la création de la *chambre des requêtes*, de la *chambre des enquêtes* et de la *grand'chambre*.

La chambre des requêtes jugeait les causes d'une importance secondaire portées directement en première instance devant le parlement.

La grand'chambre connaissait des appels et des causes où se trouvaient engagés le roi, l'université, l'hôpital général, les grands vassaux; elle recevait les serments des pairs et des magistrats de son ressort, et promulguait des règlements pour la police de Paris. Le roi, le grand chancelier, les pairs et les conseillers en retraite avaient droit d'y siéger à côté des juges ordinaires.

En 1312, l'organisation fut complétée par la création des *gens du roi, avocats et procureurs généraux*, dont les fonctions répondaient à celles de notre ministère public. A dater de cette époque, la suprématie des siéges royaux est définitivement fondée; l'Église et la féodalité essayent en vain de lutter contre le droit nouveau qui va ruiner leur puissance juridique.

Les rois, en se proclamant les *gardiateurs* de la paix publique, les protecteurs des faibles et des opprimés, établissent au-dessus des castes la souveraineté de leur justice. Charles V complète l'œuvre de Philippe-Auguste et de saint Louis par l'organisation complète et la permanence du parlement de Paris; de nouveaux parlements, de nouveaux siéges inférieurs, sénéchaussées et bailliages, sont établis sous ses successeurs, et chaque nouvelle administration qui se fonde s'organise juridiquement comme siége royal.

De là cette infinie variété de tribunaux dont Monteil va nous parler, et ce nombre prodigieux de magistrats de tous les degrés, qui formaient une armée plus nombreuse que les armées de Henri IV, de Richelieu et de Louis XV.

Si nous cherchons maintenant à résumer ce qui vient d'être dit au sujet de l'organisation judiciaire, voici ce que nous trouvons :

Chez les Gaulois, le tribunal des druides et le vergobret ;

Chez les Gallo-Romains, dans les premiers siècles de la conquête, les *judices pedanœi* qui formaient les tribunaux inférieurs, les curiales qui formaient les tribunaux municipaux, et au sommet de la hiérarchie les gouverneurs des provinces ; puis à dater du règne de Constantin les comtes qui remplaçaient comme magistrats suprêmes les gouverneurs des provinces ;

Chez les Francs de la première et de la seconde race, nous retrouvons les comtes, qui restent investis des mêmes attributions que dans les derniers temps de l'empire, et les tribunaux qui sous le nom de *mallum* sont composés des hommes libres. De nouveaux juges sont institués par Charlemagne sous le nom de *scabini*. L'Église, durant la même période, a sa justice particulière, à la tête de laquelle sont placés les évêques.

À l'avénement de Hugues Capet et sous ses premiers successeurs nous trouvons : les justices féodales représentées, d'abord, par les pairs ou hommes de fief, et plus tard, par les prévôts, baillis et viguiers seigneuriaux ; les justices ecclésiastiques représentées par les *cours de chrétienté*, et au douzième siècle par les *officialités* qui les remplacent ; les justices municipales représentées par les magistrats électifs des villes, maïeurs, échevins, consuls, syndics, jurés ; les *justices royales* représentées par les baillis et les prévôts royaux, et la cour du roi qui donne naissance au Parlement, lequel d'ambulatoire et de temporaire qu'il était à l'origine, devient fixe et permanent à partir du règne de Philippe le Bel (1).

L'organisation judiciaire de l'ancienne monarchie, celle qui subsista jusqu'en 1789, est *tout* entière en germe dans ces diverses institutions.

(1) A dater du règne de saint Louis, les charges de judicature ont été vénales dans les siéges royaux.

LÉGISLATION.

MONARCHIE FRANQUE.

Au moment où les Germains se fixèrent dans la Gaule, il fut admis en principe que les peuples juxtaposés par la conquête suivraient chacun ses lois nationales. On eut ainsi la loi romaine pour les Gallo-Romains, la loi des Visigoths et des Bourguignons pour les tribus transrhénanes qui s'étaient établies dans le midi, la loi salique et la loi des Ripuaires pour celles qui s'étaient établies au nord et au nord-est ; quelques édits des rois vinrent compléter les divers codes jusqu'au moment où Charlemagne, le glorieux empereur des Francs, comme l'appelaient ses contemporains, conçut le projet d'établir dans ses vastes États une sorte d'unité législative. Ce projet fut en partie réalisé par les *capitulaires*, dans lesquels il essaya de fondre et de concilier le droit romain, le droit germanique et le droit ecclésiastique.

Les capitulaires sont des lois générales qui s'appliquent à tous les sujets de l'empire, confirment ou rectifient les lois antérieures, et y ajoutent des dispositions nouvelles.

On en connaît 65 donnant en tout 1151 articles. Sur ce nombre, ainsi que l'a démontré M. Guizot :

87 articles se rapportent	à la législation morale.
273 articles	—	à la législation politique.
130 articles	—	à la législation pénale.
110 articles	—	à la législation civile.
85 articles	—	à la législation religieuse.
305 articles	—	à la législation canonique.
73 articles	—	à la législation domestique, c'est-à-dire à la gestion des domaines impériaux.
12 articles	—	à la législation de circonstance.

Les capitulaires embrassent donc tous les faits de la vie sociale, et l'on peut justement les considérer comme le monument de droit le plus important qui se soit produit entre la rédaction du Code théodosien, et la rédaction du Code civil.

Louis le Débonnaire et Charles le Chauve s'appliquèrent, autant que le permettait l'anarchie des temps, à maintenir l'exécution des capitulaires de Charlemagne, et ils y firent même de nombreuses additions ; mais sous les derniers Carlovingiens l'activité législative fut complétement suspendue. Le nombre des nouveaux capitulaires promulgués depuis Louis le Bègue jusqu'à Charles le Simple, c'est-à-dire de 877 à 929, ne dépasse pas dix, et l'on n'en connaît aucun qui date de la période comprise entre 929 et 988. Ce fait montre combien était profonde l'anarchie de ces tristes temps ; car les anciennes lois étaient tombées en désuétude, et le pouvoir politique se trouvait frappé d'une telle impuissance qu'il était hors d'état d'en promulguer de nouvelles.

MONARCHIE DES CAPÉTIENS DIRECTS.

A dater de l'avénement de la troisième race, il n'est plus question des lois barbares, et l'on se trouve en présence des coutumes, du droit municipal, de la jurisprudence des arrêts d'édit, du droit ecclésiastique et des ordonnances royales.

Les coutumes s'établissent pour ainsi dire d'elles-mêmes, pour répondre aux besoins d'une société qui s'est profondément modifiée. Elles sont comme l'expression de l'existence de ces individualités territoriales qu'on appelait des provinces, des villes closes, des villes de commune, des principautés, des marquisats, des duchés, des comtés et des vicomtés. Elles s'inspirent tout à la fois des traditions romaines, des traditions germaniques, des besoins nouveaux qui naissent d'un nouvel ordre de choses. Quelques-unes même remontent, comme l'a prouvé Montesquieu (1), aux temps carlovingiens, car Pépin dit en propres termes que partout où il n'y aurait point

(1) *Esprit des lois,* liv. XXVIII, ch. XII.

de loi, on suivrait la coutume, mais que la coutume ne serait point préférée à la loi.

Dans la plupart des pays situés au delà de la Loire, dans les pays de la langue d'oc, comme on disait au moyen âge, les coutumes étaient mises par écrit ; dans les pays en deçà de la Loire, ou pays de langue d'oil, elles se conservaient oralement. Quelques tentatives de rédaction furent faites sous saint Louis, et renouvelées sous Philippe le Bel et le roi Jean, mais elles ne donnèrent que des résultats négatifs. Le peuple en recevait grand dommage, car, ainsi que le dit Charles VII, il advenait « souventes fois que les parties prétendaient coustumes contraires en un mesme pays et aucunes fois les coustumes muaient et variaient à leur appétit (1). » Ce prince ordonna en 1453 qu'elles fussent mises par écrit, mais il est douteux qu'un commencement d'exécution ait eu lieu alors. Quoiqu'on ait affirmé que Louis XI ne fît rien pour en activer le travail, il est certain qu'il avait renouvelé l'ordre donné par son père ; mais « à l'occasion des grands empêchements et autres grandes affaires qui lors survinrent, il ne put bonnement

(1) Le droit coutumier était un véritable chaos ; la même localité avait quelquefois trois ou quatre coutumes différentes, outre la coutume générale de la province ; c'est ainsi que dans la petite ville de Saint-Riquier (Somme), on trouvait : 1º la coutume générale du bailliage d'Amiens ; 2º la coutume de la prévôté de Saint-Riquier ; 3º la coutume du fief de Saint-Riquier ; 4º la coutume de la châtellenie de la Ferté ; 5º la coutume du temporel de l'abbaye ; 6º la coutume locale et particulière de la ville et échevinage de Saint-Riquier.

mettre à exécution la délibération donnée par lui en cette affaire (1). » Charles VIII reprit avec une grande vigueur l'œuvre si longtemps suspendue, et elle se continua sans interruption, pour se terminer définitivement dans les premières années du dix-septième siècle.

Le droit municipal n'est qu'une sorte d'annexe du droit coutumier. A l'exception de quelques grandes villes du midi, anciens municipes romains, où s'étaient conservées les lois de l'empire, les échevins, syndics, jurés ou consuls, c'est-à-dire les magistrats électifs des villes, ne suivaient dans leurs jugements civils et criminels que les traditions locales. Il résultait de là que chaque commune, comme chaque seigneurie, avait sa jurisprudence particulière, et que la condition civile des personnes variait, comme la pénalité, d'une ville à l'autre.

La jurisprudence des arrêts d'édit était basée, comme le mot l'indique, sur les arrêts rendus par les parlements. En matière civile ou criminelle, elle avait une très-grande importance, parce qu'elle suppléait les coutumes et qu'elle établissait, au-dessus de leurs dispositions souvent contradictoires, une sorte d'unité de principes généralement fondée sur le droit romain.

Le droit ecclésiastique était formé des décrétales des papes, des actes des conciles nationaux et pro-

____

(1) Klimrath, *Étude sur les coutumes*, Paris, 1837, in-8°, p. 5 Voir aussi les tomes V et VI de l'*Histoire du droit français*, de M. Laferrière.

vinciaux, des statuts synodaux et diocésains. Il s'appliquait non-seulement au clergé séculier et régulier, c'est-à-dire aux prêtres des paroisses et aux moines, mais aussi aux personnes laïques : pour les cas d'hérésie, les cas de conscience, les questions relatives au mariage ; car depuis la chute de l'empire romain jusqu'à la révolution, le mariage a été considéré comme un acte purement religieux, et à ce titre l'Église prétendait seule connaître de tous les faits auxquels il pouvait donner lieu, tels que la dissolution, la répudiation, l'adultère, la bigamie.

La législation royale se composait des ordonnances directement émanées de la couronne. Ces ordonnances sous les premiers Capétiens sont peu nombreuses ; elles ont avant tout un caractère local et spécial et se rapportent à des concessions ou à des confirmations de communes, aux droits domaniaux, aux péages, aux amortissements, aux accords entre les églises, les nobles, et les simples bourgeois (1).

Sous le règne de saint Louis, la législation royale tend à reprendre le caractère d'universalité que Charlemagne lui avait donné dans quelques-uns de ses capitulaires, et elle se manifeste en forme de code distinct et méthodique dans le *Livre des métiers* et les *Établissements*.

Le *Livre des métiers* fixe pour la première fois la législation industrielle, dans un traité spécial rédigé

(1) Voir, entre autres, M. L. Delisle, *Catalogue des actes de Philippe-Auguste*, 1856, 1 vol. in-8°.

collectivement par le prévôt de Paris, les marchands et les artisans de la capitale, et sanctionné par le roi.

Les *Établissements*, rédigés « par le conseil de sages hommes et de bons clercs, » ont pour objet de combler les lacunes du droit coutumier, de régler les relations du prince avec ses vassaux, des nobles avec les vilains, d'établir la concordance des lois, des canons et des décrétales, de confirmer les bons usages et de réformer les mauvaises coutumes.

A dater du règne de saint Louis, les ordonnances royales deviennent, à chaque siècle, de plus en plus nombreuses ; elles s'étendent peu à peu à tous les faits de la vie sociale, et finissent par dominer tous les autres droits, celui de l'Église, de la noblesse et des communes.

LA PROCÉDURE.

MONARCHIE FRANQUE.

Pour donner une idée exacte de la procédure franque, nous ne pouvons mieux faire que de rapporter ici quelques extraits du savant ouvrage de M. Bécot que nous avons déjà cité :

« Un crime étant commis, si les parties s'arrangeaient à l'amiable, tout était dit : il n'y avait pas de poursuites ; lorsqu'elles ne tombaient pas d'accord, chacune d'elles pouvait prendre l'initiative de l'action, l'offensé pour faire la preuve du crime et obtenir la composition légale, l'offenseur pour l'obliger à recevoir cette composition et se rédimer ainsi ; l'assignation était donnée verbalement par le demandeur. Si l'assigné ne comparaissait pas, il était passible d'une amende de 15 sols d'or au profit de son adversaire ; mais comme il s'était mis en rébellion par la contumace, il était déféré au roi qui jugeait de nouveau l'affaire.

« Lorsque les parties se présentaient à l'audience, elles étaient obligées de répondre d'abord à cette question: *Qua lege vivis ?* Cette formalité remplie, le plaignant exposait lui-même ses moyens ; l'accusé comparaissait libre, car la détention préventive n'était pas connue chez les Francs, et quand les juges avaient déterminé la peine qui lui était applicable, le débat commençait.

« Le principal mode de preuves consistait dans les témoignages verbaux. Lorsque ces témoignages établissaient suffisamment la preuve des faits, la condamnation était prononcée, et tout était terminé ; lorsque la preuve était fournie, l'acquittement avait lieu et il était irrévocable ; mais s'il restait des doutes dans l'esprit des juges, l'accusé était mis en demeure de se justifier des soupçons qui planaient sur lui. Il présentait à cet effet un certain nombre de parents et d'amis qui venaient sous le nom de conjureurs, *conjuratores*, et au nombre de six, de douze, de soixante-douze et même de trois cents, déclarer qu'ils croyaient à son innocence. Lorsqu'il avait présenté le nombre de conjureurs qu'on exigeait de lui et que ceux-ci avaient fait la déclaration dont nous venons de parler, il était absous, sinon il devait subir les épreuves connues sous le nom d'ordalies ou jugement de Dieu (1). »

Les ordalies étaient définitives et sans appel. Elles avaient lieu par l'eau froide, par l'eau bouillante, par le fer rouge, par le feu, par le pain consacré, par la croix. —Le combat judiciaire, qui est une des formes des jugements de Dieu, n'est point particulier à la période

(1) Voir, pour les détails le livre de M. Bécot, *De la Justice répressive,* p. 157 et suiv.

franque, et n'apparaît que plus tard. La torture remplaçait quelquefois les ordalies, mais elle ne pouvait être infligée qu'aux esclaves.

Les progrès de la civilisation et du droit, les perfectionnements successifs introduits dans la procédure, ne triomphèrent que lentement de la superstition des ordalies. Bien qu'elle eût été abolie par Louis le Débonnaire, l'épreuve par l'eau froide eut encore lieu à Paris en 1590 et en 1617. Quant à la torture, elle ne fut supprimée qu'en 1789 (1).

MONARCHIE DES CAPÉTIENS-DIRECTS.

L'établissement du système féodal apporta dans la procédure des changements importants L'appel, c'est-à-dire le recours à un tribunal supérieur pour

(1) On distinguait, dans les derniers siècles, sous le nom de *question*, deux espèces de torture : 1° la *question préparatoire* qui était donnée aux accusés prévenus de crimes passibles de la peine de mort, lorsqu'il n'existait pas contre eux de preuves suffisantes ; cette espèce de question fut abolie par la Déclaration du 24 août 1780 ; 2° la *question préalable* qui se donnait lorsque l'accusé avait été condamné à mort, à l'effet d'obtenir de lui la révélation de ses complices ; on l'appelait *préalable*, parce qu'elle précédait le dernier supplice; elle fut abolie par la loi du 9 octobre 1789. Voir sur la torture : Beccaria, *Des délits et des peines,* chap. **XII**.

faire réformer un premier jugement, n'était point connu sous les deux premières races. A l'avénement des Capétiens, il se produisit, comme le dit Montesquieu, sous la forme d'un défi à un combat par les armes. Lorsqu'un individu trouvait que sa cause avait été mal jugée, il appelait les juges en duel pour faux jugement ; les condamnés à mort seuls ne pouvaient appeler, car ils auraient toujours appelé pour prolonger leur vie (1). On ne pouvait pas non plus taxer de faux les jugements rendus dans la cour du roi « car le roi n'ayant personne qui lui fût égal, il n'y avait personne qui pût l'appeler, et le roi n'ayant point de supérieur, il n'y avait personne qui pût appeler de sa cour. »

Lorsque dans la cour d'un seigneur, on différait, on évitait, ou l'on refusait de rendre justice aux parties, celles-ci pouvaient appeler devant le suzerain pour cause de défaut de droit, mais, dans ce cas, on ne pouvait offrir le duel qu'aux témoins.

Le combat judiciaire n'avait pas seulement lieu pour les appels entre les juges et les parties ; il était aussi ordonné par les juges entre l'accusé et l'accusateur, et le vaincu était considéré comme ayant tous les torts. Dans certains cas, son adversaire pouvait le tuer, s'il avait été blessé pendant la lutte ; dans d'autres, il devait lui laisser la vie sauve, mais alors le vaincu payait une amende au profit du seigneur ; car, ainsi que l'a dit Beccaria, il y eut des temps où presque toutes les peines étaient pécuniaires ; les

____

(1) *Esprit des lois*, liv. **XXVIII**, ch. **XXVII**.

crimes des sujets étaient pour les princes ou les seigneurs une sorte de patrimoine.

Saint Louis abolit le combat judiciaire dans ses domaines, et le laissa subsister dans les tribunaux de ses barons ; mais il introduisit en même temps l'usage de *fausser sans combattre.* « Il voulut, dit Montesquieu, que les affaires fussent portées devant sa cour ou celle du seigneur suzerain pour y être décidées, non par les armes, mais par témoins, et suivant les règles qu'il donna dans les établissements (1). » La procédure par les formes du droit, les preuves matérielles et les témoignages, tendit dès lors à se substituer à la procédure par le duel ; mais les coutumes féodales avaient marqué les institutions d'une si forte empreinte, que les successeurs de saint Louis se virent plusieurs fois dans la nécessité d'autoriser le duel, entre autres en 1333, et qu'il ne disparut définitivement que sous le règne de Henri II.

Nous devons du reste faire remarquer que l'action de la justice, arrestations, instructions, condamnations, exécutions, rencontra toujours sous l'ancien régime de nombreux obstacles. Les malfaiteurs, en se réfugiant dans les lieux saints et les lieux privilégiés qui avaient droit d'asile, se mettaient à l'abri, comme on dirait en langage moderne, des mandats d'amener. Les conflits qui éclataient sans cesse entre les nombreuses juridictions, pour savoir à qui appartenait la connaissance des causes, entravaient les poursuites

(1) *Établissements,* liv. I, ch. ii, iii, vi, lxvii; liv. II, ch. xv.

et favorisaient l'impunité; les rois vendaient des lettres de grâce; et les personnages haut placés soustrayaient leurs protégés, lors même qu'ils étaient coupables des plus graves délits, aux condamnations les plus justes et les plus méritées.

LA PÉNALITÉ.

MONARCHIE FRANQUE.

Les peines édictées par les lois romaines étaient l'amende, la prison, le fouet, l'ignominie ou dégradation civique, la relégation temporaire, l'exil perpétuel et la mort avec confiscation des biens.

Ces peines furent appliquées aux Gallo-Romains comme aux autres sujets de l'empire. Les peines édictées par les lois franques étaient la mort prononcée contre ceux qui avaient trahi le roi ou voulu faire passer pour fausse une charte émanée de lui ; contre les juges prévaricateurs ; contre les comtes qui ne faisaient point exécuter les arrêts rendus sous leur présidence ; contre ceux qui arrachaient par la violence un condamné des mains de la justice. Les coupables étaient pendus, brûlés vifs, assommés ou broyés par des roues. Le meurtre d'un parent était puni par l'exil et la confiscation. Outre la mort, les esclaves étaient passibles de la castration et de la peine du fouet. A de très-rares exceptions près, et c'est là ce qui caractérise particulièrement la législa-

tion franque, toutes les peines pouvaient être rache-
tées en argent moyennant une composition pécuniaire
au profit de la victime ou de ses parents. Cette composition se nommait *wergeld* « et n'était pas seulement, dit M. Bécot, une indemnité accordée à la
victime ou à ses représentants, car d'un côté le wergeld était dû quand même il n'y aurait eu aucun pré-
judice réel, et, de l'autre, le wergeld n'empêchait pas
la réparation du dommage, qui venait en surplus.
C'était, à proprement dire, le rachat du droit de
vengeance que le crime donnait à l'offensé ; la loi se
substituant à sa volonté l'obligeait à recevoir ce prix
de la vengeance, à la vendre, à y renoncer. Si le wergeld n'était pas exactement une indemnité, ce n'était
pas non plus une amende, comme nous l'entendons
aujourd'hui, car il profitait au plaignant. Mais comme
celui-ci ne l'obtenait que par l'intermédiaire du comte,
il devait en remettre le tiers à ce magistrat pour l'in-
demniser des dépenses que lui occasionnait la tenue
des Màls. Ce tiers s'appelait fred. On peut dire aussi
que, déboursé en définitive par le coupable, il était
le prix de la protection que lui accordait le juge, en
le garantissant à l'avenir contre l'inimitié de l'offensé. »

Le montant, qui est toujours évalué en deniers
d'argent et en sols d'or (1), se réglait non-seulement
sur la gravité des délits, mais encore sur la condition
des personnes.

---

(1) Le sol d'or est évalué par les érudits à 16 francs de notre
monnaie.

En ce qui touche la gravité des délits, voici quelques-unes des fixations :

Meurtre d'une femme qui n'avait pas eu d'enfants et ne pouvait en avoir à cause de son âge. 200 sols

Meurtre d'une femme ayant eu des enfants .... 600 »

Meurtre d'une femme enceinte .... 700 »

Section de la main 92 1/2

— du pouce ou de l'index qui servent à lancer la flèche .... 35 »

Arrachement de la langue. .... 100 »

— d'un œil .... 62 »

— d'une dent .... 15 »

Coup de poing .... 3 »

Pour avoir appelé un homme renard ... 3 »

Pour l'avoir appelé lièvre .... 6 »

Pour l'avoir appelé dénonciateur .... 15 »

Pour l'avoir accusé de porter au sabbat le chaudron des sorcières .... 65 »

Pour avoir pressé la main d'une femme. 15 »

Pour le viol .... 200 »

En ce qui touche la condition ou la nationalité des personnes nous trouvons :

Pour le meurtre d'un homme libre attaché à la personne du roi ....1,800 sols

Pour le meurtre d'un évêque .... 900 »

— d'un prêtre .... 600 »

— d'un diacre .... 300 »

— d'un homme de condition moyenne .... 100 »

Pour le meurtre d'un esclave affranchi..   80 sols
—   d'un esclave..........   35   »
—   d'un Romain............ 100   »
—   d'un Franc............   200   »

Les lois barbares étaient déjà tombées en désuétude sous les derniers Carlovingiens ; un droit nouveau ne tarda pas à les remplacer, mais elles laissè-
rent des traces profondes, et sous les Capétiens
directs, la pénalité s'inspira tout à la fois de leurs
traditions, des traditions romaines, des traditions
mosaïques.

MONARCHIE DES CAPÉTIENS DIRECTS.

Parmi les peines en usage dans les justices féodales, municipales, royales et inquisitoriales du dixième siècle au quatorzième, nous trouvons la pendaison, la décollation, l'enfouissement, les noyades, la
section du poing, du pied, du nez, des oreilles, des
lèvres, l'aveuglement, le bûcher, les chemises sou-
frées, la marque du fer rouge, les chaudières d'huile
bouillante où l'on faisait cuire les faux monnayeurs,
l'écorchement, la fustigation, la roue, l'écartellement,
la claie, la torture, le bannissement, la confiscation,
les amendes, l'incendie ou la démolition de maisons (1),

(1) Cette pénalité était surtout appliquée dans le nord de la
France, où elle était connue sous le nom d'arsin. Elle fut généralement abandonnée à la fin du quatorzième siècle ; on se
contenta d'enlever les portes et fenêtres et de les brûler
devant la maison du coupable.

l'emprisonnement à temps ou à perpétuité, avec les fers aux pieds et aux mains dans les affreux cachots connus sous le nom de cus-de-basse fosse, la privation de l'eau, du feu et du pain pendant un temps plus ou moins long et quelquefois jusqu'à ce que mort s'en suive, l'excommunication qui rejetait hors de la société des vivants ceux qui en étaient frappés, les pèlerinages en Terre Sainte ou à Saint-Jacques de Compostelle où souvent après avoir avancé de quatre pas on devait reculer de deux, les amendes honorables, les promenades en chemise et pieds-nus à travers les villes.

On le voit, en fait de supplices et de raffinements de barbarie, le moyen âge n'avait rien à envier aux peuples antiques. La marche du temps fit disparaître quelques-unes des atrocités de la législation pénale, mais le fond resta le même, et le supplice de Damiens dépassa en plein dix-huitième siècle tout ce que les premiers siècles capétiens avaient vu de plus affreux, comme s'il y avait dans la nature humaine un fond de barbarie native qui se réveille toujours, même aux époques les plus brillantes de la civilisation.

LE BARREAU.

Les Gaulois tenaient l'éloquence en grand honneur, et quand la conquête romaine leur eut apporté les usages de la péninsule italique, ils ne tardèrent point à égaler leurs vainqueurs dans les luttes oratoires. Juvénal cite la Gaule comme la véritable école du barreau, et il va même jusqu'à dire que c'est elle qui forma les premiers avocats de la Grande-Bretagne :

Gallia causidicos docuit facunda Britannos.

Les conquérants germains trouvèrent au sixième siècle l'exercice du barreau porté par les Gallo-Romains au plus haut degré de considération, et, comme le dit Fournel, ils proclamèrent le ministère de l'avocat un ministère *noble ;* mais les documents qui pourraient nous éclairer sur l'histoire du barreau français dans la monarchie franque nous font défaut, et tout se borne durant la période carlovingienne à quelques articles réglementaires. On peut croire d'ailleurs que l'introduction des lois barbares avait porté à l'éloquence judiciaire un coup funeste, car les accusés n'avaient pas besoin d'avocats lorsque, pour prouver leur innocence, ils étaient contraints de se soumettre aux épreuves du feu, du fer chaud ou de l'eau bouillante, lorsque les plaideurs décidaient leurs différends par le duel.

La renaissance du droit romain, l'établissement des siéges royaux, l'admission de la preuve par témoins, rendirent au barreau français une grande importance ; mais au douzième et au treizièmes, siècle les avocats ne sont connus que par les satires dont ils sont l'objet. L'un des théologiens les plus célèbres de cette époque, Pierre le chantre, leur reproche de rançonner leurs clients, de mettre leur science à prolonger les procès, à inventer des chicanes. L'avarice, dit un autre théologien, Pierre de Blois, est leur unique mobile ; ce nom d'avocat, si respectable autrefois, cette profession si glorieuse, sont présentement avilis par une insigne vénalité.

Louis IX essaya de mettre un terme aux abus signalés par les théologiens, qui du reste jugeaient en casuistes plutôt qu'en hommes pratiques. Il expulsa du barreau les juifs, les hérétiques, les excommuniés, les catholiques décriés par leurs mœurs, et les individus frappés de condamnations infamantes ; il régla en même temps la police des plaidoiries, et il ordonna aux avocats d'exposer les causes clairement et brièvement, sans paroles inutiles, et surtout sans injurier leurs adversaires « en fait ou en geste. » Ceux qui alléguaient un fait faux, le connaissant tel, ou qui dénaturaient par des citations infidèles le texte des lois, étaient frappés d'interdiction pour un temps plus ou moins long, et quelquefois même rayés, comme on dirait aujourd'hui, du tableau de l'ordre.

Parmi les avocats célèbres du treizième siècle on cite Pierre de Fontaines, qui travailla à la rédaction des *Établisements* ; Guy de Foulques, qui après avoir plaidé avec un grand succès se fit moine et devint pape sous le nom de Clément IV ; Philippe de Beaumanoir, auteur du fameux traité de jurisprudence connu sous le nom de *Coutume du Beauvoisis*, et Yves, originaire des environs de Rennes, qui fut placé par l'Église au rang des saints et adopté par les avocats pour leur patron.

Depuis le règne de saint Louis, la profession d'avocat n'a fait que gagner en importance, et ce n'est point seulement dans l'enceinte des tribunaux et des parlements qu'on les trouve sous l'ancien régime, c'est aussi dans le conseil des rois et dans l'arène des partis politiques, car la France a toujours été bonne mère pour eux : *Gallia causidicorum nutrix;* nous aimons les parleurs, lors même qu'ils déraisonnent, et, comme nos aïeux les Gaulois, le dieu de l'éloquence nous tient suspendus aux chaînes d'or qui tombent de sa bouche.

Nous allons maintenant laisser parler Monteil : il va nous montrer les transformations diverses qu'ont subies les institutions dont nous venons de retracer rapidement l'histoire ; et quand nous l'aurons suivi à travers ses patientes et curieuses recherches, nous resterons étonnés de ce qu'il a fallu de temps et d'efforts pour faire sortir nos lois modernes du chaos des lois romaines, des lois barbares, du droit féodal, ecclésiastique et royal, pour faire pénétrer le sentiment de la pitié dans la répression, faire disparaître de la peine de mort les cruautés inutiles, garantir les innocents contre les erreurs de leurs juges et fonder le droit civil et le droit pénal sur le respect de tous les droits.

Charles LOUANDRE.

QUATORZIÈME SIÈCLE

ARGUMENT.

La période historique qui s'ouvre par le règne de **Philippe
le Bel** et se termine par celui de Charles VI est marquée, au
point de vue particulier du sujet qui nous occupe, par quelques faits très-importants. Ces faits sont : dans l'ordre scientifique, la renaissance du droit romain et la fondation de la
première école de droit à Orléans par Philippe le Bel; dans
l'ordre judiciaire, la séparation des pouvoirs dans l'ancienne
cour du roi, dont une section devient le *parlement de Paris*,
et l'institution des *appels comme d'abus* par Philippe de
Valois. La justice royale tend partout à s'élever au-dessus des
justices particulières. Les tribunaux ecclésiastiques sont remplacés, pour les causes temporelles, par les tribunaux laïques;
la procédure est fondée par les ordonnances de 1310, 1330,
1344. Beaumanoir, dans la *Coutume du Beauvoisis*, que Montesquieu appelle « un admirable ouvrage, » pose les bases de
la jurisprudence moderne, et les légistes, en essayant la conciliation du droit romain et du droit coutumier, formulent quelques-uns des principes qui sont la base de nos codes modernes.
Les avocats prennent, durant la même période, une importance

qu'ils n'ont jamais perdue, et l'histoire a conservé les noms de Pierre de Cugnières, de Raoul de Presle, de Jean et de Guillaume de Dormans, de Jean Desmarets, d'Arnaud de Corbie, de Guillaume Dubreuil, de Pierre de Belleperche, de Jean d'Orléans, de Regnault d'Acy, de Jean de Méheyé, de Pierre Dupuiset, qui sont les plus anciennes célébrités de notre barreau. Ces *chevaliers-ès-lois,* comme on disait au moyen âge, n'étaient pas seulement d'habiles légistes, c'étaient aussi des hommes d'État, et c'est à leurs conseils et à leurs lumières que sont dus les premiers essais de notre organisation administrative.

Au point de vue du droit public, le quatorzième siècle est comme un trait d'union entre la France de la chevalerie et de la féodalité, et la France des légistes, des états généraux, des parlements et de la royauté. La noblesse voit ses droits régaliens réclamés par la couronne; l'autorité des juges royaux se fortifie; l'étude des lois se popularise; le tiers état prend possession de ses droits politiques dans les états généraux de 1302, et c'est lui qui va désormais recruter cette vieille magistrature qui a été pour la France comme le *patriciat* de la science et de l'honneur. — L.

LA CLOCHE MATINALE.

Vous savez, mon cher frère André, que nous avons ici une petite cloche ou réveille-matin des novices. Quelquefois il lui plaît de me laisser dormir, quelquefois elle me fait lever. Je lui dois aujourd'hui d'avoir une heure à vous donner. Causons donc un peu, je vous prie.

Votre frère Rodolphe est un habile cordelier, j'en conviendrai ; cependant je ne saurais être en tout de son avis. Dites-lui que nous arrivons au temps où le droit romain, qui toutefois est un peu grec, et par sa subtilité et par le pays d'où il a été apporté, doit, malgré ses admirateurs, disparaître dans toutes nos provinces devant les coutumes, les Établissements (1) et les ordonnances. Dites-lui aussi, mais sans le fâcher, s'entend, que ce n'est ni dans Aristote (2) ni

---

(1) C'est-à-dire les Établissements de saint Louis, recueil de jurisprudence promulgué en 1269. — L.

(2) Il n'est pas besoin de rappeler ici qu'Aristote, né en 384 avant J.-C., devint à partir du treizième siècle l'inspirateur de la philosophie scolastique. — L.

même dans Scot (1) qu'on apprend la législation française, dont, à mon avis, les quatre parties qui la constituent, la procédure civile, les lois civiles, la procédure criminelle, les lois criminelles, sont quatre parties admirables, quatre parties complètes d'un système complet.

La cloche sonne à ce couvent, à ce chapitre; les moines, les chanoines, accourent : qu'est-ce donc? C'est une assignation qui leur est donnée, et, pour qu'elle soit valable, il faut qu'ils la reçoivent en corps, tout comme si une municipalité était ajournée.

Le tambour bat, la trompette sonne sur la porte de cette église : qu'est-ce donc encore? Ce sont des absents qu'on assigne à l'issue de la grand'messe (2).

Pourquoi tous ces sergents, tous ces bedeaux, qui courent la ville, qui courent la campagne, un parchemin, un papier à la main? C'est qu'aujourd'hui, dans les procès écrits, l'ajournement ne peut plus être fait par citation verbale du demandeur.

Aujourd'hui je n'ai donc plus à craindre la surprise ou la fraude dans les premiers actes de la procédure;

(1) Scot Érigène, moine irlandais du neuvième siècle, fut appelé en France par Charles le Chauve pour diriger l'école du palais fondée par Charlemagne. Ses écrits théologiques ont eu une grande influence au moyen âge; il est le chef de l'école dite des *scotistes*, qui professait sur la prédestination et sur la grâce des idées contraires à celles de saint Thomas, et qui se rapprochent en certains points de celles de Calvin et de Jansénius, c'est-à-dire du fatalisme. — L.

(2) « Il est de coustume... et si l'adjourné est absent... il soit faict à sçavoir par ban à la paroisse au dimanche, jusques à l'intimation. » Ancienne coutume de Bretagne, chap. ix, *Comment adjournement doit estre faict.*

la loi y a trop bien pourvu : c'est par un sergent, un officier public qu'ils sont faits. Mais, comme je sais que je n'ai pas trop bon droit, je néglige de comparaître : amende. Je fais pis ; j'imagine un prétexte, et, en homme de mauvaise foi, je cite mon adversaire devant une cour d'église pour y faire juger la cause : dans ce cas, le seigneur, par **la** saisie de mes biens, me contraint de venir plaider devant sa cour.

Cependant, le bailli (1), dans les terres où il ne juge pas lui-même, a convoqué les membres du tribunal, c'est-à-dire les hommes qui doivent service à la cour du seigneur (2), les uns deux, trois fois, les autres seulement une fois l'année. Ils ont craint l'amende d'une paire de gants blancs ou toute autre amende ; ils se sont rendus. La *conjure* (3) est formée, ou à peu près, car les *conjurateurs* peuvent ne pas se trouver au commencement de l'audience, et, pourvu qu'ils soient venus au milieu ou même à la fin des plaids, et qu'ils se soient fait instruire par ceux qui sont venus à l'ouverture, ils concourent au jugement et donnent leurs voix comme les autres. Quant au bailli, s'il le veut, il assiste à l'audience, et il a le droit de faire recommencer toute la plaidoirie lorsqu'il voit que la *conjure* n'a pas bien saisi l'affaire ;

(1) Les baillis étaient des officiers de justice que l'on distinguait en baillis royaux ou d'épée, et baillis seigneuriaux ou de robe longue. Les premiers étaient attachés aux juridictions royales, les autres aux juridictions seigneuriales. — L.

(2) C'est-à-dire à la cour de justice du seigneur. Tous les hommes libres d'un fief étaient tenus de rendre au détenteur de ce fief ce qu'on appelait le service de plaids, c'est-à-dire à siéger comme juges dans les assises de la seigneurie. Voir plus haut, page 11. — L.

(3) **Voir plus haut, page 30.**

s'il le veut aussi, il peut se retirer et aller vaquer à ses fonctions particulières. Je remarque que la *conjure* devant laquelle je suis obligé de plaider n'est pas toute composée de chevaliers, et même que les chevaliers qui en font partie ne sont pas toujours sans reproche. Eh bien! quand parmi mes juges il y en a dont j'ai à me plaindre, je les récuse, et j'en obtiens d'autres.

Si je plaide en cour royale, dans ce cas, voici les équitables dispositions de l'ordonnance de Vincennes (1).

Le procureur du roi ne peut intervenir sans être autorisé par le juge (art. 7).

On rapporte mon affaire : j'ai droit d'être présent (art. 10).

On ne la rapporte point ; on ne veut point me juger. Après trois assises, les juges sont punis de leur négligence ou de leur déni de justice, et le procès est porté devant une autre cour (art. 11).

Mais enfin on plaide. Ma cause est toute simple. Si mon amparlier ou mon avocat, comme vous voudrez, me défend bien, tout ce qu'il a dit, je suis censé l'avoir dit; s'il me défend mal, s'il compromet mon droit, ce qu'il a dit ne peut me préjudicier, pourvu qu'à l'instant je réclame : *Li mesparlier des amparliers ne puet gréver son seigneur, si rappelle son meaudit.* C'est ainsi que s'exprime, dans le style naïf de son temps, le bon Pierre de Fontaines, au chapitre xi du *Conseil à son ami.*

____

(1) Donnée au mois de juin 1338.

Je suis condamné. On procède à l'exécution du jugement. Un seul commissaire en sera chargé (voyez l'article 16 de l'ordonnance de Vincennes).

Maintenant je fais une autre supposition. Le jugement qui me condamne n'est pas conforme aux lois ; alors j'appelle *antequam surgat judex a sede,* avant que l'audience soit levée ; et ce n'est pas comme dans les provinces de droit écrit ou de droit romain, où le plaideur ne peut ajourner que son adversaire ; ici j'ajourne mon juge lui-même.

J'ai vu le temps où, si vous faussiez la cour du seigneur, comme on disait alors, si vous appeliez de son jugement, comme on dit aujourd'hui, il fallait mettre l'épée à la main, et j'ai connu un assez grand nombre de juges blessés ou estropiés pour s'être battus en champ clos contre les plaideurs appelants.

Aujourd'hui nous sommes plus pacifiques, et, par l'ordonnance du 9 mai 1330, l'appel de toutes les cours est reçu dans tout le parlement sans aucune suite fâcheuse.

Fort bien, ou plutôt fort mal, diront tous les partisans du temps passé : vous allez voir que tout le monde appellera pour ne pas exécuter les sentences des tribunaux, pour gagner du temps. Et moi je leur réponds : Vous allez voir tout le contraire. La dernière ordonnance du mois de décembre 1344 (art. 3) prononce une amende effrayante, une amende de soixante livres, contre ceux qui seront condamnés sur leur appel.

On ajoutera : Comment fera le parlement pour

vider tous ces appels? il ne tient que deux assises, l'une à la Toussaint, l'autre à la Pentecôte (1). Que vous importe, si les assises se prolongent jusqu'à ce que toutes les affaires soient jugées?

On ajoutera encore : Dans cette cour lointaine, mon adversaire me plaidera éternellement. Erreur. On vient d'établir un registre de présentation où tous les plaideurs sont obligés de se faire inscrire, et vous ne pouvez manquer d'être jugé lorsque ce sera le tour de votre sénéchaussée ou de votre bailliage. Si votre adversaire néglige cette formalité, ou s'il ne comparaît point, vous obtenez un défaut ; lisez le premier et le second article de l'ordonnance du 11 mars 1344 ; et pour que, lorsqu'il y a contestation sur les faits, les frais, les enquêtes ne puissent devenir ruineux, l'article de l'ordonnance de Vincennes a voulu que les commissaires fussent ordinairement pris sur les lieux.

A la fin, vous l'emportez, votre adversaire est condamné ; le voilà qui ne peut plus s'agiter, sous le poids de l'arrêt du parlement, dont l'article 9 de l'ordonnance du mois de décembre 1344, si connue des plaideurs, veut l'exécution pleine et rigoureuse.

Je vous ferai remarquer, cependant, qu'afin de ne pas entièrement désespérer la partie condamnée, le roi s'est réservé, dans le même article, d'accorder

______

(1) Ici Monteil fait erreur. Les rois n'avaient pas attendu jusqu'au quatorzième siècle pour rendre les réunions plus fréquentes qu'il n'est dit ici. Déjà, en 1190, Philippe-Auguste avait institué une assise se tenant trois fois l'an à Paris. Sous saint Louis, des assises étaient aussi régulièrement tenues dans la même ville. — L.

des lettres de révision lorsqu'il y a erreur matérielle sur les faits mentionnés par l'arrêt.

C'est incroyable qu'on ait attendu jusqu'à l'époque de l'ordonnance de 1324 pour statuer que celui qui gagnera son procès gagnera aussi les dépens. Qu'on me dise si maintenant celui qui les perd est, jusqu'à tant qu'il les ait payés, mangé par plusieurs *mangeurs* (1) ? Non, il ne lui en est envoyé qu'un : *unicus ponatur comestor*, disent les lois actuelles.

On vante sans cesse le bon sens de nos pères. Vraiment en voici encore une grande preuve ! J'avais un procès avec un homme ; s'il mourait avant le jugement, j'étais obligé, pour pouvoir reprendre l'instance, d'attendre que son fils, qui était à la mamelle, fût devenu majeur. Il a fallu que le roi, par son ordonnance de 1330, ait réformé cet abus. Depuis ce temps seulement, le procès continue avec les tuteurs ou les curateurs (2).

Du reste, mon frère, ces nouvelles lois sur la procédure, dont tous nos jeunes clercs de cour laïque sont si enthousiastes, ne sont que d'une importance secondaire ; les lois les plus importantes, les lois principales, ce sont les lois qui règlent les droits des hommes en société.

Les Romains viennent, qui conquièrent la Gaule du midi au nord, et lui donnent des lois ; les Francs

(1) Les mangeurs répondaient aux garnisaires modernes.

(2) Cette ordonnance, portant révocation de l'ancienne coutume par laquelle les jugements des procès en matière de propriété étaient suspendus jusqu'à la majorité des mineurs qui y étaient parties, n'a d'autre date que l'année 1330. Collection des **ordonnances du Louvre, t. II, p. 63.**

viennent ensuite, qui conquièrent la Gaule du nord au midi, mais ne lui donnent pas de lois, parce qu'ils n'en ont pas (1). Au nord, c'est-à-dire en deçà de la Loire, près du pays des Francs, la législation romaine meurt; à sa place naissent de petites législations locales ou coutumes. Au midi, c'est-à-dire au delà de la Loire, près du pays des Romains, la législation romaine continue à vivre (2), mais seulement comme coutume, comme législation locale, d'ailleurs mi-partie d'un grand nombre d'autres législations locales ou coutumes. Brochant sur le tout, comme on dit en termes de blason, les ordonnances royales, dont les plus anciennes sont les capitulaires, deviennent également obligatoires en deçà et en delà de la Loire, et le royaume se trouve ainsi régi par trois sortes de législations.

Je relèverai ici, comme le résultat d'une politique plus profonde qu'on ne pense, l'usage général de ne pas écrire les lois locales appelées coutumes (3). Le

(1) Ici Monteil est trop absolu. Les Francs ont laissé les Gallo-Romains suivre leurs anciennes lois, mais ils ont eux-mêmes suivi leurs lois nationales. — L.

(2) On donnait le nom de pays de droit écrit aux provinces où le droit romain était resté en vigueur; ces provinces étaient le Languedoc, la Guyenne, la Navarre, les provinces basques, le Roussillon, la Provence, le Lyonnais, le Forez, le Beaujolais, le Dauphiné, le Mâconnais, la Beauce, une partie de la Saintonge, l'Auvergne et la basse Marche; mais ce n'est pas seulement dans ces provinces que le droit romain a fait sentir son influence, les coutumes en ont aussi gardé en bien des lieux la forte empreinte. (Voir l'*Histoire du droit romain*, de M. de Savigny, et l'*Histoire du droit municipal*, de M. Raynouard.) — L.

(3) Il nous est impossible d'entrer ici, au sujet des coutumes, dans tous les détails que comporte l'histoire de cette branche si importante de notre ancienne législation. Nous nous borne-

noble et le vilain sont moins dépendants des gens de justice, et, de plus, les baillis, les juges, lorsqu'ils ne savent pas lire, ne sont pas obligés, comme dans les provinces de droit écrit, de s'en rapporter aux avocats sur le texte de la loi. S'il survient des débats sur la coutume, rien de plus simple que la marche prescrite : on appelle des témoins, qui attestent que la coutume est telle ou n'est pas telle. En cette matière, les serfs ne peuvent témoigner : j'en excepte, ou plutôt Louis le Gros en excepte les serfs de l'église de Saint-Maur-des-Fossés et de l'église de Chartres, qui peuvent témoigner et soutenir en duel leur témoignage le bâton à la main (1).

La législation d'un peuple qui existe, doit nécessairement être, à la longue, supérieure à celle d'un peuple qui n'existe plus : nous avons pu corriger sans cesse le droit français, nous n'avons pu toucher au droit romain. Pour se convaincre combien aujourd'hui l'un est supérieur à l'autre, il n'y a qu'à les comparer.

Dans les successions, par exemple, comme les partages faits d'après les lois romaines sont compliqués ! l'hérédité est divisée en douze onces, *uncia, sextans,*

rons à indiquer le beau travail de Klimrath : *Études sur les coutumes,* Paris, 1837, in-8°; *la Revue de législation et de jurisprudence,* t. VI, ainsi que l'*Histoire du droit français* de M. Laferrière. On trouvera dans ces ouvrages des renseignements complets sur la matière. — L.

(1) Voyez les lettres données à Paris par Louis le Gros, en 1118, à l'église Saint-Maur-des-Fossés, et celles de 1128, données à l'église de Chartres. Dans les combats judiciaires, les nobles seuls avaient le droit de se servir des armes de guerre, épée, dague ou lance; les roturiers ne pouvaient se servir que de bâtons. — L.

ekton, quadrans, trians, quincunx, semis, septunx, bes, dodrans, dextans, deunx; on dirait de quelque grimoire. L'héritier a tant s'il y a tel nombre de légitimaires, tant s'il y en a tel autre; et par une bizarrerie, ou du moins une singularité qu'il nous est aujourd'hui bien difficile d'expliquer, dans certains cas les légitimaires ont une plus grande part lorsqu'ils sont plus nombreux, et une moins grande part lorsqu'ils le sont moins. Enfin, il faut tous les secours de l'arithmétique pour pouvoir fixer à chacun sa quotité. Ecoutez maintenant les Établissements de saint Louis, où ce droit romain a sans doute été mis à contribution, mais aussi où il a été bien perfectionné (1).

Entre hommes nobles, dit le chapitre VIII du premier livre, le partage de la succession est fait de cette manière : les deux tiers à l'aîné, le tiers restant aux puînés. Et au chapitre CXXXII du même livre : entre hommes roturiers, partage égal. Cela est-il équitable, clair, net?

Cette demoiselle, fille d'un homme fort riche, pleure : elle est exclue de la succession de son père. J'en sais bien la raison, moi : *Genti-femme, quand elle a eu des enfants avant qu'elle soit mariagée, elle perd son héritage par droit;* chapitre XII, livre Ier. Si vous ne trouvez pas belle cette disposition des Établissements de ce saint et chaste roi, vous n'avez qu'à le dire.

(1) Voir : *Essai sur les institutions de saint Louis,* par M. Beugnot, Paris, 1821, un vol. in-8°, et le mémoire de M. Mignet intitulé : *De la féodalité, des institutions de saint Louis et de la législation de ce prince,* Paris, 1822, 1 vol. **in-8°. — L.**

Avant saint Louis, les barons s'emparaient des meubles d'un homme qui était mort sans se confesser; mais ce roi, toujours juste, excepta, dans le chapitre LXXXIX du livre Ier, la succession de l'homme qui mourait de mort subite.

Sur les testaments, sur les donations, sur les douaires, les contrats, les conventions, les hypothèques, les garanties, les rachats, les retraits féodaux ou lignagers (1), sur toutes les différentes parties du droit civil, voyez les Établissements et les ordonnances : partout même sagesse, même équité, partout même supériorité.

***

PROCÉDURE ET LÉGISLATION CRIMINELLES.

La rumeur publique vous accuse d'un crime : les sergents vous arrêtent. Vous êtes ou croisé, ou clerc-

______

(1) Le retrait lignager était le droit qu'avait l'héritier de reprendre dans un délai de quarante jours les immeubles vendus par ses parents, à la charge par lui de rembourser l'acquéreur. Voici ce que dit au sujet de cette formalité le titre VII, art. 129, de la coutume de Paris :

« Quand aucun a vendu et transporté son propre héritage, ou rente foncière, à personne estrange de son lignage du costé et ligne dont ledit propre héritage ou rente foncière luy est venu et eschu par succession, il est loisible au parent et lignager dudit vendeur de costé et ligne dont est venu et eschu ledit héritage ou rente foncière, de demander et avoir par

chevalier, ou clerc-marié, ou simplement clerc (1) : vos amis, votre femme, l'official, réclament pour vous, ou vous-même vous réclamez, n'importe : les officiers laïques vous remettent sur-le-champ et sans discussion à la cour d'église.

Mais, vous n'êtes pas clerc, on vous détient dans les prisons, et vous ne devez plus maintenant vous attendre à jouir, comme au temps de Charlemagne, du bénéfice de ses capitulaires, à être mis en liberté aux fêtes de Noël, de Pâques ou de la Pentecôte. Toutefois entre cette dangereuse pitié et une trop grande sévérité les lois actuelles ont gardé une équitable mesure : si vous trouvez une caution, vous pouvez pendant l'instruction du procès conserver votre liberté.

J'ai vu quelquefois naître au sujet de la compétence des juges de plaisantes discussions entre les sergents du seigneur bas-justicier, et ceux du seigneur haut-justicier. Les premiers prétendaient que les blessures étaient légères et ne pouvaient être punies que d'une simple amende ; les seconds que les blessures étaient graves, qu'elles pouvaient occasion-

retraict lignager iceluy héritage ou rente dedans l'an et jour que l'acheteur en a esté ensaisiné : s'il est tenu en censive, ou qu'il a esté receu en foy et hommage, s'il est tenu en fief, en remboursant ledit acheteur de son sort principal et loyaux cousts. » — L.

(1) On désignait au moyen âge sous le nom de *clercs* une catégorie particulière d'individus, qui prenaient la tonsure, mais qui ne recevaient point les ordres et vivaient comme les laïques. Le seul fait de la tonsure les rendait justiciables des tribunaux ecclésiastiques, et les faisait participer en même temps à quelques-uns des priviléges du clergé. — L.

ner la mort, et que ce cas, qui était celui du meurtre, n'appartenait plus à la basse justice. Sur cela, les sergents des deux seigneurs qui amenaient l'accusé se le disputaient si vivement que durant ces débats celui-ci trouvait le moyen de s'échapper.

Outre le meurtre, les juges des hauts-justiciers dans leurs terres, les cours royales dans celles du roi, ont aussi comme attribution exclusive les crimes capitaux, tels que le viol, l'incendie, la trahison et la fausse monnaie.

Que les temps sont changés! Autrefois on vous donnait la question par le feu et on vous la donnait avec une légèreté vraiment barbare et abusive; aujourd'hui on ne peut vous donner que la question par la *gesne*, et même, quoique vous soyez pauvre, on ne peut plus vous la donner sur la déposition d'un seul témoin (1).

Il serait trop long de parler de l'audition, de la récusation des témoins. Supposons donc la procédure terminée et passons aux dispositions des LOIS PÉNALES.

Il vient de s'élever une rixe entre Pierre et Paul; celui-ci a été blessé. Si la blessure est légère, Pierre

(1) Les réformes que signale ici Monteil au sujet de la question n'ont exercé que très-peu d'influence, et tous les raffinements de la cruauté ont été mis en usage jusqu'à la fin du dix-huitième siècle. La manière de donner la question variait suivant les parlements. Elle avait lieu par *extension,* par *l'eau,* par *le feu,* par *le tenaillement,* par *le plomb fondu,* par *les coins,* par *les brodequins,* par *la suspension.* La question par *le feu* était encore en usage en Bretagne au dernier siècle. Voir Ch. Desmaze, *les Pénalités anciennes,* Paris, 1866, in-8°. — L.

payera tant ; si elle est grave, tant ; si la mort s'ensuit, peine du talion, peine capitale. N'est-ce pas juste ?

Pierre demeure chez un des premiers personnages de la ville ; il est à ses draps, à ses livrées (1). Pierre, qui a de mauvaises mœurs, met à mal la femme, ou la fille, ou la belle-fille de son maître, il sera puni de mort. Il met à mal la nourrice, il *trottera* (2) avec elle dans la ville ; mais si ce n'est que la servante, il sera simplement congédié avec elle, et perdra ainsi qu'elle les gages.

Du temps que vous étiez ici, un jeune écuyer fut surpris avec la femme de son seigneur. Cette affaire fit grand bruit. Eh bien ! avant la promulgation des *Établissements de saint Louis*, il en aurait peut-être été quitte pour la pénitence canonique ; cependant vous pouvez vous souvenir qu'en exécution des dispositions du chapitre L du livre Ier, il fut condamné à perdre son fief. Il n'y a pas longtemps qu'un autre seigneur de nos environs perdit aussi son fief, pour avoir abusé de la fille que lui avait confiée un de ses parents ; et s'il ne fut point puni de mort, c'est qu'on ne put complétement prouver qu'il avait employé la force : à cet égard, le chapitre LI est formel.

Les jeunes gens du siècle trouvent ces Établissements trop sévères ; moi, je ne les trouve que justes : on ne saurait trop menacer, trop châtier les passions.

Vous me dites qu'il vous est arrivé de trouver pen-

---

(1) C'est-à-dire il est habillé par le personnage chez lequel il habite. — L.

(2) C'est-à-dire il sera promené avec elle par la ville. — L.

dus en même temps aux fourches patibulaires un homme, un taureau et une truie (1) ; vous ajoutez que

(1) Les exécutions d'animaux sont très-fréquentes au moyen âge, et ce fait s'explique de lui-même quand on se reporte aux temps où elles ont eu lieu. On croyait les animaux doués d'un instinct égal et quelquefois même supérieur à la raison humaine. On les considérait comme des êtres moraux et perfectibles, et il était par cela même tout naturel qu'on en fît des êtres responsables ; après les avoir complétement assimilés aux hommes dans la légende, la poésie, les monuments des arts, on les mit, dans la jurisprudence, au même niveau. Voir le *Bestiaire maître Richard de Fournival*, Bibl. nat., fonds la Vallière, n° 81.

L'illustre Leibnitz, dans les *Nouveaux essais sur l'entendement humain*, livre IV, chap. x, n'est pas éloigné d'attribuer aux animaux une sorte de responsabilité morale, et il ne croit pas indigne de la bonté divine de leur accorder une part de rémunération dans l'autre vie. Cette idée se retrouve encore dans un opuscule du dix-septième siècle : *de Peccatis brutorum*. Il n'y a donc pas à s'étonner d'après cela que le moyen âge ait fait passer devant les assises des bœufs et des pourceaux. Il pouvait en outre s'autoriser de la Bible, car il est dit dans l'Exode : « Si un bœuf tue un homme ou une femme d'un coup de corne, le maître sera jugé innocent, mais le bœuf sera lapidé, et on ne mangera pas sa chair. (Exode, chap. xxxi, v. 28.) L'ancienne législation n'avait point dit encore son dernier mot en jugeant et en condamnant des animaux. Elle poussa l'absurdité jusqu'à mettre en jugement des morceaux de boudin et des andouilles. Voici du reste l'historique à peu près complet de cette étrange législation :

Les procès et les exécutions d'animaux se rencontrent non-seulement au moyen âge, mais même à une époque rapprochée de nous. La fable monstrueuse de Pasiphaë se traduisit souvent en faits réels au milieu de la barbarie des vieilles mœurs. Dans ce cas, l'homme et l'animal sont regardés comme complices, jugés et condamnés ensemble. Les registres des échevinages et ceux des cours criminelles offrent plusieurs exemples de crimes pareils à ceux que Charlemagne mentionne dans

c'est faire trop d'honneur aux animaux que de les pendre comme les hommes. Votre réflexion, qui ne

ses lois. En 1546, le parlement de Paris condamna un nommé Guyot Vuide à être pendu et ensuite brûlé sur le même bûcher qu'une vache sa complice. Une semblable exécution eut lieu le 5 janvier 1566. Jean de la Salle fut également brûlé en compagnie d'une ânesse, qu'on eut soin d'assommer avant de la jeter dans les flammes. Enfin, en 1606, à Chartres, une chienne subit le même supplice pour le même crime, et une autre, qui était contumace, fut pendue en effigie.

Les faits dont nous venons de parler, et sur lesquels nous n'insisterons pas plus longtemps, sont heureusement assez rares, pour l'honneur de notre espèce, et ceux que l'on rencontre le plus fréquemment rentrent dans la catégorie des accidents ordinaires. Ce sont surtout les truies et les verrats qui figurent, comme on dirait de nos jours, sur le banc des prévenus, pour avoir déchiré ou dévoré des enfants. En 1386, le juge ordinaire de Falaise condamna un de ces animaux à être mutilé d'abord à une patte de devant et à la tête, parce que sa victime avait elle-même été blessée au visage et au bras, et ensuite à être pendu au pilori. On couvrit la truie, avant de la conduire au supplice, de vêtements d'homme, et, suivant l'usage, le bourreau qui l'exécuta reçut pour sa peine et salaire dix sols et une paire de gants.

Quand on se reporte aux croyances du moyen âge, à son formalisme, on comprend jusqu'à un certain point ces exécutions juridiques : le délit était flagrant, irrécusable, car le sang de l'homme avait coulé ; mais il est beaucoup plus bizarre encore qu'on ait quelquefois puni des animaux pour des idées, des croyances ou des œuvres regardées comme surnaturelles. Le fait, tout incroyable qu'il paraisse, n'en est pas moins vrai, et, comme on va le voir, il s'explique encore par la tradition générale. Au seizième siècle, un chien sorcier fut brûlé en Écosse, et en 1674 les magistrats de Bâle condamnaient encore pour sorcellerie un coq au supplice du feu.

Les bêtes qui nuisent aux biens de la terre, tels que les limaçons, les mulots, les vers, ou celles qui, comme les chats et les rats, commettent des déprédations ou des larcins, tombaient, **comme les truies, les chiens et les coqs, sous le coup de la**

paraît que plaisante, est au fond juste et sensée. Toutefois je ne puis pas trop vouloir de mal aux vieilles

justice civile ou criminelle. Un jurisconsulte du seizième siècle, Chassanée, écrivit un traité spécial sur l'instruction et la poursuite de ces sortes d'affaires.

Il eut personnellement l'occasion de mettre sa science en pratique. Voici à quel propos : les rats commettaient de grands ravages dans la ville d'Autun et les environs ; les magistrats chargés de la police de cette ville jugèrent qu'il était urgent de se débarrasser de ces hôtes incommodes, et, au lieu de mettre, comme on l'a fait souvent, leur tête à prix, ils les traduisirent en justice. L'affaire fut portée devant un tribunal ecclésiastique. Le promoteur ordonna que les accusés fussent cités devant lui, et Chassanée leur fut donné d'office pour défenseur. Vu le discrédit de ses clients, il essaya d'abord de moyens dilatoires pour donner à la prévention le temps de se dissiper, et comme ils ne se présentaient point malgré la citation de l'official, il représenta qu'ils étaient dispersés dans un grand nombre de maisons et de villages, qu'évidemment une première assignation n'avait pu les avertir tous. Il demanda en conséquence qu'une seconde assignation leur fût donnée, et comme on ne pouvait les prévenir à domicile, qu'on la leur notifiât dûment et en bonne forme par une publication au prône de chaque paroisse. Les juges accédèrent à cette demande. Chassanée gagna un temps considérable, et à l'expiration du délai, il excusa la non-comparution des parties, en disant que les rats, pour se rendre devant leurs juges, avaient beaucoup de chemin à faire, que les routes étaient mauvaises, enfin que les chats, ayant eu vent de l'affaire, s'étaient mis partout aux aguets. Lorsque les moyens dilatoires furent épuisés, Chassanée motiva sa défense en invoquant les plus hautes considérations de la politique et de l'histoire. Le président de Thou, qui raconte cette bizarre procédure, ne parle malheureusement pas de la sentence qui fut rendue ; il se borne à dire que l'affaire fit grand bruit et qu'elle commença la réputation de Chassanée.

Au quinzième siècle, un procès du même genre fut intenté aux mouches qui désolaient un des cantons de l'électoral de Mayence. En 1585, les chenilles du diocèse de Valence furent

lois du tendre intérêt qu'elles prennent à notre vie, en faisant supplicier les bêtes meurtrières.

Vous voulez bien qu'on traîne sur la claie le corps de ceux qui se sont suicidés et que l'on confisque leurs biens ; mais vous ne voudriez pas qu'on brûlât les sorciers, les magiciens, qui troublent les éléments (1); vous voudriez qu'on les pendît et qu'on exposât ensuite leurs corps, afin que le peuple ne crût pas qu'ils se sont dérobés aux flammes, et qu'ils se sont invisiblement sauvés à travers les airs. Je le pense comme vous; cela serait mieux. Je vais même plus loin : j'ose trouver que, dans certains cas, les exécutions de la justice laïque sont trop cruelles. On me répondra que les cours royales ou seigneuriales ne peuvent, à l'exemple de celles d'église, se contenter pour les plus grands crimes de la prison perpétuelle. Ce n'est pas ce que j'entends ; je veux seulement que les supplices soient moins sanglants.

Deux hommes sont conduits à la mort pour le

assignées devant le grand vicaire et condamnées par lui à sortir immédiatement des limites de sa juridiction. Enfin, en 1690, les chenilles qui ravageaient les environs de Pont-Château, en Auvergne, furent excommuniées par un grand vicaire nommé Burin, qui les renvoya devant le juge des lieux. (Voir, dans la *Revue des Deux-Mondes*, les articles que nous avons publiés sous le titre : *Épopée des animaux*.) — L.

(1) Tous les tribunaux de l'Europe, dit Voltaire, ont retenti de procès contre les sorciers... Ce que l'on reprochait le plus aux Turcs, c'était de n'avoir ni sorciers, ni possédés. On regardait cette privation de possédés comme une marque infaillible de la fausseté de leur religion. La croyance à la sorcellerie était tellement enracinée, qu'en 1749 une femme fut encore **brûlée comme sorcière dans le cercle de Wurtzbourg.** — *L.

même fait. Sans doute l'un et l'autre vont être pendus? Non, il n'y en a qu'un; l'autre monte en chemise sur l'échafaud, et a la tête coupée : l'un est vilain et l'autre est gentilhomme. Vous m'objecterez que c'est une marque de noblesse que d'avoir la tête coupée ; mais ne pourrait-on remplacer ce privilége des nobles par un autre aussi honorable, et, de cette manière, se passer de la hache, établir sans aucun mécontentement public l'uniformité de la justice? On le pourrait; et, quoi qu'on en dise, je ne pense pas que jamais la noblesse prît un pareil prétexte pour se soulever.

On pourrait aussi laisser les supplices extraordinaires à cette Angleterre où encore de nos jours l'on arrache les entrailles du criminel pour les brûler devant lui, où on lui arrache le cœur pour en battre ses joues, où l'on fait traîner les hommes à la queue des chevaux. Rappelons-nous que, si, en France, on a fait traîner ainsi le fameux Jourdan de Lille, c'était dans un temps voisin du dernier siècle. Rappelons-nous que, si l'on a fait encore pis, que, si l'on a écorché tout vifs deux jeunes chevaliers (1) qui avaient séduit les deux princesses belles-filles de Philippe IV, c'était dans un temps encore plus ancien.

Notre siècle, en s'éloignant de ces époques, dépose insensiblement la barbarie des âges qui l'ont précédé.

____

(1) Philippe et Gautier d'Aulnay, qui figurent dans le drame d'Alexandre Dumas : *La Tour de Nesle*. L'une des princesses dont il est ici question était Marguerite de Bourgogne, qui fut étranglée, en 1315, dans le Château-Gaillard où elle avait été reléguée. — L.

Aujourd'hui on confisque bien les terres des condamnés, mais on ne les fait plus ravager ; et lorsqu'on abat les toitures des châteaux, c'est toujours pour crime de félonie et de haute trahison. Enfin, si vous me dites que nos codes conservent encore, dans certains cas, trop de sévérité, je vous dirai que le roi a le droit de faire grâce.

La justice elle-même se l'attribue en demeurant immobile et muette sur son trône, lorsque, les preuves n'étant pas tout à fait suffisantes, il y a lieu à une composition que le ministère public propose gracieusement en ces termes : *Visne amicabiliter componere* (1)? Si l'accusé l'accepte, aussitôt qu'il a compté au procureur fiscal la somme convenue, qui est ou qui doit être portée au trésor seigneurial ou royal, il est acquitté et libre. Dans tous les cas possibles, que peut-il arriver de mieux? Si c'est un coupable qui est absous, il grossit du moins les finances du seigneur ou du roi ; si c'est un innocent qui est puni, il ne l'est du moins que par la bourse. Ah! frère Rodolphe, ah! frère André, que d'expériences, que d'efforts pour en venir au point où nous sommes !

Écrit à Tours, le 27ᵉ jour de février.

(1) Le système des compositions pénales, qui avait son origine dans les coutumes nationales des peuples germaniques, était encore appliqué dans la plupart des communes du quatorzième siècle pour toutes les peines qui emportaient la mutilation. Les condamnés pouvaient racheter leur poing ou leurs oreilles moyennant une certaine somme perçue au profit de la caisse communale, mais ils étaient généralement tenus de fournir un poing, un pied, ou une oreille en cire pour témoigner que la justice était bien réellement en possession d'un membre quelconque.

L.

LES COURS JUDICIAIRES.

LA LAMPE.

On a bien raison de dire que les frères de Toulouse
sont les plus polis de l'ordre. Vous me faites compli-
ment, frère André, sur mes connaissances dans la
science des lois, comme si vous m'en deviez quelque
chose, comme si vous n'aviez pas été, aussi bien que
moi, longtemps employé au tribunal de la pénitence.
Vous me dites ensuite que nos frères, qui ont vu ma
dernière épître, désirent que je vous en écrive une
autre sur les cours judiciaires : je veux bien vous en
croire.

Toutefois, avant d'entrer en matière, je répondrai
au reproche que vous me faites de n'avoir parlé ni
de la procédure ni des lois ecclésiastiques. Quant à
la procédure, j'aurais eu trop à dire ; elle est toujours,
comme au treizième siècle, chargée, surchargée
d'actes. J'ai sous les yeux l'inventaire d'un procès
encore à juger, entre une abbaye et un seigneur qu'elle
avait excommunié. Je n'y ai pas compté moins de
quatre-vingt-dix actes, à commencer par la signifi-

cation des lettres du pape qui permettent d'assigner l'abbaye devant une cour laïque. Les ajournements, les cédules, les requêtes, les enquêtes, les interlocutoires, les commissions des examinateurs, les examens, les griefs, les moyens de droit, les exécutoires, y sont presque aussi multipliés que dans les cours laïques et sont à peu près les mêmes.

Quant aux lois, ce sont ou les saints canons, ou les constitutions des papes, qu'il n'est guère permis d'examiner ; mais il n'en est pas ainsi, à ce qu'il me paraît, de la juridiction ecclésiastique ; et à cet égard je ne crois pas devoir m'interdire quelques réflexions.

Les cours d'église, de chrétienté ou de privilége ont dans leurs attributions les hérésies, les sorcelleries, les sacriléges, les excommunications, les suspenses, les empêchements de mariage, les dispenses à cause de parenté, les legs pieux, les testaments, les douaires, les usures, enfin les contestations entre clercs et les constestations entre clercs et laïques, où les premiers sont défendeurs (1). Les choses sont bien de cette manière, mais seulement de cette manière. C'est depuis longtemps mon opinion, et j'ose, frère André, la manifester, dût-on me prendre pour un

_____

(1) On voit par la seule énumération que fait ici Monteil combien il était difficile d'établir nettement la compétence respective des tribunaux laïques et des tribunaux ecclésiastiques, les cas de conscience les confondant presque toujours avec les causes de l'ordre purement civil ou criminel. De continuels conflits éclataient entre les deux juridictions ; avant de juger, on plaidait pour savoir à qui devait revenir le droit de juger, et comme les formes de la justice étaient d'une extrême lenteur, les prévenus étaient exposés à rester plusieurs années en **prison avant qu'on eût prononcé sur leur sort.** **L.**

novateur, pour un moine fougeux, suivant l'expression
de certains prélats qui, dans leurs palais ou dans
leurs châteaux, se font traiter fastueusement d'évêque
par la grâce de Dieu, de mon révérend père. Écoutez
leurs partisans : ils vous diront qu'il importe au bien
général de rendre aux évêques leur ancienne juridiction. Leur ancienne juridiction ! ah ! qu'on nous rende
donc auparavant les anciennes ténèbres ! L'ancienne
juridiction des évêques, qui atteignait tout, qui dominait sur tout, elle a changé, parce qu'elle n'était
pas conforme à la raison ; et, parce que la juridiction
actuelle y est conforme, elle ne changera plus. Mais
finissons de parler d'une matière où il est si difficile
d'être réservé, et où il est si nécessaire de l'être.
C'est, je crois, sur les cours judiciaires que je voulais aujourd'hui vous écrire.

En France, comme dans les autres États de l'Europe, les cours judiciaires sont divisées en cours
ecclésiastiques et en cours laïques. Si vous rappro-
chez les deux hiérarchies, vous y trouvez une grande
ressemblance, si grande que l'une a sans doute servi
de modèle à l'autre. Dans l'une, qui est la plus ancienne, au sommet est assis le pape au milieu des
cardinaux ; au-dessous sont assis les archevêques ;
au-dessous les évêques, au-dessous les curés. Dans
l'autre au plus haut degré siége le roi au milieu des
pairs et du parlement ; au-dessous siégent les grands
baillis et les grands sénéchaux ; au-dessous les petits
baillis, les petits sénéchaux ; au-dessous les juges
châtelains, les juges municipaux.

Remarquez encore plusieurs autres conformités.
Dans la hiérarchie laïque, le roi établit par commis-

sion des juges extraordinaires : le pape envoie des légats chargés de l'examen et du jugement de certaines affaires. Le roi se réserve certaines causes (1) : il y a certains cas réservés au pape. Le roi a dispensé plusieurs de ses sujets de la juridiction des juges ordinaires, et leur a donné des juges particuliers : de même le pape a exempté plusieurs ordres de moines et de moinesses, de religieux et de religieuses, de la juridiction de l'ordinaire, et leur a donné d'autres juges. Enfin, dans les grandes villes, à Paris entre autres, il y a des lieux où la justice ordinaire ne peut pas entrer ; de ce nombre est le clos du Temple ; de ce nombre est encore la cour et le pourpris du Palais, où le concierge a droit de juridiction et où, certains jours de la semaine, il tient ses plaids : de même le pape a interdit dans certaines abbayes, dans certains couvents, dans certaines églises, la visite de l'autorité ordinaire, que nous appelons simplement l'ordinaire.

Frère, je suis obligé de m'arrêter ici : la lumière va cesser. Je vous écrivis la dernière fois avant les premiers rayons de l'aube ; ce soir je vous écris avec les dernières gouttes de l'huile de ma lampe. Pour avoir le plaisir de penser avec vous, mon cher frère André, je devance, j'allonge le jour.

Écrit à Tours, le 28e jour de mars.

(1) Les causes que se réservaient les rois étaient dites cas royaux. Il suffisait de déclarer qu'un délit était un cas royal pour que les juges ecclésiastiques, féodaux et municipaux fussent obligés de renvoyer les prévenus devant la justice du roi. Ce moyen fut souvent employé, et il contribua dans une large mesure à l'affaiblissement des institutions judiciaires qui pouvaient faire obstacle au développement du pouvoir monarchique.   L.

LES CHAPERONS NOIRS.

Je vais continuer, s'il vous plaît, ma dernière lettre, où je ne pus vous parler des chaperons noirs, c'est-à-dire des juges et des gens de justice, qui dans le monde n'ont guère que des chaperons de cette couleur, bien que, dans leurs fonctions, ils en aient d'autres assortis aux autres couleurs de leurs robes.

Les cours ecclésiastiques et les cours laïques se ressemblent bien quant à leur hiérarchie, mais non quant à leur composition, et cela doit être.

C'est d'abord un grand avantage dans les cours d'église que les membres aient tous un titre commun, supérieur à leurs titres particuliers les plus éminents. Le pape a une plus haute qualité, un caractère plus sacré que la dignité de pape ; il est prêtre, et le plus petit curé l'est aussi : de là cette gravité, cette sagesse, cette justice, rarement contestées aux sentences des cours ecclésiastiques. Au contraire, dans les cours laïques, combien d'abus, depuis les plus hauts rangs jusqu'aux plus bas !

D'abord, pour le parlement, voici comment à son égard les ordonnances s'expriment : « Que cils qui tiendront le parlement ne beuvent ni ne mangent avec les parties qui ont à faire pardevant euls, » article 18 de l'ordonnance de 1318. Écoutez maintenant celle de 1344, article 8 : « Moult deshoneste chose est que, la cour séant, aucun des seigneurs voisent, tournéant et ébatiçant par la salle du palais ; « et article 9 : « Li seigneurs doibvent venir bien matin, et continuer tant que la court soit levée ; » et article 16 : « Parce que li seigneurs se liévent si souvent... si doibt suffire, et suffise soy lever une fois en la matinée. » Je vous le demande, comment parlerait-on à des pensionnaires, à des écoliers (1)? Et cependant vous entendez les membres de ce même parlement se vanter d'être les arbitres des empereurs et des papes, et de faire ajourner devant eux les princes et les rois.

Voici du reste comment ils sont appointés : le premier président et les présidents ont 1,000 livres, 500 livres par an ; les conseillers sont obligés de se contenter de 5 sols par jour.

Frère André, vous, moi et tous autres, il nous faut vouloir ce que le roi veut ; mais quelquefois sur-

(1) Les ordonnances relatives à la tenue des audiences du parlement sont très-nombreuses, et elles prouvent par leur nombre même qu'il était fort difficile de faire régner le bon ordre dans le sanctuaire même de la justice. Cela tenait surtout à la présence des membres de la haute noblesse, dont quelques-uns siégeaient encore régulièrement au quatorzième siècle parmi les conseillers-jugeurs. A cette époque, comme dans les derniers temps de la monarchie, la noblesse professait un grand dédain pour les gens de robe, qu'elle appelait au seizième siècle *une espèce mécanique et épicière.* — L.

Grand Châtelet.

Petit Châtelet.

tout je le veux bien volontiers. Le roi veut que les évêques ne siègent plus au parlement (1). Le roi veut que les conseillers au parlement et les conseillers au Châtelet (2) soient la moitié clercs, la moitié laïques. Le roi veut que les clercs ne puissent exercer de fonctions judiciaires dans les juridictions inférieures, et sans autre forme il dit au bailli : « S'il y en a, ôte-les (3). »

Dans les cours des sénéchaussées (4) et des bailliages, les hauts chefs me donnent l'idée des anciens sénateurs romains, en même temps guerriers et magistrats. Quel état que celui de sénéchal, de bailli des provinces, auxquels le roi s'adresse dans le préambule des lois ! Leur maison est composée de chevaliers, d'écuyers et de pages, de gradués, de sergents et d'huissiers. Je doute que les 500 livres que leur accorde la munificence du monarque puissent leur suffire.

(1) Ordonnance de Philippe le Long, du 3 décembre 1319.

(2) Le Châtelet ou Grand-Châtelet était à Paris le siége de la justice royale ordinaire. Il fut érigé en présidial par Henri II, en 1551. Il y existait une prison très-vaste dans laquelle on enfermait les malfaiteurs arrêtés dans la capitale. Le Grand-Châtelet, situé sur la rive droite de la Seine, occupait une partie de la place à laquelle il a donné son nom. Il fut démoli en 1802. Le Petit-Châtelet, situé sur la rive gauche de la Seine, à l'endroit occupé aujourd'hui par la place du Petit-Pont, était à l'origine une petite forteresse défendant l'une des portes de Paris. Aucune juridiction autre que celle des droits de péage n'y était attachée. — L.

(3) Ordonnance de Philippe de Valois, du 25 février 1328.

(4) Les sénéchaussées étaient des juridictions placées dans les attributions des officiers de justice connus sous le nom de sénéchaux. Il y avait des sénéchaussées royales et des sénéchaussées seigneuriales. — L.

Descendons aux petits sénéchaux, aux petits baillis, aux petits juges. On a cru que des gages fixes les mettraient à l'abri de la tentation en les mettant à l'abri du besoin ; on s'est trompé : les présents, les dons les ont trouvés accessibles. Aussitôt la loi de gronder, de leur défendre de recevoir ni or ni argent dans l'exercice de leurs fonctions ; mais tout à coup, se radoucissant, et comme pour s'accommoder à la faiblesse humaine, elle leur permet d'accepter des viandes, pourvu que ce ne soit pas pour plus d'un jour, et du vin, pourvu que ce soit en barils, en bouteilles ou en pots, *in barillis, seu bouteillis vel potis :* c'est ainsi que s'exprime l'article 42 de l'ordonnance de 1302, dans un latin qui n'est pas celui de Térence ou de Cicéron, encore moins celui de Curius ou de Fabricius.

Quant aux juges châtelains (1), à qui pourra-t-on jamais persuader qu'ils ont les mains plus pures et plus nettes ? Quelle opinion nous en donne la loi qui les assujettit à la censure, aux punitions, à l'autorité des officiers royaux ? Et ne sait-on pas d'ailleurs que plusieurs, par économie ou par pauvreté, fouettent et supplicient eux-mêmes les malfaiteurs qu'ils ont condamnés (2) ? Ajouterai-je que d'autres, par impéritie,

---

(1) Les juges châtelains étaient les officiers de justice des seigneuries dans lesquelles il existait des châteaux forts. — L.

(2) Ce n'étaient pas seulement les juges châtelains qui exécutaient eux-mêmes les criminels ; c'étaient aussi, en certaines communes, les officiers municipaux. Il les attachaient de leur propre main à la potence, et les lançaient dans l'éternité, après leur avoir signifié leur sentence en ces mots : « Mon ami, pour cause de tes méfaits, tu es condamné à mourir par la corde. » Voir *Histoire d'Abbeville et du Ponthieu*, par F.-C. Louandre,

font monter sur leur siége les sergents, les appariteurs, et leur demandent publiquement leur avis ?

Je n'ai pas entendu beaucoup de plaintes contre les juges municipaux, et je veux bien croire charitablement que la continuelle surveillance de la bourgeoisie, qui les élit et qui ne cesse de les entourer, est inutile au maintien de leur intégrité et de leur vertu, à laquelle cependant en Normandie on ne se fie pas toujours ; car, à Rouen, le maire, lorsqu'il refuse de représenter au vicomte les malfaiteurs remis entre ses mains, est sujet à sa correction.

La loi qui veut que les juges en titre d'office ne puissent être pris parmi les grands du pays, et celle qui les astreint à rester quarante jours dans le lieu où ils ont exercé leurs fonctions, quand ils sont sortis de place et qu'ils veulent se retirer chez eux, me paraissent fort bonnes. Je trouve cependant aussi fort bon cet arrêt du parlement de 1281 qui, après huit ans, met un juge à l'abri de toute recherche.

*
* *

Enfin venons aux avocats (1). Vous et moi les connaissons bien ; la loi aussi les connaît bien. Ils voudraient toujours être les premiers, toujours paraître,

et le tome IV de l'*Histoire du tiers état,* à l'article *Montreuil.* — L.

(1) Les avocats se divisaient au moyen âge en *consiliarii,* qui étaient les plus anciens en exercice et formaient comme une sorte de conseil de l'ordre ; en *proponentes,* avocats plaidants ; en *audientes,* avocats stagiaires. — L.

toujours parler ; on les force à ne s'asseoir qu'après les baillis, les sénéchaux, les gens du roi, et derrière les baillis, les sénéchaux, les gens du roi. Dans les causes où plusieurs parties qui ont le même intérêt ont chacune leur avocat, il n'est permis qu'à un seul de prendre la parole.

On les fait jurer de ne pas se charger de mauvaises causes ; mais la moitié d'entre eux au moins manquent à leur serment : car autant de procès gagnés, autant au moins de procès perdus.

On les fait jurer aussi de ne pas donner de mauvaises raisons ; tous en donnent de fort mauvaises qu'ils croient avoir rendues fort bonnes.

Pour les plus grands procès, les procureurs ont 10 livres : c'est trop ; les avocats 30 livres : c'est trois fois trop.

Comment les avocats osent-ils alors s'assimiler aux chevaliers et assimiler leurs gains aux nobles profits de la chevalerie ?

Il y a des avocats qui, tout excommuniés qu'ils sont, ne font cependant pas difficulté de plaider ; vous pensez bien que les procureurs ne sont pas plus scrupuleux. La confrérie qui réunit les procureurs dans un même giron me paraît très-bien instituée pour amollir leur cœur et purifier leurs mains.

*
* *

Tous les avocats, tous les procureurs, sont avocats jurés, procureurs jurés. Tous les notaires sont notaires jurés ; il n'y a cependant qu'une partie des notaires qui en prenne le titre (1).

Les notaires ont la confiance publique : c'est qu'ils ont la réputation d'être pauvres. Certains, à la vérité, le sont à tel point, que les lois leur ont défendu d'exercer l'état de barbier ou de boucher ; mais en même temps elles leur ont aujourd'hui fixé de forts bons honoraires : ils ont 2 sous pour un acte de vente, 12 deniers pour une procuration, et, pour les autres actes, 1 denier pour ceux de trois lignes de soixante-dix lettres, et pour ceux au-dessus de trois lignes même taux, dans la même proportion.

*
* *

A la seule cour du Châtelet de Paris il y avait et j'y ai vu sept cents sergents (2) ou huissiers, soit à pied,

(1) Les notaires étaient aussi désignés sous le nom de tabellions, du latin *tabularii*, parce que les fonctionnaires romains qui rédigeaient les contrats passés entre les particuliers écrivaient ces contrats sur des tablettes. En 1411, Charles VI permit aux notaires de mettre à leurs maisons, en signe de sauvegarde, les panonceaux royaux, et c'est là l'origine des écussons qui se voient encore aujourd'hui à leurs portes. Sous Louis XIV, le nombre des notaires de Paris était de 113. — L.

(2) Sergents, du mot latin *serviens.* Ce mot fut appliqué d'abord à des fonctions très-diverses. Il ne fut plus employé dans les derniers temps que pour désigner dans la hiérarchie juridique les bas officiers chargés de donner des assignations, de faire des saisies et d'arrêter ceux contre lesquels étaient rendus des décrets de prise de corps. Dans l'armée, le mot sergent fut appliqué pour la première fois au quinzième siècle à des officiers qui commandaient une compagnie, et qu'on appelait *sergents de bandes.* — L.

soit à cheval, soit à chaîne, soit à verge ; si l'on s'en tenait strictement aux lois, il ne devrait y avoir à la rigueur que quatre-vingt mille sergents dans toute la France ; jamais le roi n'a pu réduire leur nombre, encore moins leur tarif : qui dit sergenterie dit pillerie. Tout le monde devrait bien savoir que le sergent à cheval ne doit être payé qu'à raison de 2 sous par jour, le sergent à pied qu'à raison de 18 deniers.

Plusieurs juges, plusieurs officiers de justice, peuvent se transmettre héréditairement leur office ; plusieurs peuvent l'affermer, l'acheter du roi ; les notaires, du moins à la cour, peuvent le résigner ; mais les sergents ne peuvent qu'affermer le leur, et même ils ne le peuvent que par autorisation supérieure.

Voilà, mon cher frère, toutes les têtes, tous les becs, toutes les dents, toutes les serres, toutes les griffes et toutes les queues de la bête qui, sous le nom de justice laïque, ou simplement de justice, suce, mange ou dévore le pauvre peuple.

Écrit à Tours, le 5e jour d'avril.

LES ANCIENS ET LES NOUVEAUX ABUS.

Frère, vous m'avez donné occasion de vous écrire sur les us : l'envie me prend aujourd'hui de vous écrire sur les abus ; mais je serai bien plus long. Il y a tant d'abus, il y en a tant !

Partout il y a des abus. S'il y a des habitants sur le soleil, sur la lune, sur les planètes, sur les étoiles, il y a des abus. Si ces habitants sont d'une nature différente de la nôtre, il y a des abus différents ; mais si au contraire ils sont de la même nature, si, comme nous, ils sont constitués en société, dans chacun de leurs états il y a les mêmes abus que dans chacun des nôtres. J'en juge par ce que je vois.

Le parlement siége dans un des appartements de la cour, ou du moins dans un palais (1) que le roi

---

(1) Aujourd'hui le Palais-de-Justice. Il existait déjà, sur cet emplacement, une résidence royale sous les Mérovingiens. Le roi Robert la fit rebâtir vers 1003 ; elle fut habitée par saint Louis, Philippe le Hardi, Philippe le Bel, et sous Louis X le Parlement commença à y tenir ses séances. Le Palais-de-Justice a été brûlé par la Commune de 1871. — L.

peut de nouveau habiter : d'autres juridictions supérieures, la connétablie, l'amirauté, les eaux et forêts, siégent dans la salle des festins, et là, toutes les fois que les magistrats veulent rendre la justice, ils se mettent à table ; c'est véritablement à une table où l'on ne mange que deux ou trois fois par siècle, c'est à la table de marbre (1).

Y a-t-il dans une ville un vieux petit château, un vieux châtelet, il est toujours assez bon pour les cours royales inférieures : celle de Paris, celle d'Orléans en portent honteusement le nom.

Ce n'est pas comme à la cour du parlement, dans une spacieuse salle, au milieu d'un parc de menuiserie, dont les huissiers gardent les huis, que les cours seigneuriales tiennent leurs séances, c'est tantôt sur le perron du château, et tantôt à l'ombre des arbres (2) ; point de beau temps, point de justice.

La majesté du parlement se montre, j'en conviens, jusque dans ses registres : ils commencent avec une magnificence de style à laquelle bientôt les greffiers se hâtent de mettre fin : « Au nom de Celui qui fait « asseoir les rois sur les trônes et les puissants de « la terre sur les tribunaux de la justice... Entre « Robin-grand-Villain, appelant d'une part, contre « Marcel-aux-Oies, d'autre part. Les appelants di- « sent... »

______

(1) Il y avait deux tables de marbre au Palais-de-Justice dans la grande salle, et une troisième dans la cour près du grand escalier ; cette dernière était dite aussi pierre de marbre. — L.

(2) De là le nom de justice de l'Orme, donné quelquefois à la justice seigneuriale, parce qu'elle tenait ses plaids au pied de cet arbre. — L.

La majesté du parlement se montre encore lorsque le chancelier, surtout lorsque le roi le préside ; mais, à mon avis, elle ne se montre plus lorsque le roi déclare qu'à l'avenir il ne jugera point personnellement les petites causes. Le roi est le roi des petits aussi bien que des grands. Ah ! pourquoi ne peut-il m'entendre ? Je lui crierais : Abus, sire ! abus, abus !

Que j'aime à voir une partie du parlement, une partie des avocats, des procureurs, des huissiers, se botter, s'éperonner, monter à cheval, l'épée, l'écritoire au côté ; partir et aller à cent, deux cents lieues, porter la justice, tenir les grands jours (1) ! Que le parlement est grand, lorsque de ses yeux aussi bien que de son bras il atteint les extrémités de la France ! Qu'il redevient petit quand, par un arrêt, il déclare qu'il prendra, non comme autrefois, les épices en épices, mais bien en argent comptant ! quand, en robe rouge, il avale l'huître des plaideurs ! Ah ! pourquoi ne peut-il aussi m'entendre ? je lui crierais aussi : Abus, nosseigneurs ! abus, abus !

Je consens qu'il y ait un premier, un second, un troisième degré de juridiction : quand il y en a un quatrième, c'est un abus ; un cinquième, c'est un plus grand abus.

Oh ! que d'abus ! Je le demande, et, si l'on peut,

____

(1) Il n'existait en France au quatorzième siècle qu'un seul parlement, celui de Paris. La distance rendant souvent l'instruction des causes très-difficile et très-lente, une certaine partie des membres de cette cour souveraine se rendaient dans les provinces pour y tenir des assises extraordinaires. — L.

qu'on me réponde, à quoi bon toutes ces justices de quartier, de faubourg, de rue; toutes ces petites justices palatiales d'évêques, toutes ces petites justices claustrales de chapitres, toutes ces petites justices d'enceinte, de parties d'enceinte, de pourpris, de cour, de préau, qui, par leurs anguleuses bornes, leurs limites cornues, biscornues, découpent, pour ainsi dire, d'une manière bizarre la face des villes?

Toutefois, je trouve encore bien plus à redire à la juridiction de la bazoche (1), où les clercs de procureur sont présidents, conseillers, avocats, procureurs, plaideurs, car là c'est la comédie de la justice; à la juridiction de la grande boucherie de Paris, où les maîtres bouchers, en tablier, siégent au milieu des moutons et des bœufs qu'on égorge, car ici la robe de la justice traîne dans le sang. — Appels volages, appels frivoles, appels feints, qui montent des plus bas aux plus hauts degrés de juridiction; anciens abus que le siècle actuel extirpe, déracine!

L'appelant paye l'amende au juge lorsque le jugement est confirmé; le juge la paye au fisc lorsque le jugement est cassé; le juge jugeant bien, jugeant mal, s'enrichit, s'appauvrit, je ne le blâme pas; voici ce que je blâme :

(1) Le mot bazoche vient de basilica, qui signifie palais royal. Il fut appliqué à une association de clercs du Châtelet et de bas officiers des juridictions du parlement, qui se formèrent au quatorzième siècle en une corporation de plaisir, et rendirent des arrêts burlesques, véritable parodie des arrêts de la justice ordinaire. Les bazochiens se formèrent aussi en troupe de théâtre, et Louis XII leur permit de jouer leurs pièces sur **la table de marbre du Palais-de-Justice. — L.**

J'arrivai dans une ville où l'on venait de nommer un jeune juge. Il me parut trop jeune, et, avec ma franchise ordinaire, je le dis. Oh! me répondit-on, lorsqu'il sera embarrassé, il ira, suivant l'usage, consulter dans les grandes villes, aux frais des plaideurs, les habiles jurisconsultes. Je me mis à rire du juge; on se mit à rire de moi. C'est que, parmi ces bonnes gens, l'abus ayant pris le nom de l'us, de l'usage, en avait l'autorité, les droits.

Pourquoi, dans certains cas, ne brûlerait-on pas exemplairement la maison des condamnés (1), puisqu'on brûle leur personne ? Les avocats ont beau dire, je ne vois pas là d'abus.

Mais j'en vois à ce que bon gré mal gré les huissiers vous ouvrent les portes du ciel, à ce que, lorsque vous êtes excommunié, le juge vous force à vous faire absoudre. Les avocats crient bien contre cet abus, mais ils ne crient pas assez : ce n'est pas ordinairement leur défaut.

On ôte la justice au seigneur qui refuse de la faire rendre, très-bien ; mais on s'arrête à moitié chemin : il faudrait ôter la judicature au juge qui, par sa faute, retarde le jugement. Souffrirait-on un cordelier qui retarderait les vêpres, l'office, la discipline?

(1) On les brûlait en effet, en vertu du droit connu sous le nom de *droit d'arsin*. Mais, comme il était dangereux d'allumer des incendies au milieu des villes, on remplaça le feu par la démolition. Vers la fin du quatorzième siècle, au lieu de démolir, on se contenta d'enlever les portes et les fenêtres, ou de les murer. Ce dernier usage se maintint jusqu'à la fin du seizième siècle dans **un certain nombre de communes. — L.**

On afferme, on vend les petits offices de judicature ; bientôt on vendra les grands ; et lorsque, par une antique habitude, le roi, au commencement de son règne, rendra une ordonnance pour confirmer tous les officiers dans leurs offices, je vois tous les officiers rire au nez de l'ordonnance, et lui dire : C'est pour notre argent que nous sommes ici, et pour notre argent nous y resterons.

Aujourd'hui, à Paris, est procureur qui veut.

S'il est un homme fier sur la terre, c'est le sergent de ville avec son long bâton armorié. Il est cependant un homme plus fier, c'est le sergent de baronnie ou de comté. Voyez-le marcher timbré sur la poitrine de la marque du maître, je veux dire portant brodé sur ses habits l'écusson seigneurial : c'est l'orgueil descendu sur la terre. Eh bien ! il est un homme encore plus fier, qui lève la tête bien plus haut : c'est le sergent de bailliage royal. Celui-là est décoré d'un écusson fleurdelysé ; s'il daigne vous parler, il semble que ce soit l'écusson qui vous parle. Mais bientôt il devient tout humble, le plus humble des hommes ; il parle au bailli : « A vaillant homme et sage Claude, « bailli de Tours, Michel, sergent du roy et le vostre, « avec honneur et révérence et toute obéissance, « mon très-cher seigneur, je vous certifie... »

Quand le plus bas ministre de la justice veut descendre trop bas, comme quand il veut monter trop haut, il y a abus. Le roi tutoyait, il n'y a pas longtemps, la justice ; il ne la tutoie plus. Il disait *tu*, maintenant il dit *vous* aux grands baillis : c'est un abus de moins. Le roi tutoyait et il tutoie encore les

sergents, même *le premier sergent ou autres, sur ce
requis...* Ce n'est point un abus de plus.

Je nie que la justice soit un sacerdoce lorsqu'elle
tombe dans la domesticité, comme celle de sénéchaux
des seigneurs, qui ne sont guère que leurs major-
domes. Un viguier se vantait à moi d'être un des juges domestiques, et, après m'avoir rappelé un à un
les principaux droits qu'il avait en cette qualité, il me
dit qu'il avait encore celui d'être logé dans le petit
château, celui de se faire apporter par chaque veuve
une charge de bois, celui de se faire prier à dîner un
certain nombre de fois par les redevables, qui devaient alors en même temps faire manger ses chevaux et ses chiens. Notre pensée, comme on sait,
vient souvent s'écrire sur le visage : je n'avais cessé
de sourire. Le viguier, qui était mon beau-frère, ne
le voyait pas; les femmes lisent mieux sur la figure :
ma sœur était un peu rouge.

Ma sœur passait dans sa jeunesse pour être une
des plus jolies personnes de la ville; mais en vérité
cela ne fait rien à l'affaire. Dernièrement elle me ra-
contait qu'à l'âge de seize ou dix-sept ans elle fut
amenée à la campagne par une amie de son âge, qui
était chevalière fieffée (1), et, en cette qualité, obligée
de siéger aux assises du chef-lieu. Elle montra à ma
sœur son élégant chapeau à panaches, sa robe rose
d'audience; l'après-midi, au moment où elle allait

____

(1) Quand on se reporte à l'usage des fiefs, on n'a pas à
s'étonner que les femmes aient tenu des assises, car la possession du fief leur imposait, comme aux hommes, tous les devoirs et tous les services de la seigneurie. — L.

prendre congé de sa jeune hôtesse, un huissier vint la chercher; la cour des pairs (1) n'attendait qu'elle pour faire commencer les plaidoiries. Ma sœur lui trouva d'ailleurs beaucoup d'esprit et d'instruction. Je vous assure, me dit-elle, que je n'eus pas du tout mauvaise opinion de cette chevalière. Suivant les jurisconsultes c'est un ancien us, suivant moi c'est un ancien abus, que l'exercice d'une magistrature attribuée par droit héréditaire à une femme, à une toute jeune femme.

Je rendis à ma sœur histoire pour histoire. Vous connaissez, lui dis-je, le pays frais et verdoyant des environs de Loches : eh bien! ainsi est la Normandie, d'Elbeuf à Louviers. Je traversais un jour les grandes prairies qui sont entre ces deux villes; voici venir devant moi une vieille dame de quatre-vingts ou cent ans, suivie d'un cortége de chevaliers, d'écuyers et de bénédictins. Je m'approchai d'un de ces derniers; je lui dis à l'oreille : Dom Bénédict, cette dame porte bien des années; je ne sais si elle pourra en porter beaucoup plus. Frère François, me répondit-il, vous vous trompez : notre avouée, heureusement pour nous, jouit toujours d'une fort bonne santé, non qu'elle puisse ni qu'elle ait jamais pu monter à cheval, se cuirasser, empoigner la lance; mais le service militaire de l'abbaye ne consiste que dans une guerre défensive, à travers les mâchecoulis et les meurtrières de nos murailles. Quand cette dame n'avait que dix-sept ou dix-huit ans, elle se refusait à entrer avec ses hommes dans les lieux réservés; notre abbé lui fit

---

(1) C'est-à-dire la cour seigneuriale, composée des hommes de fief désignés sous le nom de *pairs*. — L.

signifier les extraits du cartulaire où sont stipulés les devoirs de l'avoué fieffé, et, à son défaut, de l'avoué (1). Depuis elle est venue, quelquefois même en temps de paix, habiter ces appartements claustraux; ce soir elle y vient coucher. Suivant les jurisconsultes, c'est encore un ancien us; suivant moi c'est encore un ancien abus.

Si aux poids du marché il y avait des peseurs pour chaque état, on dirait avec raison qu'un seul peseur suffit : pourquoi n'en est-il pas ainsi des poids de la justice?

Juges des gens d'église, juges des nobles, juges des bourgeois, juges des gens de cour, juges des gens de guerre, juges des gens de mer, juges des écoliers, juges des artisans, juges des marchands, juges des financiers, je n'ai pas fini, juges des étrangers, juges des Lombards, juges des Juifs, abus! vous dis-je, abus, abus!

Qu'il est grand ce grand champ des abus! Qu'il est bien travaillé, bien labouré! Qu'il est productif! Qu'il est fertile! Oh! combien de gens en vivent! J'en ai déjà nommé beaucoup; j'en nommerai encore davan-

---

(1) Ducange, Glossaire, v° *Advocatus*. — Les avoués des églises et des monastères étaient des individus chargés par les ecclésiastiques de défendre leurs droits, ou de remplir les devoirs qu'ils ne pouvaient remplir eux-mêmes à cause de leur caractère. Les avoués plaidaient, commandaient les troupes que les abbés et les évêques devaient fournir à leurs suzerains, et se battaient pour eux dans les duels judiciaires. Les femmes pouvaient, comme on le voit ci-dessus, exercer la charge d'avoué, lorsque cette charge était attachée au fief dont elles étaient propriétaires. — L.

tage, et cependant je ne nommerai pas les gardes des sceaux, contre lesquels on crie le plus.

J'achète une terre; je porte mon contrat d'achat au garde du sceau de la juridiction où demeure mon vendeur, qui le transcrit dans ses registres, qui l'enregistre, qui le scelle avec un sceau de cire. Les écritures privées de mon achat sont devenues publiques, et je suis devenu propriétaire incommutable.

Ce n'est pas tout; un coquin de débiteur me renvoie de bonnes en bonnes fêtes; je parviens enfin à en obtenir non de l'argent, mais une obligation scellée au sceau privilégié de certaines juridictions, comme des foires de plusieurs villes, ou mieux encore du petit sceau de Montpellier. Oh! il faut alors qu'il paye. Il s'est soumis aux dispositions pénales de la loi du petit sceau qui le poursuivent, toujours également impérieuses, devant toutes les juridictions, devant tous les tribunaux et par toute la France. L'abus, l'ancien abus, c'est l'habitude, l'ancienne habitude de se plaindre de ces chancelleries, qu'on fera peut-être malheureusement supprimer.

J'en serai fâché, surtout à cause de la bonne dame Latoye, qui, pour avoir bien nourri un ancien roi de France, peut-être Philippe le Long, peut-être ou plutôt Louis le Gros, mérita que ses descendants fussent, ainsi qu'ils l'ont été depuis et sans interruption, par droit de primogéniture, chauffe-cire de la grande chancellerie (1).

(1) « ...Celui qui possède l'office de chauffe-cire de la chancellerie de France succède, d'hoir en hoir, au plus prochain masle de lignaige... et comme dient aucuns anciens, ung roi de

On aime et j'aime les notaires; leur état n'est cependant pas sans abus. Plusieurs n'ont pas de registres. Dans certains pays ils y suppléent en portant une copie de chaque acte au dépôt public, appelé la chambre fermée. Il est d'autres pays où ils les portent dans les coffres appelés les arches ; et alors les actes obligatoires sont privilégiés. Bien des gens ne sont pas notaires qui en font les fonctions (1).

Bien des notaires, dans leurs actes, n'en prennent pas le titre; *Thibaut l'a escript ; Nicolas l'a escript :* Thibaut et Nicolas supposent que tout le monde doit savoir qu'ils sont notaires, comme on doit savoir que Charles est roi. Quelle raison peuvent avoir plusieurs notaires pour crucifier leur nom, pour le partager en quatre et en mettre une lettre ou une syllabe, quand il est assez long, sur les trois hauts bouts d'une croix? Quelle raison peuvent avoir d'autres notaires pour ne pas signer leurs actes de leur nom, pour les signer d'une espèce de signe hiéroglyphique qui n'y a aucun rapport? car il faudrait qu'ils s'appelassent la lance, la grille, le gril, le poêle, le battoir, le papillon, le

France donna à une bonne dame, qu'on appeloit Lathoye, laquelle l'avoit nourrie de lait... et pour ce en voulut-il récompenser elle et ses enfants... » Recueil d'ordonnances, règlements et style concernant les notaires secrétaires du roi, manuscrit du quinzième siècle. — Le chauffe-cire portait pendant les voyages du garde des sceaux le sceau royal sur le dos. Au seizième siècle, on lui donna un coffre d'argent doré, qu'il portait en croupe dans les chevauchées, car à cette époque on ne voyageait qu'à cheval. — L.

(1) Les curés recevaient les testaments ; les prêtres et les moines même exerçaient les fonctions de notaires dans le **Poitou.**

moulin à vent ; leurs signes figurent ces divers objets et beaucoup d'autres.

Dans la Lorraine, les notaires gardes-notes portent le nom tendre d'amant. Une jeune femme, une vieille femme, qui disent devant un étranger : Faites venir mon amant, je veux aller chez mon amant, le font également sourire.

QUINZIÈME SIÈCLE.

———

ARGUMENT

Les troubles qui ont agité la France dans la première moitié du quinzième siècle, les guerres qui l'ont ensanglantée, devaient nécessairement ralentir le développement de l'organisation judiciaire. Aussi faut-il attendre jusqu'à la fin du règne de Charles VII pour trouver des mesures d'ordre général et des actes législatifs d'une importance réelle. Au nombre de ces mesures et de ces actes, il faut compter l'établissement de nouveaux *parlements provinciaux :* celui du Dauphiné en 1433, de Bordeaux en 1462, de Dijon en 1477 ; la transformation, en 1499, de l'échiquier de Rouen, qui était l'ancien conseil des ducs de Normandie, en une cour permanente de justice ; la création de divers tribunaux administratifs ; les ordonnances qui ont pour objet la rédaction des coutumes ; la fondation d'écoles de droit à Caen en 1401, à Poitiers en 1411, à Bourges en 1469, à Bordeaux en 1472 ; l'inamovibilité de la magistrature décrétée par Louis XI, et la *pragmatique sanction* de Bourges, promulguée en 1438 par Charles VII, pour régler les rapports du pouvoir spirituel et temporel. Cette pragmatique, qui consacre les libertés de l'Église gallicane, établit la supériorité des conciles sur les papes ; elle confère aux chapitres et aux moines la nomination aux évêchés et aux abbayes, limite les appels en cour de Rome, et met un terme à l'abus que faisaient le Saint-Siége et le clergé de ce qu'on appelait les *armes spirituelles*, en prononçant contre les rois, les royaumes et les simples particuliers l'interdit et l'excommunication.

Les principales coutumes rédigées au quinzième siècle sont celles de Chaumont et de Melun en 1494, de Ponthieu en 1494 et 1495, de Troyes en 1494 et 1496, de Sens et du Boulonais en 1496, d'Amiens en 1496. Elles reproduisent, avec des usages purement locaux, des dispositions empruntées au droit romain, au droit canonique et aux lois germaniques. La rédaction des coutumes fut un grand progrès ; car jusque-là il avait fallu, pour décider des points de droit, s'en rapporter à la tradition orale. Tantôt la question en litige était proposée au parloir aux *bourgeois*, c'est-à-dire dans le lieu où les principaux habitants s'assemblaient pour les affaires de leur commune ; tantôt on composait une espèce de jury qui attestait que telles étaient ou n'étaient pas les dispositions de la coutume ; c'est ce que l'on appelait *enqueste par tourbe*. Ces différents modes de procéder offraient de graves inconvénients ; car il fallait souvent s'en rapporter aux témoignages de personnes ignorantes qui parlaient de ce qu'elles ne connaissaient pas, ou qui, gagnées par les parties, décidaient dans le sens de ceux qui leur avaient fait des présents, ou les avaient fait boire, comme le prouve un dicton populaire du moyen âge : « Fol est qui se met en enquête ; car qui mieux abreuve, mieux preuve. »

Les progrès du pouvoir royal firent décliner rapidement, au quinzième siècle, les justices municipales ; des officiers royaux furent attachés partout aux échevinages et aux consulats. Les **justices seigneuriales perdirent aussi une grande partie de leur importance. — L.**

Geôlier.   Sergent d'armes.   Bourreau (1377).

Homme de loi.   Magistrat.   Premier président du
                                           Parlement.

—

L'AVOCAT (1).

Parmi les gens des divers états on distingue facilement les gens de robe, et parmi les gens de robe on distingue plus facilement encore l'avocat : on le distingue à sa marche assurée, à son air tranchant, à sa tête haute, à son double regard, tantôt fier, colère, foudroyant, tantôt humble, bénin, doux, suivant qu'il parle à son adversaire, à son juge. Maître Joachim, avocat de Troyes, est à tous égards éminemment avocat. Ce soir, sa voix a rempli longtemps la salle :

(1) Les avocats n'ont commencé chez nous à prendre de l'importance que vers le treizième siècle, au moment où les justices royales s'établissaient, et où le droit romain était adopté par les légistes. On les désignait alors sous les noms de *parliers*, *amparliers*, *conteurs*, *plaideurs*, *chevaliers-ès-lois*. Ils étaient tenus de prêter serment sur les Évangiles, et de s'engager à ne défendre que des causes justes. Le nom d'*avocat* fut remplacé en 1790 par celui de *défenseur officieux*, et rétabli par la loi du 22 ventôse an XII (1804). Voir Fournel, *Histoire des avocats au parlement et au barreau de Paris, depuis saint Louis jusqu'en 1790*, Paris, 1813, 2 vol. in-8°; et ci-dessus page 40 ce qui concerne le barreau. — L.

c'était un plaisir de l'entendre ; on ne perdait pas un
mot. Les clercs et les savants qui étaient venus pour
les citations hébraïques et grecques n'ont pas été
contents de lui ; mais il n'en a pas été ainsi des procureurs et des greffiers, qui trouvent si belle et si riche la langue de la chicane, qu'il n'a cessé de parler.
Les magistrats judiciaires l'avaient, par honneur,
reçu à la porte. Les huissiers du bailliage s'é-
taient distribués dans les différentes parties de la
salle pour lui faire faire silence. Les notaires, avec
leur air désintéressé, couraient çà et là pour lui concilier les suffrages. Dès qu'il a vu que tout le monde
qu'il pouvait attendre était entré, il s'est levé, et a
dit :

Pour être noble, il suffit d'être fils de noble. Il
n'en faut pas davantage pour être bourgeois (1). Qui
possède une ferme, un troupeau, un calendrier, est
agriculteur. J'ai de l'argent, et je ne sais qu'en faire ;
j'achète des marchandises, je les garde tant qu'elles
sont à bon marché, je les vends quand elles sont chè-
res : me voilà marchand, et bientôt riche marchand.
Suis-je fort, robuste, colère, j'apprends à me vêtir
d'une armure de fer, à jouter avec roideur, à manier
un grand cheval de charrette ; ensuite, si je tue, si je
pille, si je dérobe, si je rançonne (2), si je renie Dieu,
si je mange du beurre et des œufs en carême, me
voilà vraiment homme de guerre. J'ai quelques con-

(1) La bourgeoisie était héréditaire comme la noblesse. — L.

(2) On sait quels ravages les gens de guerre ont commis au
moyen âge. Étrangers ou Français, ils se livraient tous aux
mêmes désordres.

Les armées royales, même en temps de paix, causaient dans

naissances superficielles de la géographie et de la
boussole, je me jette dans un navire, et ce qui me

les pays qu'elles étaient chargées de défendre et de protéger les
maux les plus cruels, ce qui s'explique surtout par ce fait que,
lors de la première organisation des armées permanentes, l'infanterie se composait presque tout entière de mercenaires
étrangers. « Quand l'enseigne chevauche, disaient les gens de
guerre, on ne doit rien payer sur les champs, » et le précepte
était rigoureusement observé. « Il faut, est-il dit dans les états
généraux de Tours, que le povre laboureur paye et souldoye
ceux qui le battent, qui le deslogent de sa maison, qui lui
ostent sa substance, et ce n'estoit Dieu qui conseille les povres
et leur donne patience, ils cherroient en désespoir. » Trop
faibles encore et trop mal obéis pour gouverner et discipliner
ces armées, qui faisaient leur force tout en échappant à leur
autorité, quelques rois, entre autres Louis XI et François Ier,
autorisèrent leurs sujets à courir sus à leurs propres soldats,
et constituèrent ainsi la légalité du massacre. Charles VIII, en
1485, essaya d'*éteindre les pilleries* en ordonnant que chaque
compagnie serait accompagnée d'un commissaire pour la faire
vivre en bon ordre et police. Il fut enjoint aux soldats de payer
tout ce qu'ils consommeraient, excepté la paille et le bois, de
ne prendre qu'un seul mouton par troupeau, en donnant cinq
sous tournois au propriétaire, et encore fallait-il lui rendre la
peau, les pieds et le suif. C'était certes pousser loin la sollicitude ; mais, pour que les soldats payassent les moutons, il fallait d'abord que le roi payât les soldats, ce qui n'arrivait pas
toujours.

Monstrelet nous a conservé une espèce de complainte où les
désespoirs provoqués dans les campagnes par les violences des
gens de guerre sont peints en traits vifs et hardis. En voici
quelques vers ; ce sont *les pauvres laboureurs* de France et
le pauvre commun qui parlent :

> Vin ne froment, ne autre blé,
> Pas seulement du pain d'avoine
> N'avons nostre saoul de moitié
> Une seule fois la sepmaine...
> **Chacun nous dit : Dieu vous pourvoye !**

reste à savoir je l'apprends aujourd'hui, demain, un peu tous les jours : je deviens, je suis marin. Je veux m'enrichir, j'obtiens, par le crédit de mes amis ou par tout autre moyen, une commission dans les aides ou dans les tailles; ensuite, brouillant mes comptes tant que je puis, de l'argent que j'ai reçu je fais deux parts, une pour moi, très-grande, une très-petite pour le roi : que me manque-t-il pour être financier? Mon cousin Jacobus, ne sachant où mettre son grec et son latin, s'est affublé d'une grande robe; il a de grandes lèvres, il a de grands pupitres : il prend le titre de savant. Dans une maison du voisinage vit le bon Clément, qui a deux fils. L'un, dont la conduite est assez régulière, a étudié quelques années en théologie : il est fait prêtre sans difficulté. L'autre s'est assis et a sommeillé sur les bancs d'une salle basse de la rue de la Bûcherie (1) pendant qu'on lisait quel-

> Pain, viande, ni de rien que soit,
> Ne nous tendez non plus qu'aux chiens.
> Hélas ! nous sommes chrestiens.
> Hélas! très noble roy de France
> Le pays de vostre obéissance
> Épargnez-le ; pour Dieu mercy,
> Des laboureurs ayez souvenance;
> Tout avons prins en patience
> Et le prenons jusqu'à icy ;
> Mais tenez vous asseuré que si
> Vous n'y mettez aucun remède
> Que vous n'aurez château ne ville
> Que tous seront mis à exille,
> Dont je sommes plus de cent mille
> Qui tous voulons tourner la bride, etc.

MONSTRELE, édit. Buchont, t. IV, p. 387 et suiv.—L.

(1) Ancienne rue de Paris qui était située dans le voisinage des écoles de médecine. — L.

ques aphorismes d'Hippocrate ; on lui met une robe et une chausse rouge ; on lui expédie des lettres signées et scellées par la Faculté : il est médecin.

Mais si, dirigé par une mauvaise étoile, je veux toute ma vie m'appliquer, me courber sans relâche, toute ma vie être dans la peine et dans la détresse, si je veux être avocat, d'abord il faut que je sache bien mes humanités, ma rhétorique et ma philosophie ; il faut que j'aille chercher au loin une université qui enseigne le droit civil ; que, renonçant aux plaisirs de mon âge durant cinq années entières, je m'excède de travail et de veilles pour pouvoir satisfaire de sévères examinateurs, jaloux de l'honneur de la profession.

Messires, j'avais étudié en droit civil ; j'avais été successivement reçu bachelier, licencié. Mes camarades et moi retournâmes à Paris, que nous avions quitté parce qu'il n'y a pas de faculté de droit dans cette ville (1).

Je me promenais un jour au Palais, dans la grande salle, où l'on voit plusieurs tribunaux, plusieurs parquets de plusieurs juridictions différentes (2). Me conviendrait-il, me dis-je, de plaider devant quelqu'une de ces juridictions, ou de plaider tout à côté, devant le parlement, ou d'aller plaider devant le bailliage de Troyes, au milieu de mon pays, de mes amis, de mes parents, de ma famille ? La voix de la patrie se fit aussitôt entendre. Je partis. J'arrivai ici, où l'on était bien loin de m'attendre ;

(1) Le droit civil ne fut enseigné à Paris qu'en 1679.

(2) On trouvera de curieux détails sur la distribution du Palais-de-Justice, sous l'ancien régime, dans le *Parlement de Paris,* de M. Desmaze, p. 263. — L.

et, après avoir fait enregistrer mes lettres de licencié, je prêtai mon serment entre les mains du bailli, ou peut-être de son lieutenant, car je vous parle de quarante bonnes années au moins : je devins avocat.

Le lendemain, je m'achemine vers l'auditoire à l'heure où se rend la justice. Un beau et grand banc, occupé par des hommes bien moins notables par leur chaperon fourré que par leur science, leur talent, l'élévation de leurs sentiments, est plein. Je m'y présente ; on était fort serré, on se serre davantage. La dernière place du banc des avocats s'ouvre ; je m'y assieds tout glorieux.

L'audience commence. Le sergent audiencier commande au public le silence ; aussitôt le greffier appelle les causes mises au rôle. Les avocats des parties se lèvent ; on demande, on répond, on réplique. J'écoute tout jusqu'au moindre mot, et, dès ce moment, je crains autant qu'on me porte un procès à plaider que je le désirais auparavant.

C'est, messires, qu'à mon grand étonnement je reconnais que je n'avais fait que des études préparatoires, ou plutôt accessoires ; et ce n'était certes pas ma faute : car le moyen que dans les universités, où l'on ne peut parler que latin, on enseigne jamais la procédure et le droit français ! Ah ! comme je me mis à les étudier ! Je m'exténuais, je maigrissais ; tout le monde le disait, mon visage le disait encore mieux. Inutilement on pronostiquait, même devant moi, que je n'y tiendrais pas, que j'en périrais. Rien ne pouvait ralentir mon travail, jusqu'à ce qu'ayant complétement acquis les connaissances nécessaires, je pus les systématiser, m'en rendre compte, et, comme vous allez voir, en rendre compte aux autres.

Le siècle dernier avait un trop grand nombre d'actes de procédure, un trop grand nombre de degrés pour monter au trône de la justice. Notre siècle les a en partie brisés, il n'en a laissé subsister que douze. Et voici qui annonce bien la majesté de ce trône au pied duquel tous ceux qui se présentent sont égaux, c'est qu'il n'y a pas moins, c'est qu'il n'y a pas plus de degrés à monter, c'est qu'il n'y a pas moins, c'est qu'il n'y a pas plus d'actes à faire, soit qu'il s'agisse de six gerbes d'avoine, soit qu'il s'agisse du comté de Champagne.

Premier acte, la procuration, *procuratorium* au delà de la Loire (1). Maintenant il n'est plus besoin de lettres pour constituer un procureur qui vous représente dans une action judiciaire, ou quand vous demandez le comté de Champagne, ou quand vous demandez six gerbes d'avoine.

Deuxième acte, l'assignation, *expletum in limine litis* au delà de la Loire. Maintenant cet acte, signifié par le sergent, doit être signé par deux recors, deux hommes *qui recordant,* qui se souviennent aussi bien de la demande des six gerbes d'avoine que de celle du comté de Champagne.

Troisième acte, la mise du procès au rôle, *causæ inscriptio* au delà de la Loire. Maintenant les causes où le procureur du roi est intéressé sont écrites en

----

(1) C'est-à-dire dans le *pays de droit écrit.* Au delà de la Loire se dit toujours par rapport à Paris, c'est-à-dire dans le midi. — **L.**

tête du rôle, et précèdent également celles où l'on demande le comté de Champagne et celles où l'on demande six gerbes d'avoine.

Quatrième acte, sommation de lier et joindre, *sommatio producendi instrumenta et pecias* au delà de la Loire. Maintenant, pour établir ses chefs de demande, pour établir ses chefs de défense, on a trois jours, ne s'agirait-il que de six gerbes d'avoine ; on n'a que trois jours, s'agirait-il du comté de Champagne.

Cinquième acte, communication des sacs, *communicatio saccorum* au delà de la Loire. Maintenant les règlements sur la cote alphabétique des pièces du procès, sur le cordon qui doit les enfiler comme un chapelet, et dont les deux bouts sont scellés du sceau du juge, ont prévenu de grands abus quand on demande le comté de Champagne, et peut-être de plus grands quand on demande six gerbes d'avoine.

Sixième acte, requête pour aller en avant en cause, *requesta de cursu processus* au delà de la Loire. Maintenant ces requêtes ne doivent plus être impertinentes, c'est-à-dire, en termes vulgaires, ne doivent plus contenir des faits étrangers au procès, ne doivent parler que du comté de Champagne ou des six gerbes d'avoine.

Septième acte, défaut, congé, *defectus*, *congedium* au delà de la Loire. Maintenant les délais après lesquels le plaideur comparant obtient contre le plaideur qui n'a pas comparu un jugement de congé ou de défaut ont été, dans certains cas, allongés, comme lorsqu'il s'agit du comté de Champagne, dans certains cas abrégés, comme lorsqu'il s'agit de six gerbes d'avoine.

Huitième acte, reprise d'instance demandée par le plaideur qui d'abord n'a pas comparu, mais qui ensuite comparaît, purgation de congé, *purgatio congedii* au delà de la Loire. Maintenant les délais ont été aussi, dans certains cas, allongés, mais non lorsqu'il s'agit de six gerbes d'avoine, dans certains cas de même abrégés, mais non lorsqu'il s'agit du comté de Champagne.

Neuvième acte, adjonction des parties, *adjunctio litigantium* au delà de la Loire. Maintenant les nouvelles lois sont admirables pour empêcher qu'au milieu des procès viennent se jeter de faux plaideurs privilégiés, et notamment des écoliers, qui ont rarement des procès pour six gerbes d'avoine, plus rarement pour le comté de Champagne, qui n'ont guère de véritables procès qu'avec le régent (1), ordinairement partie et juge.

Dixième acte, la correction des conclusions, *correctio conclusionum* au delà de la Loire. Maintenant on y a ajouté la correction des plaidoiries sur le registre des plaidoyers, qui souvent détermine seul le jugement quand le comté de Champagne est en cause, et plus souvent quand ce sont les six gerbes d'avoine.

Onzième acte, jugement préparatoire, *interlocutorium* au delà de la Loire. Maintenant on est obligé de conclure à toutes fins. Autrefois on se réservait cauteleusement la conclusion éventuelle sur certains chefs ; on concluait *par retenue*, manière de conclure assez commode pour le détenteur des six gerbes

____

(1) C'est-à-dire le régent de l'Université. — L.

d'avoine, surtout pour le détenteur du comté de Champagne.

Douzième acte, inventaire de production, *actorum narratio* au delà de la Loire. Maintenant cette table des actes faits par les plaideurs, si concise dans les procès des six gerbes d'avoine, est encore plus concise dans les procès du comté de Champagne.

Ces douze principaux actes, je ne le nie pas, sont trop souvent pères ou grands-pères d'autres actes accessoires, nés malgré la loi ou dans le silence de la oi. Quel en est le nombre, y compris toutes les générations? Je pense que le sac moyen entre les procès de six gerbes d'avoine et les procès du comté de Champagne est de cinquante, soixante pièces, quand le jugement est rendu à l'audience sur les plaidoiries verbales, ou au burel sur les plaidoiries écrites. Au siècle dernier, il était de quatre-vingts, cent. Il s'est conservé, et plusieurs de vous avez sans doute vu d'anciens procès latins qui font si souvent rire nos eunes avocats : « Requesta... hic *incipit* de Villa Nova... item *proponit* et dixit procurator, nomine quo supra. » Et ces *incipit* et ces *proponit* de requête s'étendaient sur une, sur dix, sur cent feuilles de parchemin : « Inquesta... item *dixit* Bernardus testis « juratus... testis inductus de parte Petri; item « *vidit*. » Et ces *dixit* et ces *vidit* couvraient une, dix, cent feuilles de parchemin. Ainsi des autres actes. Là vous avez la preuve combien dans ces temps la procédure était longue.

Si aujourd'hui la justice a pris une marche légère, gracieuse, elle le doit à la réduction du nombre des actes, à nos trois célèbres ordonnances sur l'abréviation des procès. Il faut que l'avocat connaisse parfaitement ces trois longues ordonnances (1) qui abrégent un grand nombre de formes, et même, crainte de méprise, les différentes ordonnances où se trouvent ces formes abrégées. Il faut qu'en outre il connaisse le style (2) ou forme de procéder de la cour devant laquelle il plaide, et les styles des autres cours du pays coutumier et du pays du droit écrit : car les diverses procédures des diverses juridictions se suppléent les unes les autres (3).

Commencez-vous à voir nos longues, nos immenses études? Mais nous sommes bien loin du terme, nous sommes seulement en chemin pour y arriver.

Cet admirable jeu, par lequel les divers codes de procédure de divers pays se suppléent, devient plus admirable, devient surtout plus spacieux, plus grand, plus imposant, quand ce sont les diverses législations locales, les diverses coutumes qui se suppléent.

(1) Au quinzième siècle, on compte trois ordonnances sur l'abréviation des procès : celle de l'année 1453, celle de l'année 1493, celle de l'année 1498.

(2) Non-seulement chaque grande cour de justice avait son style ou forme de procédure, dont une partie s'est conservée dans plusieurs coutumes de bailliages, mais les diverses sections de la même cour avaient aussi chacune leur style. Dumoulin a publié, avec le style du parlement de Paris, le style des enquêtes du même parlement.

(3) Les anciens styles ou formes de procédure se suppléaient nécessairement, à en juger par les anciens commentaires, gloses ou annotations des coutumes qui ne sont en grande partie que des citations d'autres coutumes, des rapprochements, des conférences de différentes dispositions de la coutume commentée avec les dispositions analogues des autres coutumes.

LA COUTUME DE PARIS.

Prenons pour exemple la coutume la plus célèbre, celle de Paris. Examinons-en, dans leur ordre successif, les différents titres.

Avant d'en venir au titre premier, je remarquerai que l'état des personnes, par où commencent un si grand nombre de coutumes, est omis dans celle de Paris (1). Il faut que la nôtre aille la suppléer et dire aux Parisiens : « Les aucuns sont nobles, les aultres « non nobles... Les non nobles sont en deux manières : « les aucuns sont franches personnes, et les aultres « de serve condition... » Il est vrai que les Parisiens font ou peuvent faire d'abord une belle réponse : Nous sommes tous nobles (2). Ils peuvent en faire ensuite une plus belle : Nous sommes tous libres. Et aujourd'hui, en l'année 1500, un trop grand nombre de Français, dans certaines provinces, et notamment dans la nôtre, ne peuvent encore la faire.

Le titre premier, DE MATIÈRE FÉODALE, et le titre

----

(1) La coutume de Paris dont parle ici Monteil fut *réformée* plus tard. Les titres I et IV : *Des matières féodales et des droits seigneuriaux,* furent remplacés dans la coutume réformée par : *Des fiefs, des censives et des droits seigneuriaux.* Les autres titres furent également modifiés. — L.

(2) Il serait plus exact de dire qu'ils jouissaient de quelques-uns des priviléges de la noblesse, tels que celui de porter des éperons dorés, ce qui était réservé aux chevaliers, mais ils n'étaient point pour cela considérés comme nobles, attendu qu'ils payaient tous les impôts de la roture, et qu'ils n'étaient point soumis comme les nobles de race au service du ban.

L.

deuxième, DES DROITS SEIGNEURIAUX, suppléent bien des coutumes, et cependant ils sont à leur tour suppléés par la coutume du Nivernais, où ces titres sont trois fois plus étendus ; et certes ce n'est pas trop quand il s'agit de régler les conditions des baux perpétuels de toutes les pièces de terre qui forment le territoire de la France entre les seigneurs, les descendants, les successeurs, ou des propriétaires ou des possesseurs, ou des plus forts ou des maîtres, et les redevables, les descendants, les successeurs, ou des concessionnaires ou des fermiers, ou des plus faibles ou des sujets.

Le titre DE LA PRESCRIPTION, ou droit de propriété acquis sur les choses, lorsqu'on en a usé durant trente ans, ou perdu lorsqu'on n'en a pas usé durant un pareil espace de temps, est beaucoup trop bref ; il est suppléé par la coutume d'Anjou, qui traite des diverses prescriptions, et par le Grand Coutumier, qui traite de la prescription centenaire, concernant le domaine royal : « Qui a plumé l'oie du roy, cent ans après en rend la plume. »

Le titre DES HYPOTHÈQUES, ou créances gagées sur des terres, sur des biens immobiles, immuables, immeubles, moins bref, est encore trop bref ; cependant, tel qu'il est, on le cite souvent, car dans la bouche des avocats, la coutume de Paris passe avant toutes les autres coutumes.

Le titre DU RAPPORT DES EXPERTS JURÉS est encore plus souvent cité, et, j'en conviens, les autres coutumes n'ont guère à le suppléer : car c'est, en quelques articles, un code complet de lois sur les bâtiments contigus ou voisins et sur leurs mutuels rapports juridiques.

Je comprends comment le titre DES TESTAMENTS ET DONS a tant de gloses, comment il est suppléé par les coutumes de Bordeaux, de la Marche (1) et par tant d'autres. Le testateur qui n'a pas d'enfant, qui a des héritiers, ne peut disposer que de la cinquième partie des biens dont il a hérité, c'est fort clair ; le donateur peut, par donation entre-vifs, disposer de toute sorte de biens, ce n'est pas moins clair ; mais les conditions de la validité de ces dons, c'est-à-dire les formes dans lesquelles ils doivent être faits, y sont omises.

DE LA GARDE NOBLE, c'est le titre qui suit. Un gentilhomme s'est marié ; il est mort depuis, ou bien, si cela vous plaît davantage, c'est sa femme qui est morte. Le père ou la mère, et, à leur défaut, les grands-pères ou les grand'mères, ont la garde noble de leurs enfants, de leurs petits-enfants ; les fruits, les revenus des biens, leur appartiennent. Ce titre est souvent suppléé par la coutume de Meaux (2), qui

(1) La Marche était une subdivision du Rouergue ; elle faisait partie de la Guyenne, et se partageait en *Haute-Marche*, capitale Milhau, et *Basse-Marche,* capitale Villefranche. — L.

(2) La coutume réformée de Paris n'eut plus besoin d'être suppléée par celle de Meaux, car tous les articles relatifs à la garde noble et bourgeoise y sont très-clairement rédigés, et prévoient tous les cas. Voici l'article 267 de cette coutume, qui donnera une idée exacte de ce qu'étaient la garde noble et la garde bourgeoise :

« Le gardien noble demeurant hors la ville de Paris, ou dedans la ville et fauxbourgs d'icelle, et pareillement le gardien **bourgeois a l'administration des meubles, et fait les fruicts**

elle-même, chose singulière, est encore plus souvent suppléée par le titre qu'elle supplée.

DE LA GARDE BOURGEOISE, autre titre de la coutume de Paris. Jacquet et Jacquette, bons bourgeois, se sont mariés. Jacquet ou Jacquette, comme vous voudrez, est mort ou est morte ; alors l'époux qui survit peut seul être administrateur baillistre des enfants. Ce titre est suppléé par la coutume de la Marche, et rarement il la supplée.

Le titre DE LA COMMUNAUTÉ DES BIENS est souvent suppléé par les autres coutumes, et notamment par celle d'Orléans et par celle de Normandie, pour la dot ou biens que la femme apporte au mari, pour les conquêts ou biens acquis en commun par les travaux du mari, l'économie de la femme, et qui appartiennent à tous les deux.

Souvent aussi la coutume de Sens a l'honneur de suppléer la coutume de Paris dans le titre DES SUCCESSIONS pour les propres ou biens héréditaires, pour les acquêts ou biens non héréditaires, surtout pour la division des successions par tête, par souche.

Veut-on se convaincre que les mœurs modernes

siens durant ladite garde, de **tous les immeubles**, tant héritages que rentes appartenant aux mineurs, assis en la ville ou dehors, à la charge de payer et acquitter par ledit gardien les dettes et arrérages des rentes que doivent lesdits mineurs ; les nourrir, alimenter et entretenir selon leur estat et qualitez ; payer et acquitter les charges annuelles que doivent lesdits héritages et iceux héritages entretenir de toutes réparations viagères, et en fin desdites **gardes** rendre lesdits héritages en bon estat. » — L.

sont devenues de plus en plus galantes, il n'y a qu'à lire le titre DU DOUAIRE ou revenu assigné sur ses biens par le mari à la femme, dans le cas où elle lui survive. Vraisemblablement, jusqu'à la preuve contraire, je croirai que le douaire a commencé en France, et qu'il a commencé à Paris.

Bien sûrement le partage égal des successions entre enfants non nobles, et, dans un très-grand nombre de cas, entre enfants nobles, aurait affaibli la grande propriété (1), aurait tué la féodalité, sans le retrait lignager, qui permet au plus proche parent du vendeur de retirer l'héritage vendu en rendant le prix, sans le retrait féodal, qui permet au seigneur dominant de rembourser l'acquéreur d'un fief, de le retirer, de le retraire. Le titre DES RETRAITS de la coutume de Paris est fort incomplet, et a fort souvent besoin d'être suppléé, et est fort souvent suppléé par notre coutume de Troyes et par plusieurs autres.

Le reste de la coutume de Paris n'a guère pour objet que les criées (2) des quatre quatorzaines ou la

(1) Il existait encore sous l'ancienne monarchie une disposition législative autre que le retrait lignager pour prévenir l'affaiblissement de la grande propriété ; c'était le droit d'ainesse ; ce droit fut aboli en 1790, et la restauration essaya vainement de le rétablir en 1826. — L.

(2) La coutume réformée de Paris consacre dix-huit articles aux *criées ;* en voici quelques extraits :

« Art. 347. Par la coustume et stile de la prevosté et vicomté de Paris, pour la validité des criées des fiefs, seigneuries et terres nobles, faut se transporter sur les lieux : et suffit saisir les principaux manoirs de chacun fief et seigneurie, avec les appartenances et dépendances : sans qu'il soit besoin les déclarer par tenans et aboutissans, ne autrement entrer ès dits manoirs. Et faut que lesdits fiefs, seigneuries, et terres nobles

procédure de l'expropriation forcée, que la coutume d'Amiens et bien d'autres suppléent tour à tour, suivant les variations de la procédure.

La coutume de Paris, et en général les coutumes du nord, ne disent presque rien des contrats, des conventions et des sociétés : elle est suppléée, elles sont suppléées par celle de l'Auvergne, celle de la Marche et par plusieurs autres (1).

LES COUTUMES DU MIDI.

Les coutumes du midi, plus pleines de droit romain que les coutumes du nord, suppléent plus souvent, et sont moins souvent suppléées.

soient nommez tant par la main-mise, qu'en la première criée. Et outre déclarer les causes de la saisie.

« Art. 346. Quant aux terres roturières, il les faut déclarer par le menu, tenans et aboutissans, tant par la main-mise, qu'en la première criée, et les causes de la saisie.

« Art. 350. Quand un office est saisi et mis en criée, si ledit office est royal, et la provision d'iceluy prise du roy, et ledit office comptable en la chambre des comptes à Paris, les criées se doivent faire devant la principale porte de l'église S. Barthélemy, paroisse de la chambre des comptes : et les affiches et pannonceaux estre mis tant contre la principale porte de ladite église, que contre la maison où est demeurant le detteur, au cas qu'il soit demeurant en la ville ou fauxbourgs.

« Art. 352. Si le detteur est demeurant hors la ville et fauxbourgs de Paris : faut outre la solemnité susdite, faire les criées et quatre quatorzaines en la paroisse du domicile du detteur saisi : et mettre affiches et pannonceaux, tant contre la principale porte de l'église parochiale, que contre la maison du detteur saisi. »

(1) On trouvera une analyse exacte des coutumes dont il est ici parlé dans l'*Histoire du droit français* de M. Laferrière, t. V et **VI**. — **L.**

Messires, vous êtes, je le pense, convaincus à cette heure que l'avocat doit connaître toutes les nombreuses coutumes de France. Aujourd'hui il n'y a plus à dire, comme au siècle dernier, qu'il ne le peut, car elles ont toutes été écrites, ensuite revues et enregistrées au parlement depuis la loi expresse de Charles VII (1) et de ses trois successeurs (2). Malheureusement elles sont, la plupart, ou en mauvais latin, ou en mauvais français. Je n'en connais que fort peu en français correct ; et en vers français je n'en connais qu'une seule, celle dont je vais parler.

LA COUTUME DE NORMANDIE.

Le grand pays de la chicane, comme dit insolemment le vulgaire, je dirai, moi, la terre classique de la procédure, est sans contredit la Normandie, où nos procureurs bien avisés vont souvent chercher leur femme, qui, lorsqu'elle est bien choisie, leur tient lieu de maître-clerc. Mon fils eut occasion, il y a quelques

(1) Voici entre autres ce que dit Charles VII, dans l'ordonnance à laquelle il est ici fait allusion : « Statuons que les coustumes, usages et stiles de tous les pays de nostre royaume, seront rédigés et mis en écrit, accordez par les coustumiers, praticiens et gens de chacun estat desdits pays du royaume, lesquels coustumes, usages et stiles ainsi accordez seront mis en livres, lesquels seront apportés par devers nous, pour les faire veoir et visiter par les gens de nostre grand conseil ou de nostre parlement, et pour nous les décréter et confirmer. » — L.

(2) Monteil est ici trop affirmatif ; toutes les coutumes, tant s'en faut, n'étaient pas encore écrites et revisées au quinzième siècle. — L.

années, d'entendre une jeune demoiselle de ce pays,
qui était venue ici voir sa sœur ; elle était dans un berceau du jardin ; elle se croyait seule ; elle étudiait,
elle récitait sans hésiter, et à voix haute, des vers
harmonieux, ronflants, magnifiques, et qui n'étaient
cependant que la pure coutume de Normandie habilement versifiée.

Je me cachai, me dit mon fils, en me racontant le
même jour son heureuse rencontre avec cette jeune
personne, qui, peu de temps après, devint son épouse ;
je me mis derrière des charmilles, et je n'eus pas
écouté quelques instants que je fus ravi. Vous l'auriez été ; tous les avocats, tous les procureurs l'auraient été, d'entendre, sous une voûte de verdure, au
milieu des rossignols et des fauvettes, une jolie bouche dire en grasseyant, en minaudant involontairement :

DU BANON OU DE DÉFENSES.

.Toutes les terres cultivées
Sont en deffens, de quoy les bléez
Ou les blés ont empirement
De bestes par leur hantement.

DE L'OFFICE AU VICONTE.

Le viconte doibt ples tenir
Ez villes, voies maintenir.

DE L'OFFICE AU SERGENT D'ESPÉE.

Sergent d'espée non reçoivent
Et ont de chascune veue
Onze deniers, c'est soustenue.

DU QUERELLANT.

Le querellant est dit celluy
Qui se plaint pour droit faire luy.

DU QUERELLÉ.

La querelle est dit, sans fcinte,
Cil de qui l'on monstre complainte.

DU PROLOCUTEUR.

Le nom de prolocuteur scay
C'est celuy qu'avoit met pour soy
De parler de qui les parolles
Doibvent peser égaux oles
De cellny à qui le cas touche.

En cet endroit, ajouta mon fils, je me montrai, et
ne pouvant plus contenir mon amour et mon admiration, j'ajoutai :

DE GARDE DE FEMME.

Se femme est en garde tenue,
Quand elle sera tant creue
Qu'elle ait de marier aage,
L'en luy doit querre mariage
Au congié de sa seigneurie,
Par le conseil et par l'ays
De ses amis de son parage,
Selon l'honneur de son lignage.

Elle continua de sa voix douce et argentine :

FIN.

Explicit consuetudo Normanie.
Entre vous jeunes advocats
Ne prenez deux loyers d'un cas
Afin que par duplicité
Vous ne perdiez félicité (1).

(1) Charte normande en rime françoise, manuscrit du milieu
du quinzième siècle, conservé à la bibliothèque de l'Arsenal.

Toutefois, continua maître Joachim, je ne vous dirai pas dans ce moment comment se fit ce mariage : car il s'agit de ce que je fus obligé d'apprendre, de ce que, pour défendre les droits de ses concitoyens, l'avocat doit savoir. Et certes, messires, ce n'est pas seulement les diverses coutumes en prose ou en vers, c'est encore le grand coutumier ou la coutume générale de France, c'est encore les ordonnances des rois ou le droit français, c'est encore le droit romain.

LE DROIT ROMAIN.

Vous passez facilement condamnation sur l'importance de toutes les coutumes, de la coutume générale, des ordonnances des rois, vous ne la passez pas aussi facilement sur l'importance du droit romain. J'ai à vous la prouver, à vous parler de deux causes que j'entendis plaider, du temps où j'écoutais encore.

Dans la première, il s'agissait d'un enfant né six mois après la célébration du mariage. Le mari ne voulait pas le reconnaître. La femme était venue à l'audience, elle était toute tremblante; mais voilà que son avocat allègue triomphalement la loi du septième mois lunaire. Le tribunal se lève, reconnaît à l'unanimité l'enfant, et le mari, bien qu'il n'entendît pas la loi latine, est obligé aussi de le reconnaître. — Dans la seconde cause, au contraire, des héritiers refusaient de reconnaître un enfant né onze mois après la mort du testateur. Tout le monde riait et paraissait prendre parti pour les héritiers. La coutume de Troyes, les autres coutumes, restaient muettes; le droit romain parle de nouveau. L'avocat de la veuve cite le décret d'Adrien qui admet à la succession les enfants nés onze mois après la mort de leur père. Les juges se lèvent encore tous à la fois, et, à l'unanimité encore, reconnaissent le fils de la veuve. — Je le demande, sans le droit romain dans la bouche des avocats, que serait-il arrivé de la jeune femme, de la jeune veuve ?

Du reste, celui-là se tromperait qui pourrait croire que le droit romain ne supplée que dans des cas extraordinaires ; il supplée souvent et très-souvent dans les cas ordinaires, surtout dans les cas de successions, de fidéicommis, de substitutions, ces autres fidéicommis à vie.

Maintenant se présentent la PROCÉDURE ET LA LÉGISLATION CRIMINELLE, l'une comme l'introduction à l'autre (1). Quant à la procédure criminelle, elle était, elle est publique ; elle ne pouvait, elle ne peut être améliorée à cet égard ; mais elle se faisait en français en deçà de la Loire, et en latin en delà. Aujourd'hui, elle se fait en français en deçà et en delà de la Loire. Elle a pu être et elle est à cet égard améliorée. — Quant à la législation criminelle, elle a si peu changé depuis le siècle dernier, qu'on doit la considérer, ou peu s'en faut, comme la même. — L'avocat doit savoir l'une et l'autre.

(1) Le premier traité de procédure qui ait été écrit par un jurisconsulte français est le *Stylus curiæ parlamenti Franciæ*, composé en 1330. Ce traité subit divers remaniements, mais il n'en resta pas moins quant au fond le guide de la procédure dans les parlements de France, qui se réglèrent toujours sur le parlement de Paris. — L.

Maintenant c'est la PROCÉDURE ET LA LÉGISLA-
TION ECCLÉSIASTIQUE qui se présentent. Eh! ne
pensez pas que nous soyons obligés de les apprendre
pour nous en servir éventuellement à suppléer la procédure et la législation civile ou criminelle. Souvent
les avocats des cours laïques, licenciés *in utroque
jure* (1), vont plaider dans les cours ecclésiastiques,
de même que les avocats, clercs, même prêtres des
cours ecclésiastiques, licenciés *in utroque jure* viennent aussi plaider devant les cours laïques.

Je me souviens que dans mon jeune âge un de mes
amis tout pétillant, tout brillant, voulut se faire clerc
afin de jouir de tous les priviléges de la cléricature.
Il prit les quatre ordres mineurs, et sur ses habits d'é-
glise mit des bordures de couleur, des boutons d'or.
Jusque-là c'était bien, l'usage le lui permettait ; mais
il voulut aussi épouser, malgré ses parents, une demoiselle dont la conduite n'avait pas toujours été irré-
prochable. Prends garde à toi, mon neveu, lui dit son
oncle, avocat laïque d'un grand mérite, les passions
te fascinent les yeux (2) ; l'official connaît tes longues amourettes avec cette demoiselle. Il lui répondit
que, pour messire l'official, il se croyait sûr de son
silence. Alors, lui dit l'oncle, ce sera le juge royal
qui procédera contre toi, et il ira plus ferme, plus
vite ; toutefois, je crains bien que l'official ne veuille
pas se laisser prévenir. Ce que l'oncle avait conjecturé

(1) C'est-à-dire en droit civil et en droit ecclésiastique.

(2) L'official était le juge du tribunal ecclésiastique connu
d'abord sous le nom de *cour de chrétienté*, et plus tard sous
celui d'*officialité*. Il y avait un official par diocèse ; en 1667, on
lui donna trois assesseurs. Voir introduction, p. 15. — L.

arriva. L'official, craignant que le juge royal procédât, à son défaut, contre le neveu, procéda contre lui et même avec une rigueur qu'on n'attendait pas. Nous courûmes tous au secours de mon ami. L'official nous disait : Que ce jeune homme ne restait-il laïque ? Il aurait pu épouser sa maîtresse et pire, la justice ecclésiastique n'avait rien à y voir ; mais, puisqu'il est clerc, il a dû épouser une personne sans reproche, ou s'attendre à être traité comme bigame. L'oncle plaida avec beaucoup d'éloquence ; il fit très-spirituellement valoir les défenses de son neveu ; il donna sur l'innocence de la demoiselle des preuves que l'official voulut bien enfin trouver bonnes : mon ami fut sauvé. En le quittant, son oncle lui recommanda de veiller soigneusement sur sa femme : Car, au plus petit mauvais bruit, tu retomberais entres les mains de l'official. Mon ami, et sa femme surtout, se le tinrent pour dit.

Quelque temps après, je vis ce même oncle, ce même avocat, défendre encore avec succès à l'officialité, dont je suivais les audiences, un jeune huissier à verge. Cet huissier avait donné vingt coups de son bâton noir ou verge à un jeune clerc tonsuré, un soir qu'il l'avait trouvé sous les fenêtres de sa belle. L'avocat écouta fort tranquillement le long plaidoyer du clerc ; enfin il se leva, et il termina sa réponse en invoquant l'autorité des sermons du célèbre frère Menot (1), dont il cita le passage suivant : « Devant les

(1) Michel Menot, célèbre prédicateur du quinzième siècle, mort à Paris en 1518 ; il attaqua avec une grande indépendance les abus de son temps, et ne ménagea aucune des classes de la société. Ses contemporains lui ont donné le surnom de *Langue*

cours de justice il est reçu que, si quelqu'un rencontre la nuit un clerc tonsuré et lui frotte son dos *de une serviette de boys*, il n'y a pas lieu à excommunication. » L'official, dont la gravité ne se trouva pas contenue par un nombreux auditoire, laissa échapper le rire. Il renvoya de huitaine en huitaine, de quinzaine en quinzaine, l'affaire, qui resta sans être jugée ; en sorte que le jeune clerc y fut pour ses vingt coups de bâton noir, et le jeune huissier y fut pour la peine ou pour le plaisir de les avoir donnés. — Je le demande encore, sans le droit ecclésiastique dans la bouche des avocats, que serait-il arrivé de mon jeune ami et du jeune huissier?

Et qu'on se garde bien de croire aussi que le droit ecclésiastique ne règle pas souvent les intérêts des laïques ; il les règle toutes les fois que les clercs sont défendeurs, car il faut alors les assigner devant une cour ecclésiastique ; il les règle toutes les fois qu'il s'agit de la validité des mariages, des dots, des biens des veuves, des orphelins, des hôpitaux, toutes les fois qu'il s'agit des testaments où il y a des legs pieux; enfin il les règle dans un grand nombre d'autres cas.

d'or. La plupart de ses sermons ont été prononcés à Tours, et publiés sous ce titre : *Sermones quadragesimales olim Turonis declamati*, Paris, 1519 et 1523, in-8°. On trouvera dans les œuvres de M. Charles Labitte, Paris, 1846, 2 vol. in-8°, une curieuse étude sur ce prédicateur populaire. Les attaques de Menot contre les gens de justice sont très-vives ; il compare le parlement de Paris à une rose qui tire sa sève et sa couleur rouge du sang des pauvres ; la justice, dit-il, ressemble au chat qui garde le fromage, mais qui lui est plus nuisible par un seul coup de dent que dix rats ensemble. Les avocats ne sont pas mieux traités ; eux qui ont plaidé tant de causes, « ils auront au jour du jugement bien du mal à gagner la leur.»—L.

Ah! messires, qu'elle est vaste la bibliothèque de lois que l'avocat doit porter rangée dans sa tête!

Il doit savoir la procédure et la législation civiles; il doit savoir la procédure et la législation criminelles; il doit savoir la procédure et la législation ecclésiastiques. Il doit savoir, en outre, les législations des différentes nations, car elles suppléent celles de la France, et se suppléent les unes les autres; il doit savoir, en outre, les législations des différentes nations de différents âges, car elles suppléent la législation de la France de différents âges, et se suppléent aussi les unes les autres. Je dirai plus : tout étant droit, législation, ou tout pouvant avoir un rapport avec le droit, la législation, l'avocat doit tout invoquer, tout citer, tout savoir, tout apprendre.

Cependant, à force d'études, il vient au point d'avoir tout appris. Eh bien! le silence et la solitude sont encore dans son cabinet, dont la porte demeure tout le jour inutilement ouverte au public : il n'est pas encore connu.

LES PLAIDOIRIES.

Enfin il l'est; alors il n'a plus de repos. Dès les sept heures du matin vous le voyez courir à l'audience, entouré, amené par des clients qui le haranguent, l'enflamment de leurs passions, et tout aussitôt le voilà en voie d'être mis en prison, de perdre son état, de dire ce que la loi appelle des injures, qui ne sont guère que des vérités sans voile; le voilà aussi en voie d'être ruiné par les amendes, d'être emporté par

sa vivacité, de parler trop vite, de parler en même
temps que l'avocat contre lequel il plaide, ou, au contraire, d'être entravé par la foule de ses pensées, de
ses raisons, de parler trop lentement, de parler d'une
manière interrompue, intermittente, de parler par ho-
quets.

LES HONORAIRES.

Et ceux qui n'avaient point eu de procès, vous pensez peut-être que de magnifiques honoraires nous
dédommagent de tant d'efforts, de tant de sacrifices.
Écoutez : A la Saint-Martin, le jour de notre rentrée,
un de nos meilleurs avocats, après avoir, suivant l'u-
sage, pris son texte dans l'Écriture sainte (1), prononça dans une affaire très-importante un plaidoyer
divisé en majeure, mineure, conséquence qui fit
retentir la salle d'applaudissements. Comme personne
ici n'ignore que c'était moi, je me suis involontairement nommé. Eh bien! diriez-vous combien il me fut
donné? Seize livres (2), qui est la plus forte somme

_ (1) J'ai un mémoire manuscrit sur parchemin, de l'année 1495
ou environ, intitulé *Salvacions pour monseigneur Jehan d'Al-
bret, contre Engelbert de Clèves* ; l'Ancien et le Nouveau-Tes-
tament y sont presque partout cités. Voir aussi Chronique de
Monstrelet, vol. Ier, chap. xxxix et xliv, où se trouvent le
plaidoyer pour le duc de Bourgogne et le plaidoyer pour la duchesse d'Orléans. Ce sont les deux plus anciens plaidoyers français
que je connaisse. Le premier est divisé en majeure, mineure
et conséquence; le second, en premier, deuxième et troisième
membre.

(2) Les honoraires des avocats étaient réglés, comme l'indique
ici Monteil, soit par des tarifs fixés par les juges, soit par des

que le tarif du Châtelet, rendu commun à notre bailliage, passe pour un plaidoyer ; encore me fallut-il payer les trois avocats assistants, qui prirent avec moi plusieurs fois la parole.

Toutefois, en Bretagne c'est pis. Pour pareille, peut-être pour moindre somme, il y a dans un procès cinq ou six avocats de chaque côté, choisis dans le barreau un à un, alternativement par chacune des deux parties, qui ont en même temps le droit de les échanger entre elles ; en sorte que, lorsque vous êtes parvenu à vous remplir des bonnes raisons du demandeur, il vous faut quelquefois passer du côté du défendeur, poser les bonnes raisons de son adversaire et prendre les siennes. Il vous faut même, si vous êtes prompt à vous passionner, changer d'animosité, de colère.

Encore si l'on nous laissait à notre malheureux sort ! mais non, nous sommes aussi bien sujets au tambour de la milice des villes qu'à la cloche du palais. On nous voit alors obligés de retrousser notre robe, de mettre la hallebarde sur l'épaule, et d'aller, sous le commandement ou la présidence du chef de la justice, combattre les Armagnacs, les Bourguignons, suivant que le vent tourne.

Alors les procureurs sont de même obligés de retrousser leur robe, au moins aussi embarrassante que

ordonnances royales. Au quatorzième siècle, le maximum de ces salaires ne pouvait excéder 30 livres tournois ; ce maximum alla toujours en diminuant. Au dix-septième siècle, les avocats même les plus célèbres ne prenaient pas plus de quatre francs pour un plaidoyer, ce qui représentait à peu près la valeur d'un quart de setier de froment. — L.

la nôtre; ils sont de même obligés de quitter leurs
sacs à papiers, de fermer à clef leur étude, et d'être,
comme à l'audience, toujours derrière nous.

LES PROCUREURS.

Les malheureux procureurs! ils ont souvent nos
maux : car, comme à nous, il leur est défendu de rien
recevoir par avance des plaideurs. Ils ont souvent de
plus grands maux : car il leur est de plus défendu de
recevoir des présents ; car, pour les procès, ils n'ont
que la moitié de nos honoraires ; car ils sont tenus
dans l'humiliation ; car, dans certaines cours, ils se
mettent et demeurent à genoux pendant tout le temps
que leurs causes sont plaidées par les avocats ; car à
la moindre faute ils sont punis de prison ; car les personnes qui nous chargent de leur défense, que nous
appelons nos clients, les procureurs les nomment
nos maîtres. Aussi les avocats postulants, qui dans
divers siéges, comme à Angers, sont en même temps
avocats et procureurs, ont, à mon avis, un pied hors
de l'ordre.

C'est ce que je disais à mon fils, qui avait rencontré
la jeune Normande étudiant la coutume, et qui était
obligé de se faire procureur pour obtenir sa main.
Ah! mon père, me répondit-il, qu'elle est belle! —
Mais, lui disais-je encore, il faudra te faire d'abord
clerc de la bazoche (1), payer les bienvenues, le ban-
quet des béjaunes (2) à peine de la baculerie, en bon

(1) Voir sur la bazoche, ci-dessus, page 82.
(2) Les béjaunes, c'est-à-dire les jeunes gens, par allusion
aux jeunes oiseaux qui ont généralement le bec jaune. Ce
mot a été remplacé dans le langage moderne par celui de
blancs-becs. — L.

français la bastonnade. — Ah! mon père, qu'elle est jolie! — Ne t'attends pas qu'on puisse te résigner à prix d'argent un office de procureur, tu aurais à faire avec le parlement.—Ah! mon père, je ne saurais vivre sans elle! — Ne crois pas non plus prendre la qualité de sieur (1), de sieur Joachim, tu aurais encore et plus gravement affaire avec le parlement. — Ah! mon père, j'en mourrais! Les avocats, nous avons trop de livres, trop de parchemins, trop de papiers à lire pour pouvoir, comme les beaux garçons, perdre notre temps en longs discours, en scènes tendres. Voyant donc que mon fils voulait pleurer et me faire pleurer, je me hâtai de terminer en lui demandant : La veux-tu? Absolument, la veux-tu? Et tranchant par la tête la longue réponse qu'il avait commencé à me faire, je me hâtai d'ajouter : Eh bien! épouse! épouse! Va-t'en, et laisse-moi! Du reste, je vous le dirai, ce mariage ne me faisait nullement de peine. Je n'étais pas fâché d'avoir une belle-fille un peu chicaneuse; je pensais que j'en embrasserais mes petits-fils avec plus de plaisir.

LES NOTAIRES.

Je fus obligé, il y a quelque temps, de faire un voyage à Amboise (2). Le roi y était, et il va sans dire

______

(1) Le mot de sieur, qui fut substitué à celui de sire, était une appellation honorifique qui ne pouvait être prise que par les individus appartenant à certaines classes privilégiées. — L.

(2) Cette ville possède un très-beau château qui fut élevé au huitième siècle sur l'emplacement d'une petite forteresse romaine. Plusieurs fois réparé et agrandi, ce château fut habité par plusieurs de nos rois. Charles VIII y naquit et y mourut. — L.

qu'il y avait beaucoup de monde. Une après-midi qu'il me prit envie d'aller me promener aux belles plantations de peupliers et de noyers qui ombragent l'embouchure de la Masse dans la Loire, j'aperçus sur le gazon des gens formant une espèce de groupe, qui s'entretenaient avec une douceur, une aménité qu'annonçaient d'ailleurs et la sérénité de leur visage et leur maintien pacifique. Les uns étaient en habit de cour, d'autres en robe longue, d'autres en habit bourgeois, d'autres avaient la tonsure, d'autres étaient vêtus d'un froc de moine, d'autres portaient le plumet et l'épée : c'étaient des notaires, j'en connaissais plusieurs. Je les abordai, et, soit par plaisanterie, soit par malice, je leur dis : Que vous êtes là tous heureux, mes bons compères !

A commencer par moi, répondit celui qui était le plus près. Je suis, continua-t-il, clerc-notaire du roi. Qu'importe que Louis XI ait déclaré dans ses lettres patentes que les quatre apôtres évangélistes étaient quatre notaires comme nous, qu'il ait voulu que le roi fût de notre collége, qu'il n'y fût que le soixantième notaire, qu'il n'y prît qu'une bourse comme les autres, si on ne le sait ou si l'on ne veut le savoir? J'ajouterai :

Si nous ne sommes pas considérés, que nous importe la considération qu'on nous doit? Nous sommes obligés d'être grammairiens, d'être bien lettrés. Sommes-nous regardés comme gens de lettres? Depuis Charles VIII nous sommes nobles (1) ; mais

(1) Lettres de Charles VIII, février 1484.

au diable si, avec nos grands écritoires de cuivre
pendus à la ceinture, nous sommes regardés comme
gentilshommes ! et cependant c'est nous qui, dans les
contrats entre le roi et les particuliers, assujettissons
à l'autorité, à la juridiction d'un simple bailliage, les
biens meubles et immeubles du roi, c'est-à-dire,
outre le trésor royal et les joyaux de la couronne, le
domaine, outre le domaine, le royaume de France,
outre le royaume de France, le duché de Milan, le
royaume de Naples et même celui de Jérusalem, qui
sûrement appartiennent à nos rois par droit héréditaire.

Après que ce notaire eut parlé, les autres, dans
l'ordre de leur hiérarchie, prirent successivement la
parole.

Et nous qui sommes les notaires de la cour du
parlement, nous ne pouvons aujourd'hui empêcher
les greffiers de donner, comme nous, des expéditions
des arrêts. Les greffiers nous ont fait tomber, comme
on dit, cette plume du bec : ils tenaient le leur ouvert.

Il nous est arrivé pis, dirent les notaires des cours
de bailliage et des cours inférieures. Autrefois dans
presque tous les greffes il y avait un notaire-greffier ;
aujourd'hui dans presque tous les greffes il y a un
greffier et un notaire. Les greffiers expédient tous
les actes des cours de justice, excepté, comme au
parlement, les commissions ; mais parce que je ne
vois pas de raison pour qu'ils n'achèvent de tout en-
vahir, il est à croire qu'ils envahiront tout.

Bien que nous soyons les NOTAIRES AU CHATELET,
dirent les notaires de Paris, qui par politesse avaient

laissé parler les notaires des cours de bailliage et des cours inférieures, nous voilà aujourd'hui sans priviléges, obligés de tenir les registres des originaux de nos actes, tout comme les notaires de province.

Oui, lui dit un autre, mais vous êtes sous la sauvegarde spéciale du roi ; et d'ailleurs vous recevez pour vos vacations jusqu'à 10 sous par jour, tandis que nous, pauvres notaires de province, même quand nous avons rapporté un procès dans une cour de justice, nous sommes bien moins payés, et nous ne le sommes guère mieux quand, dans les cantonnements des troupes, une bataille de trois, quatre cents archers en grande parade, haut les armes, vient se ranger sous notre fenêtre pour nous déclarer « que tous ont reçu leur soulde d'un moys, de laquelle ils se tiennent contents, bien payez, et quittent le thrésorier et tous aultres (1), » payement dont nous expédions la quittance.

Mes confrères, dit un notaire qui se tenait un peu à l'écart, qui avait un air humble, humilié, qui portait un méchant habit, peut-être son meilleur habit, vous n'êtes pas contents ; vous le seriez bien moins si, comme moi, vous étiez dans un pays où les no-

----

(1) « Par-devant Guillaume Delamart et Bernadet Reclos, tabellion jurez au siége de la ville de Coustance, feurent présens trois cents soixante neuf francs archiers ci-dessus nommez et escriptz qui ont confessé avoir eu et reçeu de... la somme de M CCCC LXXVI livres pour leurs gaiges et soulde d'un mois, à raison de IV liv. tourn., pour chasque franc archier, de laquelle somme ilz se sont tenus pour contents et bien payez, ont quitté et quittent mon dict seigneur le comte, et tous aultres. En témoing de ce... » Montre et revue du bailliage du Contentin, sous la charge de Pierre Aubert, écuyer, 23 août 1468.

taires ne sont que les commis des tabellions. Mais dans quel pays êtes-vous? lui dit-on. Vous savez qu'en l'année 1438, tous les notaires de France étaient commis des tabellions, fermiers du tabellionage des différents arrondissements, et que Charles VII, qui a bien pu arracher la France aux armées anglaises, n'a pu faire durer sa loi fiscale du tabellionat (1). Encore une fois, dans quel pays êtes-vous? Je suis, répondit-il, dans un pays où cet ordre de choses existait avant la loi fiscale de Charles VII, où il a existé depuis, où il ne cesse d'exister.

En ce moment, un grand notaire, dont l'air paraissait fort dédaigneux, prit la parole pour ainsi dire du haut de sa taille, qui dominait celle de tous les autres. Je suis, dit-il, dans une province où il y a des notaires impériaux, des notaires royaux, des notaires seigneuriaux. Mais, ajouta-t-il en se tournant vers ses confrères, nous, les notaires impériaux, nous devrions sans contredit être les plus honorables. Toutefois, vous, les notaires royaux ou seigneuriaux, vous êtes les plus nombreux, les plus forts ; vous tâchez de faire de nous des notaires inférieurs. Quant à moi et quant à ceux qui me ressemblent, Dieu soit béni ! vous n'y réussirez pas.

Mes confrères, dit un notaire qui avait la grande tonsure ou la grande couronne de prêtre, le paraphe de ma signature est deux clefs en sautoir : vous voyez que je suis un NOTAIRE APOSTOLIQUE (2). Autre-

____

(1) Lettres du roi, juillet 1433, relatives aux tabellions.

(2) Les notaires apostoliques étaient primitivement des prêtres chargés de recueillir les faits relatifs à la mort des mar-

fois, dans les grandes affaires, on stipulait, aujourd'hui on ne stipule plus la réserve du serment sur certaines reliques, sur certaines croix. Cet acte de serment était un nouvel acte, et nous valait vingt, trente sous, souvent davantage. Autrefois, nous pouvions être en même temps notaires civils ; aujourd'hui, nous ne pouvons plus être que notaires apostoliques. Nous sommes d'ailleurs, comme vous, soumis aux cours de justice, tandis que vous n'êtes pas soumis à l'officialité comme nous.

Le notaire apostolique vient de parler pour moi, dit un bénédictin qui était à son côté. Autrefois les moines, dans le Poitou, nous pouvions recevoir des actes en matière civile ; la nouvelle coutume nous a restreints aux matières ecclésiastiques. Mes confrères, nous ne sommes plus qu'à moitié confrères.

Il y avait à l'extrémité opposée trois notaires en habit court, papier et plumes sous le bras, la masse d'armes sur l'épaule ; l'un d'eux était vieux, les deux autres jeunes. Mes confrères, dit le vieux, vous voyez ici le père, le fils et le neveu ; nous sommes en même temps notaires et sergents d'armes ; nous vivons de l'écritoire aussi bien que de l'épée, mettez que j'aie dit aussi mal.

Un seul n'avait pas encore parlé. Mes confrères, dit-il, vous êtes tous plus heureux que moi ; vous allez voir. A trente ans, je prévoyais qu'à soixante, plus ou moins, je n'y verrais peut-être pas très-bien, et

tyrs et d'en rédiger les actes. Plus tard leurs fonctions se bornèrent à la rédaction des contrats où l'Église était intéressée. Les deux clefs en sautoir dont ils paraphaient leur signature représentaient les clefs de saint Pierre. — L.

je demandai de pouvoir changer d'avance mon seing monographique, compliqué de plusieurs crochets et pieds de mouche ; je demandai en même temps de changer deux syllabes de mon nom, dont l'une n'est pas décente et l'autre appartenait au vieux langage des siècles passés. J'obtins l'un et l'autre par lettres en bonne forme. Le public capricieux m'a depuis entièrement abandonné ; il voulait les crochets, les pieds de mouche, la vieille et peut-être la vilaine syllabe. Je n'ai osé prier le roi de me les rendre.

LES GREFFIERS (1).

On aime les notaires, a continué maître Joachim, on les plaint. On ne plaint pas autant les greffiers ; toutefois ils sont autant à plaindre. Cet hiver, un pauvre greffier d'une de nos mairies royales, juridictions judiciaires, comme vous savez, particulières à notre province, était entré chez moi. Il avait froid, je le fis chauffer. Messire l'avocat, me dit-il, je ne crois pas qu'il y ait d'hommes plus malheureux que les greffiers des mairies royales.

(1) Greffier, du latin *grapharius*. Au quatorzième siècle, il n'y avait encore qu'un seul fonctionnaire qui portât le titre de greffier ; il appartenait au parlement de Paris. Dans le siècle suivant, les scribes chargés de la transcription et de la garde des actes judiciaires, dans les diverses juridictions royales, prirent le même nom que l'officier qui remplissait à Paris des fonctions analogues aux leurs, et le nombre des greffiers se multiplia dans une proportion considérable. Les greffes furent érigés en titre d'offices par François Ier, et la vente en fut exploitée par le fisc comme une ressource financière, ce qui explique comment il y avait tant de greffiers sous l'ancien régime. — L.

Vous voulez rire, lui répondis-je ; parlez donc ainsi des hauts greffiers, ce sont vraiment ceux-là qui sont malheureux. D'abord, le premier greffier du parlement, le plus haut de tous, quelque haut qu'il soit, n'ignore pas qu'il n'est qu'un simple scribe, comme le plus petit scribe de la plus petite scribanie de campagne ; ensuite il faut, comme on dit, qu'il partage le gâteau. Sans doute, les profits du greffe du parlement sont grands, le gâteau est grand ; mais il y a beaucoup de parts à faire, car, au parlement, il y a beaucoup de greffiers. Ajoutez la difficulté du travail. Absolument je me chargerais de l'histoire de la rivalité d'Athènes et de Lacédémone, de Rome et de Carthage, des Bourguignons et des Armagnacs, tandis que j'hésiterais à me charger des qualités de la sentence de certains procès, c'est-à-dire de l'histoire de telle procédure qui a duré un demi-siècle, de tous les exploits, de tous les actes de l'attaque et de la défense. Je le sais, les greffiers des juridictions inférieures sont obligés de faire aussi des qualités ; mais quelle différence d'étendue et de volume ! Ils sont, je le sais aussi, obligés, à peine d'interdiction, de garder, comme ceux du parlement, le secret de leur cour ; mais quelle différence de secret ! Ils sont de même obligés de faire crier à heure fixe l'audience du greffe ; mais quelle différence d'audience !

Toutefois, le greffier de mairie royale finit par m'apitoyer. Considérez, me dit-il, que les greffiers au parlement ont ou petite mule ou mulet, enfin équipage pour aller à l'audience, tandis que nous y allons en guêtres de cuir. Considérez que les greffiers de bailliage ont vingt sous pour l'écriture de chaque peau (1) ;

____

(1) C'est-à-dire de chaque parchemin.

nous sommes bien autrement, je veux dire bien moins payés. Le travail le plus ingrat, c'est le nôtre. Par déférence, ajouta-t-il, je ne contesterai pas plus long-temps; mais les greffiers des mairies royales, nous sommes les plus malheureux des greffiers, qui sont les plus malheureux de tous les gens de justice.

LES HUISSIERS ET LES SERGENTS.

Voilà qui pourrait être vrai, s'il y avait ni sergents ni huissiers (1), lui dit un sergent du bailliage, qui, dans ce moment, entra et qui s'assit vis-à-vis du greffier, à l'autre coin de la cheminée. D'abord, continua-t-il, vous savez comme moi que les sergents et les huissiers ne doivent pas être des ignorants, des gens sans lettres; qu'ils doivent savoir lire et écrire ; qu'ils ne doivent pas se présenter dans le dénûment d'argent; qu'ils doivent donner un cautionnement de cinquante livres ; qu'ils doivent être bien vêtus, les uns d'un hoqueton rouge ou de couleur, les autres d'une robe noire.

Quand enfin nous avons rempli toutes ces conditions, que nous avons fait présent de deux chapons au président de notre cour et que nous sommes reçus, nos gains se réduisent à bien peu. Supposez que d'un bout de l'année à l'autre, j'aie touché deux, trois cents personnes de ma verge, que j'aie donné deux, trois cents assignations, c'est beaucoup, eh bien !

(1) Au quinzième siècle, le sergent n'était pas l'huissier; au seizième, et surtout au dix-septième, ces mots devinrent synonymes; au dix-huitième, le mot sergent de justice a disparu.

j'ai gagné deux, trois cents sous, pas davantage. Les onze-vingts sergents du Châtelet, qui prétendent avoir le droit d'exploiter dans tout le royaume et de se domicilier où ils veulent, viennent nous prendre nos meilleurs commissions.

A la vérité, nous avons cinq sous pour mener un débiteur en prison, et, s'il était raisonnable, s'il voulait tranquillement se laisser mener, nous serions assez payés ; mais, dès que nous approchons, c'est plutôt lui qui nous prend au collet : alors il faut faire au plus fort, au plus courageux et au plus brave.

Et tel est notre malheur, notre pauvreté, que, bien loin de fuir ces aventures, nous sommes obligés souvent de nous faire casser bras et jambes, de nous faire rompre les côtes pour vivre. Baste ! encore ; mais aujourd'hui la nouvelle justice ne veut nous tenir compte que des larges et profondes blessures bien apparentes, et alors même en tient-elle assez mauvais compte : aujourd'hui il n'y a rien à aussi bon marché que le sang des huissiers et des sergents (1). Je pourrais, à cet égard, vous raconter mille histoires ; il me suffira d'une. Les commissaires du roi donnèrent ordre à un de mes vieux camarades d'aller signifier une protestation à une ville voisine, où l'on refusait d'ouvrir les portes. Pendant qu'au pied

(1) Ce que dit ici Monteil au sujet des résistances qu'éprouvaient les sergents, lorsqu'ils voulaient faire exécuter les lois ou conduire en prison des individus décrétés de prise de corps, est d'une parfaite exactitude. Les nobles surtout leur donnaient une rude besogne, et plusieurs d'entre eux furent tués en voulant mettre à exécution des mandats d'arrêt décernés contre des gentilshommes. — L.

des murailles il lisait ses écritures, les habitants qui étaient aux créneaux le menacèrent, son procès-verbal latin portait *stercorare super illum.* Il s'enfuit ; alors ils lui lancèrent des pierres, lui tirèrent plusieurs coups de canon. Il éprouva un tremblement de nerfs qui, sans doute, lui durera le reste de sa vie. Il est encore sans pension ni récompense.

Faut-il, continua le sergent, en venir maintenant à nos honneurs ? C'est, quoi qu'on en dise, bien peu de chose. On dit que les sergents ont le noble droit de *committimus* (1) ; je ne le nie pas, mais ce sont seulement ceux de Paris. On dit aussi que notre chef, le premier huissier au parlement, a le bonnet fourré ; mais là où il lui serait le plus honorable, à l'audience, il ne peut le mettre. Quant à nous, lorsque nous sortons de notre juridiction, nous sommes tenus de déposer notre verge ; et, si nous ne déposons pas notre épée, nous ne pouvons que la porter sous la robe, et n'en laisser voir tout au plus que la poignée.

LA MAGISTRATURE.

A cette heure, messires, grand nombre d'entre vous allez me demander si les magistrats judiciaires sont ou ne sont pas avocats. Supposez que je vous réponde

---

(1) Le droit de *committimus* était un privilége concédé par les rois de France, soit à des corporations ecclésiastiques ou laïques, soit à de simples particuliers, de ne point être justiciables des tribunaux ordinaires, et de ne reconnaître d'autres juges que ceux qui étaient désignés dans le privilége. On disait droit de *committimus*, parce que les lettres royales qui le conféraient se servaient de ce mot pour dire : nous *accordons* que tels juges jugeront cette affaire. — **L.**

oui, vous ne manquerez pas de dire que, si nous ne sommes pas heureux comme avocats, nous sommes heureux comme magistrats. Supposez, au contraire, que je réponde non, je dépouille notre ordre de son plus bel ornement. Toutefois, parce que c'est la vérité, je conviendrai que, depuis le plus petit juge jusqu'au chancelier de France, tous les magistrats font partie de l'ordre des avocats ; mais, parce que c'est aussi la vérité, je dirai qu'ils ne sont pas heureux. Montons les divers degrés de juridiction.

Montons d'abord le premier degré. Il y a au moins cent mille basses justices (1), par conséquent cent mille justices, soit moyennes, soit directes ; par conséquent aussi cent mille hautes justices, qui toutes, suivant leurs diverses attributions, connaissent des procès en première instance (2). Voilà, direz-vous aussitôt, trois cent mille places de juges seigneuriaux. Fort bien, vous répondrai-je ; mais vous saurez que souvent ces justices ne s'étendent que sur un hameau, sur une maison, sur un grand champ ou sur plusieurs petits champs ; que chaque juge en a cinq ou six, avec lesquels il ne peut même vivre, car, pour nourrir sa famille, il est souvent obligé d'aller plaider le

---

(1) On comptait en France, avant la révolution, quarante mille paroisses. Dans un fort grand nombre il y avait plusieurs seigneurs ; il y en avait dans quelques-unes jusqu'à quinze, vingt ; c'est à ma parfaite connaissance. Mettons qu'il y eût, terme moyen, deux ou trois seigneurs par paroisse, ce sera environ cent mille.

(2) Chaque fief avait trois degrés de justice, la haute, la moyenne ou directe, la basse, et quelquefois un quatrième degré, la justice censière, qui connaissait exclusivement des redevances féodales connues sous le nom de cens. — L.

soir devant un juge qui, aussi pauvre et aussi chargé de famille, est venu plaider devant lui le matin.

Montons un autre degré. Je conviendrai que le roi est ordinairement plus grand seigneur, je conviendrai que les justices royales sont plus étendues; mais il faut plus d'officiers pour les desservir, et les juges y sont aussi misérables.

Montons-en un autre. Répondez-moi, y a-t-il rien de plus bizarre qu'un magistrat qui, en hiver, juge les différends des citoyens, est gardien de leurs droits respectifs, et qui, en été, va dans la campagne ennemie butiner, ravager, incendier ; qui, en hiver, tient suspendu le glaive de la justice sur la tête de l'accusé qu'on amène pieds et poings liés devant son tribunal, et qui, en été, prend sa plus longue épée, va s'en escrimer à tort et à travers sur les champs de bataille, où tantôt il frappe et tantôt il est frappé?

Pour mettre fin à un pareil ordre de choses, que le dernier siècle trouvait sans doute bon et que l'avant-dernier siècle trouvait sans doute encore meilleur, qu'a fait le siècle actuel, ou plutôt qu'a-t-il fait faire par le roi? Il a fait entourer de plusieurs conseillers, nécessairement gradués, nécessairement savants, ces baillis, ces sénéchaux. Répondez-moi encore, messires, pensez-vous que des gend'armes qui ne savent rien soient bien heureux d'être conseillés par des conseillers savants? Pensez-vous aussi que des conseillers savants soient bien heureux de conseiller des gens d'armes qui ne savent rien, qui ne sont pas même en état de recevoir leurs conseils? Soyez sûrs que dans ces cours de bailliage, de sénéchaussée, où la science en robe longue, en chaperon, est présidée par l'ignorance en robe courte, en épée, personne n'est heureux.

LES PARLEMENTS.

Montons le plus haut degré, où il s'est opéré de grandes révolutions qui rendent le parlement de Paris si malheureux, car aujourd'hui il ne couvre plus toute la France.

Il a vu douloureusement ériger, en 1443, celui de Toulouse ;

En 1453, celui de Grenoble ;
En 1462, celui de Bordeaux ;
En 1476, celui de Dijon ;
En 1499, celui de Rouen.

Ce n'est pas tout : il s'est vu diviser lui-même. Il n'avait qu'une seule chambre, il a maintenant la grand'chambre, où l'on plaide de vive voix ; celle des enquêtes, où l'on juge les procès écrits ; celle des requêtes, où sont portés les procès des personnes privilégiées ; enfin celle de la Tournelle, qui a la connaissance exclusive des affaires criminelles (1). Je ne compte pas sa section ambulante des grands jours, ni sa section temporaire, qui juge dans le lieu même de ses séances, qui tient la chambre des vacations. — Ce n'est pas tout encore. Au siècle dernier, les membres du parlement n'étaient qu'au nombre de soixante-treize ; ils sont aujourd'hui au nombre de

(1) La Tournelle fut établie par l'ordonnance de 1453, et ainsi nommée parce que les conseillers des enquêtes et des requêtes y siégeaient à *tour* de rôle. — L.

cent : douze pairs, huit maîtres des requêtes, quarante conseillers clercs, quarante conseillers laïques, dont quatre ont exclusivement la présidence.

Toutefois, les cinq autres parlements sont bien plus malheureux ; car, quoique égaux en rang et en honneur, ils ne le sont pas en illustration. Celui de Paris, bien qu'il fraternise avec la plus parfaite égalité avec celui de Toulouse, est et sera toujours le premier.

Pour moi, quand je rêve, soit endormi, soit éveillé, je me fais ou roi de France, ou avocat général au parlement de Paris, portant la parole devant cette auguste assemblée de sénateurs clercs en habits violets, de sénateurs laïques en habits d'écarlate, en habits royaux, présidés par son vénérable chef, la tête couverte d'un mortier de velours passementé d'or.

Mais ne me suis-je point pris par mes propres paroles ? Et ces membres des parlements, si élevés en dignité et en gloire, ne sont-ils pas les hommes les plus heureux ? Non, messires. D'abord ils n'ont pas de salaires proportionnés à leur rang. Les conseillers au parlement de Paris, ces glorieux et redoutables juges qui ont l'initiative de la réformation des lois, qui reçoivent officiellement les compliments du pape (1), même les compliments des conciles (2), qui admettent les princesses du sang (3) à leur faire la révé-

(1) Ces compliments furent adressés en 1504, au nom du Saint-Père, par son neveu l'évêque de Valentino. — L.

(2) Allusion à la lettre adressée le 21 février 1437 par le concile de Bâle. — L.

(3) L'une de ces princesses était la duchesse d'Alençon. Elle fit la révérence le 9 mai 1498. — L.

rence, qui répondent aux demandes écrites des princes du sang *nihil*, rien, qui disposent de la souveraineté des provinces, qui font trancher la tête au connétable, n'ont par jour que quinze sous.

Les conseillers au parlement de Bordeaux n'ont pas davantage. — Ceux au parlement de Toulouse n'en ont guère que la moitié. — Ceux des autres parlements ne sont pas traités avec plus de magnificence. Encore si ces appointements étaient exactement payés ! mais souvent ils ne le sont pas, et les parlements sont alors obligés d'envoyer chez les trésoriers deux conseillers mangeurs (1), et si cela ne suffit pas, ils cessent de rendre la justice, ferment les portes du palais, ce qui fait aussitôt ouvrir celles du Trésor.

Si je ne parlais du chancelier, vous croiriez que du moins celui-là est heureux, et toutefois il n'est pas plus heureux, il est même moins heureux que les autres. Je dirai bien, comme vous, qu'il a quatre mille livres d'appointements, qu'il tient les sceaux de l'État, qu'il est le chef de la magistrature, qu'il reçoit les ordres de la bouche du roi, que souvent le roi parle par sa bouche. Mais il habite la cour ; il est toujours dans ces hautes régions où se forment les tempêtes et les orages ; il est lui-même quelquefois atteint par la foudre ; on le fait alors président d'une cour supérieure, où il n'est pas comme un simple conseiller qui s'est honorablement élevé, mais comme

(1) Les conseillers mangeurs étaient ainsi nommés parce qu'ils se faisaient nourrir par les trésoriers jusqu'au moment où ceux-ci leur payaient leur traitement. — L.

un homme tombé dans une haute place d'une autre beaucoup plus haute.

Je conclus. Les gens de robe dans leurs diverses classes sont les plus malheureux. Messires, on peut ne pas bien défendre, on ne peut perdre une bonne cause devant de bons juges.

I. Juge président (Louis XII). — II. Juge (François Ier). — III. Homme de loi (François Ier). — IV. Echevin de Paris (François Ier). — V. Président du Parlement (Henri III). — VI. Chancelier (Henri III), d'après Herbé et Mifliez.

SEIZIÈME SIÈCLE.

ARGUMENT.

Ce n'est point seulement dans les lettres, dans les arts et dans les questions religieuses, que la Renaissance a fait sentir sa puissante et féconde influence ; c'est aussi dans la législation et la science du droit. « Longtemps soumis à la terre, comme autrefois l'homme à la glèbe, le droit, dit M. Laferrière, s'affranchit de la servitude locale ; il passe de la réalité absolue qui le tenait sous le joug des usages terriens de chaque justice ou seigneurie, à l'alliance du statut réel et personnel qui représentait la personnalité libre de l'homme dans ses rapports avec les choses (1). » Deux grands jurisconsultes, Cujas et Dumoulin, entreprennent sur la législation romaine et la législation française un travail à la fois critique et philosophique qui les place à côté des plus illustres légistes de l'antiquité. Les Pasquier, les Pithou, les Paul de Foix, les Loysel, formés à leur école, publient de savantes études sur nos origines nationales, les Institutes de Justinien, les libertés gallicanes, le droit coutumier. Un magistrat dont le nom est le symbole de la raison et de l'honneur, le chancelier de l'Hôpital, tente, de 1560 à 1566, par l'*édit de Romorantin*, l'*édit de Roussillon*, les *ordonnances d'Orléans* et de *Moulins*, la plus grande réforme législative qui ait eu lieu depuis les *Établissements de saint Louis*. Henri IV, en 1598, proclame par l'*édit de Nantes* la liberté de

____

(1) *Histoire du droit français*, t. VI, p. 121.

conscience. Mais par malheur, tandis que la science du droit réalise chaque jour de notables progrès, tandis que quelques lois consacrent quelques-uns des principes qui sont aujourd'hui la base de nos codes, les passions politiques et religieuses ramènent violemment la société française aux plus mauvais jours du moyen âge.

Jusqu'au règne de Henri IV, les édits de tolérance alternent avec les édits de persécution ; les rois violent impunément leurs propres ordonnances, et si François Ier régularise la justice par les édits de Crémieux, en 1536, et de Villers-Cotterets, en 1539, il est le premier à la fouler aux pieds : il crée des tribunaux d'exception pour juger le connétable de Bourbon, dont ·le seul crime était d'avoir repoussé les avances de la reine-mère, Louise de Savoie, l'amiral Chabot, le chancelier Poyet. Henri II crée les présidiaux en 1552, le parlement de Bretagne en 1553 ; mais il prononce en même temps la peine de mort contre les protestants surpris dans l'exercice de leur culte, et il établit une espèce d'inquisition, en introduisant en 1557 dans les tribunaux civils des ecclésiastiques chargés de connaître des *crimes* d'hérésie.

Sous les derniers Valois, sous ces tristes princes que leur mère, *Catherine de Médicis*, avait *systématiquement démoralisés* pour en faire les instruments dociles de sa politique, la justice royale n'existe plus que de nom ; elle est remplacée par l'assassinat, par la Saint-Barthélemy sous Charles IX, par le meurtre des Guises sous Henri III. La magistrature, qui conserve seule, à de rares exceptions près, le sentiment de ses devoirs et de sa dignité, essaye en vain de lutter contre la corruption générale. Ses arrêts ne sont plus exécutés lorsqu'ils menacent de grands personnages ; ses membres eux-mêmes ne sont pas à l'abri des violences de l'arbitraire : deux conseillers du parlement, Anne Dubourg et Dufaur de Pibrac, sont incarcérés, sous Henri II, pour avoir défendu la liberté de conscience ; et sous Charles IX, le chancelier de L'Hôpital n'échappe que par hasard aux coups des massacreurs de la nuit du 24 août.

Il faut rendre à la magistrature française du seizième siècle cet hommage mérité, qu'au milieu de la dégradation des caractères et de la dépravation des mœurs, elle a donné l'exemple **des plus nobles vertus et du plus pur patriotisme. En même** temps qu'elle étudiait et appliquait les lois, elle cultivait avec succès les littératures grecque, française et latine, la philosophie et l'histoire. Les érudits et les historiens les plus remarquables du seizième siècle sont sortis de ses rangs, et c'est elle aussi qui a formé ce parti des *politiques* qui avait L'Hôpital pour chef et qui représentait au milieu des déchirements de la patrie les idées de justice et de liberté. — L.

L'AVOCAT DE TOULOUSE [1].

Je me disposais à partir ce matin de Toulouse ; voilà que mon mulet et mon muletier, comme si pour me retenir ils s'étaient entendus, se sont en même temps trouvés malades. J'ai tout à la fois envoyé chercher le maréchal et le médecin; ils ont à l'instant, chacun dans ses attributions, fait le pronostic d'après lequel je suis ici pour plusieurs jours.

Quand on n'a rien à faire, où aller ? A la promenade, n'est-ce pas ? J'y suis allé.

Toulouse est environné d'immenses vignobles que traversent de larges routes, le matin couvertes de beau monde qui se promène sur des ânes; j'y ai remarqué, entre autres, grand nombre de gens de loi en habit noir, en bonnette noire, en capuchon noir.

Par hasard j'y ai rencontré mon voisin l'avocat Alexandre Landri, à qui j'avais eu occasion de don-

(1) Le personnage que Monteil fait parler ici est ce même Espagnol que nous avons déjà rencontré dans les précédents volumes, parcourant la France pour son instruction. — L.

ner quelques leçons de bon espagnol de Tolède, qu'il
m'avait rendues en leçons de mauvais français des
Pyrénées ; mais, ce matin, il m'a payé en autre monnaie, et il m'a mieux payé. Dès qu'il m'a aperçu, il est
venu à moi. Bien qu'il fût monté sur un fort bel âne,
tantôt un pied, tantôt l'autre, suivant qu'il se penchait
ou de l'un ou de l'autre côté, traînait et traçait un
sillon sur le sable. A la vérité, il est grand et il a de
longues jambes : c'est au moins un petit cheval qu'il
lui aurait fallu. Comme il m'a paru de fort bonne humeur, je lui en ai fait l'observation. Il en est demeuré
d'accord ; mais il craindrait, m'a-t-il dit, de se rendre
ridicule. En effet, les gens les plus graves, portant
chapeau de taffetas, calotte de velours, longue robe,
longue soutane à manches de satin, jupon à la reître,
cotillon de drap, qu'il me nommait à mesure qu'ils
passaient, n'étaient pas autrement montés.

Voilà, me disait-il, des notaires ! voilà des avocats !
des procureurs ! des conseillers ! des présidents ! des
sénéchaux ! des baillis ! des généraux des aides ! des
juges des élections ! des juges forestiers ! des juges
marchands ! Maître, lui ai-je dit, que de divers magistrats ! Il m'a regardé. Messire, m'a-t-il répondu d'un
ton gai, hier vous devinâtes juste ma pensée. Je de-
vine aujourd'hui la vôtre. Venez, avançons. Nous
avons avancé jusque sur les hauteurs de la porte de
Matabiau. Croyez-vous, m'a-t-il alors demandé sur le
même ton, que, de même qu'il y a les milices des défenseurs de la foi, les milices de l'Église, il y a aussi
les milices des défenseurs des citoyens, les milices
de la justice ? Oui. — Eh bien ! a-t-il continué, toujours sur le même ton, puisqu'en ce moment vous
voulez, comme je n'en doute pas, connaître la magis-

trature française, je vais vous la faire, pour ainsi dire, passer en revue dans cette plaine qui s'étend au loin devant nous.

D'abord voyez en tête et hors des premières lignes le chef auguste dont la main tient une brillante masse d'or.

C'est le chancelier. — Sous la première race, il n'était encore qu'un petit huissier, garde des chancels ou barreaux qui entouraient le lieu où l'on scellait ; il fut ensuite un simple scelleur, ensuite un simple notaire. Aujourd'hui, lorsque la bouche du roi donne des lois au peuple, le chancelier est à son oreille qui les lui inspire. Le chancelier veille ensuite à leur vraie interprétation, à leur stricte exécution (1).

Mais, a-t-il continué, voyez-vous maintenant celui qui est venu subitement prendre sa place ?

C'est le garde des sceaux.—Depuis le siècle actuel nous distinguons en France dans le chancelier deux hommes : l'un à qui l'on ne peut ôter son office, l'autre à qui l'on peut ôter ses fonctions, son pouvoir, à qui l'on peut ôter les sceaux. Ainsi aujourd'hui nous avons en France tantôt un chancelier garde des sceaux, tantôt un chancelier et un garde des sceaux.

(1) Le fonctionnaire qui remplissait sous la première race les fonctions de chancelier était nommé *referendarius*, dont nous avons fait référendaire, et aussi *gerulus annuli*. Sa mission consistait tout simplement à apposer les sceaux aux rescrits et diplômes. Le nom de chancelier paraît sous la seconde race, et les fonctions de l'officier qui le porte sont beaucoup plus

Voyez ensuite ces cours habillées de rouge qui s'offrent en première ligne, qui ont une attitude si fière, si menaçante!

Ce sont les parlements. — Ils forment huit grands corps; ils sont, depuis leur institution, toujours habillés de la même couleur. Remarquez cependant deux de ces corps qui portent des habits neufs : le parlement d'Aix et le parlement de Rennes ne datent que de ce siècle.

Ne pensez pas toutefois, a continué l'avocat de Toulouse, que les parlements soient différenciés par l'ancienneté de leur institution ou par l'étendue de leur ressort. Ils ont tous les mêmes titres, les mêmes pouvoirs, les mêmes honneurs; ils se regardent tous, avec quelque raison, comme huit·commissions de grands jours, comme huit sections d'un même parlement, fixées dans huit grandes villes de France. Point de jalousie, point de rivalité entre eux; au contraire, constante amitié, intime fraternité. On voit toujours, dans leurs débats contre le gouvernement, les parlements de province opiner du bonnet avec celui de Paris, et celui de Paris opiner du bonnet avec ceux des provinces (1).

étendues. Il veille à la conservation des archives et des textes des lois. Sous la troisième race, le chancelier est jusqu'à la révolution le plus haut dignitaire du royaume. Il a immédiatement rang après les princes du sang, et il est chef du grand conseil, ainsi que de toutes les cours de justice du royaume.

L.

(1) Voyez l'ordonnance du 11 octobre 1443, relative à l'institution du parlement de Toulouse, où le roi ne lui donne qu'une existence temporaire, *quandiu tamen nostræ placuerit volun-*

9

Le parlement ou les huit sections du parlement ne fait pas ou ne font pas les lois ; mais, sous la forme d'enregistrement, qu'il appelle ou qu'ils appellent aujourd'hui fièrement vérification, il les sanctionne ou ils les sanctionnent. Le parlement ou les parlements, quoiqu'il n'ait pas ou quoiqu'ils n'aient pas grandi depuis le siècle dernier, semble plus grand ou semblent plus grands ; c'est qu'il a ou qu'ils ont abaissé tous les dignitaires, tous les corps qui ont voulu lutter avec lui ou avec eux, le chancelier, qui a été admonesté ; les généraux des aides, les généraux des monnaies, qui ont été mandés ; les maîtres des comptes, qui ont été forcés à bâtonner leurs registres. J'ajoute que plusieurs hautes dignités, plusieurs hauts offices, ont pris fin : ainsi dans nos forêts les chênes semblent avoir grandi, ainsi dans nos cités les édifices semblent s'être exhaussés, quand on a

lati, et où il semble reconnaître que ce second parlement n'était qu'une branche détachée du parlement de Paris, du grand parlement français, comme l'appellent Philippe V, dans son ordonnance du 17 novembre 1318, et Charles V, dans celle du 8 octobre 1371. J'ajouterai que les conseillers d'un parlement allaient, à leur volonté siéger aux autres parlements. « Le 23 janvier 1582, fut arrêté que les conseillers du parlement de Paris arrivant à la cour seroient assis après les deux conseillers plus anciens de la grand'chambre du costé des fenestres... Le 12 novembre 1614, jour de l'ouverture, M. Le Berton-Mornac, conseiller des enquestes de Toulouse, est entré, assis devant l'antépénultienne de messieurs de la grand'chambre du costé des fenestres... » Jusqu'à la révolution, dans leurs démêlés politiques avec la cour, les parlements se sont toujours courageusement soutenus les uns les autres. Voir l'*Histoire du parlement de Paris*, de Voltaire, et l'*Histoire du parlement de Rouen*, de M. **Floquet**.

coupé les arbres, quand on a rasé les bâtiments d'alentour.

Quelles sont ces cours habillées de soie noire qui viennent en seconde ligne, qui tâchent de s'élever, qui, si je puis parler ainsi, se dressent sur la pointe des pieds, mais qui à côté des parlements restent toujours petites?

Ce sont les présidiaux. — Ces corps, dont les conseillers prennent le titre de magistrat au présidial, de magistrat-présidial, ont été érigés vers le milieu de ce siècle, au sein des grands bailliages et des grandes sénéchaussées. Ils jugent souverainement jusqu'à la somme de 1,000 livres; en sorte que, lorsque l'objet en litige n'excède pas cette somme, ces bailliages, ces sénéchaussées, deviennent présidiaux, et que, lorsqu'il l'excède, ils redeviennent bailliages, sénéchaussées, en même temps que le lieutenant du bailli ou du sénéchal redevient président, de simple conseiller au présidial qu'il était, en même temps encore que le président du présidial redevient simple conseiller du bailliage ou de la sénéchaussée. Assurément cette métamorphose de bailliage, de sénéchaussée, en présidial, de présidial en bailliage, en sénéchaussée; cette métamorphose de simple juge en président, de président en simple juge, qui a plusieurs fois lieu à chaque audience, est bizarre; mais ce qui est bien plus bizarre, c'est que le bailli d'épée, le sénéchal d'épée, qui étaient les plus hauts juges de leur cour, et souvent les seuls juges, ne jugent plus, bien que toujours ils siègent, bien que toujours leurs noms soient respectueusement mis en tête de tous les jugements.

Et quelles sont ces autres cours habillées de laine noire qui forment la troisième ligne?

Ce sont les justices royales. — Plusieurs de ces justices ressortissent directement au parlement, et à cause de leur importance ou de leurs priviléges, ou de leur position territoriale, elles ne peuvent manquer d'être érigées en présidiaux (1). Je vois qu'elles le savent, car je les vois aussi s'élever, se dresser sur la pointe des pieds.

L'influence de la création des présidiaux s'est fait moins sentir dans le nord de la France, où l'on a, dès les plus anciens temps, jugé par conjures, par assises majestueusement tenues au milieu des temples (2) et d'autres édifices publics, que dans le midi, où la haute chaise (3) du juge royal s'est élargie pour donner place aux nouveaux juges que le roi a nouvellement mis dans toutes ses cours, sous le nom de conseillers ; car maintenant ce beau titre dore tout le corps de la moyenne aussi bien que de la haute magistrature (4), comme il dore les officiers de plusieurs autres corps.

(1) Elles le furent en effet, mais au seizième siècle. En 1551, les présidiaux étaient des tribunaux civils qui jugeaient les affaires qui n'excédaient pas 250 livres au principal. — L.

(2) Une miniature de 1612 représente les assises de la justice de Corbeil, tenues dans le chœur de l'église. On y voit les nombreux juges des assises sur leurs siéges, figurant un fer à cheval ; sur le devant on voit une barrière en bois gardée par les sergents.

(3) Dans le midi, les jugements par conjures, par juges fieffés, ou pairs, n'avaient pas lieu ou avaient cessé d'avoir lieu à la fin du seizième siècle.

(4) Le titre de conseiller, depuis le milieu du seizième siècle

Quels sont ensuite ces milliers, ces trente, peut-être ces quarante milliers de petites cours, composées, les unes de trois, de deux juges, les autres composées seulement d'un seul juge, tenant son écritoire d'une main et de l'autre sa chaise de bois ou sa petite sellette, cherchant à droite, à gauche, avec une attention inquiète, les arbres les plus touffus?

CE SONT LES COURS SEIGNEURIALES. — On appelle vulgairement les juges de ces cours juges bannerets, juges pédanés, juges de l'orme. Je les vois ici fort humbles, parce qu'ils se trouvent en présence des parlements, des présidiaux, des justices royales, des juges de leurs jugements; mais au milieu des champs, quand ils sont adossés à un bel arbre, en même temps leur trône, leur panache, ils deviennent fiers, arrogants; et les plus fiers, les plus arrogants sont ceux qui sont tout à fois juge, assesseur, procureur fiscal, greffier, huissier, qui jugent, qui écrivent leurs jugements, qui écartent avec leur canne, ou plutôt avec leur bâton, les plaideurs trop familiers. Tels ils étaient sous notre bon saint Louis, tels ils sont sous Henri IV, tels ils seront sans doute jusqu'à la fin du monde.

Je vois maintenant une cour supérieure voltiger sur le front des autres cours; elle n'a pas de place, et je me doute qu'elle n'a pas non plus d'attribution fixe. Vous, vous voulez surtout savoir quelle est cette cour?

jusqu'à la révolution, a été donné aux membres de presque toutes les cours judiciaires, financières, militaires et autres.

C'est le grand conseil. — Créé vers la fin du siècle dernier (1), pour comprimer les parlements sous le poids de son auguste nom, de sa haute juridiction, le grand conseil, quoiqu'il ait l'immense et universel droit de connaître des matières ecclésiastiques dans tout le royaume, l'immense et universel droit de faire exécuter ses jugements dans tout le royaume, n'a encore guère fait remarquer son existence ; et je doute même qu'il fît remarquer sa mort.

Oh ! combien d'autres cours en habit noir, en habit de couleur, en robe longue, en robe courte, dont les jupes portent des papiers, ont l'épée au côté, s'appuient sur la hallebarde, tiennent la romaine, l'aune ! Je les vois prendre rang à côté des parlements, des présidiaux, des justices royales, mais sans les coudoyer. Voulez-vous les connaître ?

Ce sont les cours d'exception. — Les chambres de l'édit ou chambres mi-parties de juges protestants et de juges catholiques, les chambres destinées à juger les protestants et les catholiques, les chambres des comptes, les cours des aides, les cours des élections, des traites foraines, des greniers à sel, des monnaies, des maréchaussées, des arsenaux, des varennes, des eaux et forêts, des sergenteries, des bourses des marchands, sont appelées en France des cours d'attribution, des cours d'exception (2).

(1) Par Charles VIII en 1497 ; le grand conseil était présidé par le roi en personne, et en son absence par le chancelier ; il s'occupait principalement des affaires personnelles du roi, de l'administration du domaine, de la collation des grandes charges ; il fut supprimé en 1771 — L.

(2) Outre les siéges de justice que nomme ici Monteil, le roi

Mais ce ne sont pas là, il s'en faut bien, toutes nos cours judiciaires ; je pourrais encore en voir, vous en faire voir d'autres, et d'autres. J'en découvre, en ce moment, une toute petite, toute imperceptible ; vous la découvrez aussi, car vous me demandez quelle est, dans le lointain, cette cour composée de tout petits conseillers rouges, de tout petits greffiers rouges, de tout petits huissiers rouges, qui singe toujours les parlements.

C'est le parlement de Dombes. — Je suis avocat à un de nos grands, de nos vrais parlements : je ne puis reconnaître le parlement de Dombes (1) ; cependant il s'appelle ainsi ; le petit pays qu'il juge, le prince de ce petit pays (2), l'appellent ainsi : je l'appelle ainsi, je le laisse là pour ce qu'il est.

Mais quelles sont ces jeunes, jolies, joviales cours, tantôt siégeant, jugeant, tantôt chantant, dansant, que je vois et que j'entends?

Ce sont les bazoches. — Qui ne fit pas peur à

de France pouvait, quand bon lui semblait, instituer des tribunaux spéciaux, ou plutôt des commissions jndiciaires qu'il composait à sa guise, et qui prononçaient leurs jugements sans suivre les règles ordinaires de la procédure, et quelquefois même sans entendre les accusés. Ce sont des commissions de ce genre qui ont condamné Enguerrand de Marigny, Jacques Cœur, Chabot, Cinq-Mars et bien d'autres encore. — L.

(1) Le parlement de Dombes fut créé par François Ier, en 1523, et supprimé en 1771. — L.

(2) La principauté de Dombes, qui correspond à une partie du département de l'Ain, avait pour capitale Trévoux ; elle fut réunie à la couronne en 1762. — L.

Henri III ? Les jeunes clercs de procureur dont est formée la bazoche du parlement de Paris lui firent peur (1), il détrôna leur roi. Cependant cette cour ou ce royaume, ce royaume ou cette cour, à laquelle ressortissent les bazoches des juridictions inférieures, ressortissant au parlement, gouvernée par un chancelier et par des dignitaires, continue à juger les procès des clercs de la bazoche du parlement et des bazoches inférieures. Je dois vous dire qu'aux autres bazoches des autres parlements il y a toujours un roi ; je dois vous dire encore que la bazoche de Paris a une monnaie qu'on donne, qu'on reçoit en riant, qu'on ne frappe pas comme les pièces de métal, qu'on bat comme le blé en épis, les légumes en cosses, car ce sont des lupins.

Si je ne me trompe, vous voudriez savoir aussi quels sont ces espèces de sergents de bataille, de sergents-majors, de serre-file, qui se tiennent sur les ailes de chaque corps, qui en font partie, mais qui cependant en sont détachés : eh bien !

Ce sont les gens du roi. — Le ministère public, qu'on appelle aussi le parquet, parce qu'il siégeait dans un petit parc de menuiserie, à côté du grand parc où siégeait le parlement, n'a guère été jusqu'à la fin du siècle dernier qu'une âpre agence fiscale, chargée de veiller à ce que la cautèle des plaideurs ou l'indulgence des juges ne fit perdre aucun des droits d'amende ou de confiscation dus au roi ; mais depuis il s'est bien accru, et tous les jours il ne cesse de s'accroître. Premier accroissement : les procu-

(1) **Voir plus haut, la note sur les bazoches.**

reurs du roi, les avocats du roi, portent aux parlements le titre de conseiller procureur général, de conseillers avocats généraux ; ils portent aux présidiaux et aux cours des justices royales le titre de conseiller procureur du roi, de conseillers avocats du roi. Autre accroissement : ils ont des conseillers substituts, suppléants, ce qui augmente le nombre des gens du roi, agrandit le parquet et lui donne plus de consistance. Autre accroissement : ils assistent aux jugements des procès par écrit. Autre accroissement : ils ont communication préalable de tous les jugements convenus entre les parties. Autre accroissement : ils prennent la parole non-seulement dans toutes les causes où le fisc est intéressé, mais encore dans toutes les causes criminelles, mais encore dans toutes celles où il s'agit d'établissements publics, de personnes publiques ; d'orphelins, de mineurs, que, par une tendre fiction, les lois regardent comme des personnes publiques. Autre accroissement : ils sont chargés de faire exécuter les jugements. Autre accroissement : lorsqu'il y a des dangers publics, des crises politiques, l'initiative des mesures de haute police, de sûreté générale, leur appartient. L'ignoble origine de leurs anciennes fonctions se perd aujourd'hui dans l'éclat de leurs fonctions actuelles. Le ministère public s'est d'ailleurs établi dans toutes les cours de justice, de finance, de police, de commerce, d'église, dans toutes les cours ; et dans toutes il est la vie, le cœur, l'âme de la magistrature, la vie, le cœur, l'âme de la justice (1).

(1) Les gens du roi avaient le privilége de parler aux audiences gantés et couverts, même en prenant des conclusions ou en lisant des pièces, de scinder leurs conclusions en plu-

Messire, a poursuivi l'avocat de Toulouse, en conti-
nuant à s'interroger en mon nom et à se répondre au
sien, en ce moment vous me demandez quels sont
ceux que vous voyez rangés sur les deux côtés des
grands carrés que forment les divers corps judiciaires ? Je trouve comme vous qu'ils ont l'air leste,
dispos, animé, guerrier. On dirait d'une nombreuse
troupe d'agiles maîtres d'armes, également prêts à
porter et à parer les coups.

CE SONT LES AVOCATS (1).

Ils ont la robe noire, ainsi que les conseillers des présidiaux, et le chaperon fourré, ainsi que les conseillers
des présidiaux et les conseillers des parlements. Ici
ils s'offrent rangés comme aux grands auditoires,
construits tous sur le modèle de la grand'chambre du
parlement de Paris, où les hauts siéges des juges sont
adossés à deux murs de la salle et forment un angle
droit, où l'angle opposé est formé par les triples bancs
des avocats, celui des avocats écoutants, celui des
avocats plaidants, celui des avocats consultants. Je

sieurs audiences, et de ne pouvoir être interrompus, même à
cause de l'heure tardive. Aux grandes solennités judiciaires, les
avocats généraux pouvaient parler un genou appuyé sur leur
banc. Le procureur général pouvait en tout temps interrompre
le service pour apporter au parlement les ordres du roi. — L.

(1) Bien que nous soyons ici au seizième siècle, nous devons
rappeler, au sujet des avocats, l'une des œuvres les plus
célèbres de notre vieille littérature, la *Farce de Pathelin*, publiée pour la première fois en 1490, et réimprimée depuis une
quarantaine de fois. — L.

devrais dire par les quadruples bancs des avocats, car il y en a un quatrième fleurdelisé, où viennent noblement se montrer au public les avocats couronnés d'années et de célébrité.

Ah ! messire, de combien de grands orateurs j'y vois les noms écrits en lettres tous les jours plus grandes ! On connaît en Espagne comme en Allemagne, comme en tout pays, les Dumoulin, les Aubery, les Riaultz, les de Thou, les Montholon plaidant pour le connétable de Bourbon, sous le règne de François Ier, les Lamartillère plaidant contre le duc de Guise, sous le règne de la Ligue (1).

L'imprimerie fait entendre encore leurs plaidoyers, d'une extrémité du monde à l'autre. Vous en avez sûrement lu quelqu'un. Dans tous même simplicité d'économie oratoire : proposition, exposition, discussion, conclusion ; défense de l'adversaire, réplique ; réplique de l'adversaire, duplique ; duplique de l'adversaire, triplique. Entre ces premiers mots : *Messeigneurs*, et ces derniers, *Je concluds, je demande les despends et les intérests*, les anciens avocats répandaient l'érudition à jointées ; les avocats actuels, bien plus savants, mais en même temps bien plus habiles, la sèment légèrement sur les diverses parties de leurs plaidoyers, qu'ils brodent avec goût des fleurs de l'antiquité.

(1) Les hommes dont Monteil rappelle ici les noms, magistrats ou avocats, ne s'élevèrent pas toujours à la grande éloquence, mais ils donnèrent toujours l'exemple du patriotisme et du courage, et, comme le disait le chancelier Olivier, en 1330, dans une séance du parlement de Rouen, en montrant le Christ placé dans la salle d'audience, « ils se souvenaient à la finition de leurs charges que Celui qui ne peut être déceu était au milieu d'eux. » — L.

Et maintenant ne soyez plus surpris de l'importance qu'a l'avocat ; ne soyez plus surpris si nos lois s'en occupent souvent, gouvernent sa vie publique, et quelquefois sa vie domestique ; si elles lui ordonnent sous peine de prison de ne se présenter à l'audience que vêtu de sa robe ; si elles s'emparent de ses mains, et le forcent à signer ses mémoires, à en répondre ; si elles lui lient les pieds, et le forcent à ne pas sortir de la ville, même les jours de repos ou réputés jours de repos, tels que le jeudi des déconfitures, sans en prévenir les procureurs, à ne pas sortir de l'audience sans en prévenir les juges ; si enfin elles lui lient aussi la langue et le forcent à ne pas discuter les faits convenus de part et d'autre avant l'audience, à ne discuter que les conséquences.

Maintenant voyez derrière les avocats d'autres gens en robe qui les talonnent, qui leur parlent continuellement à l'oreille, qui ont, sinon une mine aussi guerrière, du moins un air aussi animé, aussi mutin, qui ont comme eux la robe noire, le bonnet noir, mais qui n'ont pas comme eux le chaperon fourré.

CE SONT LES PROCUREURS.

Ils ne peuvent prendre la parole que dans les petites causes ; et vous les voyez, dans les grandes, comme à la guerre lorsque le feu est très-vif et que la seconde ligne charge les armes de la première, souffler aux oreilles des avocats de nouvelles raisons, de nouveaux moyens de droit ou de ruse.

Tout ainsi que les avocats ont été honorés par les nouvelles lois, qui ont voulu qu'ils tinssent la place des juges récusés, absents, tout ainsi les procureurs ont été honorés par les nouvelles lois, qui ont établi leurs mercuriales, leurs solennelles séances de louange et de blâme ; mais les nouvelles lois ne **les ont pas** honorés lorsqu'elles ont pris au sérieux

> Le monclegue du robin
> Lequau a perdut son proucez,
> Translatat de grec en francez,
> Et di francez en bel latin,
> Et peux di qui in poitevin (1) ;

lorsque, ayant peur de leurs ongles, elles font taxer leurs honoraires par les juges ; lorsque, ayant peur de leur bec, elles les traitent impoliment de *corbineurs,* leur défendent d'aller *corbiner* au-devant des messagers chargés des sacs des procès.

Messire, a continué, après une petite pause, l'avocat de Toulouse, en est-il dans votre Espagne comme dans notre France ? Les procureurs, les plaideurs, sont-ils à genoux devant les juges quand on plaide leurs procès ? Et, sans me donner le temps de lui répondre, il a ajouté : Vous êtes sans doute impatient de savoir quels sont ces hommes aussi à genoux derrière les plaideurs ?

CE SONT LES SOLLICITEURS.

Nos lois font souvent mention des solliciteurs, qui, lorsqu'ils marchent ou parlent, ont le pied, la langue, si mobiles. Véritablement dans le mouvement et l'ac-

____

(1) Le monologue de Robineau par Jean Boiceau, Poitiers, à l'enseigne de la *Fontaine.*

tion du procès ils deviennent quelquefois fort utiles ; quelquefois ils deviennent aussi fort inutiles ; quelquefois ils sont le cocher , quelquefois la mouche du coche.

Messire, a poursuivi l'avocat de Toulouse, puisque vous et moi nous nous sommes accordés à considérer la magistrature comme une milice, nous pouvons à toute force comparer à la cavalerie les juges montés, assis sur leurs siéges, à l'infanterie les avocats, les procureurs, les solliciteurs.

Mais dans les diverses parties de la magistrature n'y a-t-il des gens que nous puissions comparer aux gardes de l'artillerie? Il y en a : ce sont ceux qui écrivent les jugements rendus par les juges ;

CE SONT LES GREFFIERS.

En effet, les jugements sont l'artillerie de la justice et les greffiers en sont les dépositaires.

Autrefois les greffiers étaient fort nombreux ; ils le sont aujourd'hui davantage. Nous avons des greffiers civils tant et plus, des clercs de greffiers civils en titre d'office tant et plus ; des greffiers criminels tant et plus, des clercs de greffiers criminels en titre d'office tant et plus ; tant et plus de greffiers de parquet, de greffiers porte-sac, de greffiers de l'écritoire, de greffiers des présentations, de greffiers des notifications pour les retraits, de greffiers de finances, de greffiers de tailles ; tant et plus de divers autres greffiers. Voyez leurs rangs continuellement s'allonger, s'élargir, s'épaissir.

Dans les armées il y a aussi des trompettes, des tambours pour rassembler les soldats; n'y en a-t-il pas aussi dans la milice de la justice pour rassembler les juges, les avocats, les procureurs et les **plaideurs**? Il y en a aussi :

CE SONT LES HUISSIERS.

Les voilà qui entourent l'auditoire. N'est-ce pas qu'ils sont beaux à voir avec leurs papiers dans une main, leur verge ferrée d'argent dans l'autre, leur épée au côté, leur écusson de France pendu à la ceinture? Je crois que, s'ils étaient réunis, ils seraient deux fois plus nombreux que l'infanterie française (1).

Vous me faites encore une autre question, et c'est la dernière, m'a dit l'avocat de Toulouse, dont le discours, comme les notes de la fin d'un air, tendait vers la tonique ; vous me demandez si, de même que dans les armées, il n'y a pas dans les milices de la justice des gens qui ne combattent pas, mais qui sont nécessaires aux combattants, qui leur fournissent les munitions; s'il n'y a pas de munitionnaires? Il y en a de même :

CE SONT LES NOTAIRES.

Et en effet, bien qu'ils n'aient pas séance à l'audience des cours, bien que jamais ils n'y parlent, il

(1) On en comptait soixante mille. L'armée en temps de paix était loin d'atteindre ce chiffre. — L.

n'en est pas moins vrai que ce sont eux qui font parler les avocats et les procureurs, qui font courir les huissiers, écrire les greffiers et juger les juges ; car presque tous les procès naissent de la diverse manière d'interpréter les clauses de leurs actes.

Voyez-les, je vous prie, voyez sortir de leur fraise toujours bien blanche, toujours bien plissée, leur visage fleuri, jovial, content et satisfait ; ce n'est cependant pas aujourd'hui frérie de la Saint-Jean, fête du plus ancien notaire qui soit en paradis.

Est-ce qu'ils auraient oublié que, s'ils ont de bons jours, de bonnes heures, ils ont aussi de mauvais jours, de mauvaises heures ; que, s'ils passent des actes avant midi, après midi, ainsi qu'ils ne manquent pas aujourd'hui de le mentionner, ils en passent aussi avant minuit et après minuit? Non ; c'est qu'ils pensent à la virginale embrassade dont la jeune accordée ne leur conteste jamais la perception.

Est-ce qu'ils auraient oublié qu'on dit le cabinet des avocats, l'étude des procureurs, qu'on dit la boutique, qu'ils disent eux-mêmes comme aux derniers siècles la boutique des notaires? Non ; c'est qu'ils pensent qu'en Dauphiné les ordonnances ont grand'peine à empêcher les nobles de se faire notaires, et que, s'il y a des états plus honorés, il n'y en a pas de plus honorable.

Est-ce qu'ils auraient oublié que les juges qui les ont examinés, institués, peuvent les mander, les admonester, les suspendre ? Non ; c'est qu'ils pensent que chaque peau de parchemin leur vaut un demi-écu, **outre leurs vacations, tandis que les conseillers aux** parlements, presque aussi mal payés qu'avant la découverte des mines d'Amérique, n'ont guère que quinze, vingt sous par jour, dont ils donnent, je ne sais si c'est par fierté, je ne sais si c'est par honte, la quittance en latin; tandis que les conseillers aux présidiaux n'ont que cinq sous par jour; tandis que les juges royaux, du moins certains juges royaux, n'ont que trois liards, n'ont qu'un liard par jour.

Est-ce qu'ils auraient oublié que, s'ils font un faux, ils ont le poing coupé? Non; c'est qu'ils se disent que tout homme qui avec un bonnet noir, une robe noire, un cabas rempli de papiers, voudrait, autre part qu'aux mariages des comédies, faire le notaire, serait pendu.

Est-ce qu'ils auraient oublié qu'ils ont été divisés en trois classes, en notaires pour recevoir les actes, en tabellions pour donner les grosses, les expéditions, les extraits des actes des notaires vivants, en garde-notes, en collationnaires, pour donner les grosses, les expéditions, les extraits des actes des notaires morts? Non! c'est qu'ils pensent qu'ayant presque partout échappé à cette fiscale mutilation de leur état, ils en triomphent en tête de leurs actes : Par-devant nous, notaire, tabellion, garde-notes, ont comparu...

Est-ce qu'ils auraient oublié qu'ils sont déjà cent à Paris, quarante à Bordeaux, vingt à Tours, douze à Sens, et à proportion autant dans les autres villes? que ce grand nombre peut encore devenir plus grand? Non; c'est qu'ils savent que les seigneurs ne peuvent donner plus de commissions de notaire que n'en portent les titres de leur terre; c'est qu'ils se croient sûrs que les parlements, les états provinciaux, ne cessent et ne cesseront de s'opposer à la création de nouveaux offices.

Est-ce qu'ils auraient oublié que le roi payé en offices de notaire les dépenses de la toilette de la reine (1), qui porte dix, vingt offices à chaque pendant d'oreille, vingt, quarante à son collier?

LA VÉNALITÉ DES OFFICES.

Non ; c'est qu'ils n'ignorent pas qu'aujourd'hui une grande partie des dépenses de la maison du roi, ainsi que les dépenses de la guerre, de la marine, est acquittée avec les finances des offices vendus (2), et qu'il est possible que l'argent de l'office d'un président au parlement soit employé aux chausses des valets, aux fers des mules, aussi bien qu'aux diamants, à l'orfévrerie de la couronne. — Quoi! ai-je dit, ou plutôt me suis-je écrié, les charges, les dignités de votre milice de la justice sont donc vénales? — Oui, vraiment, m'a répondu l'avocat de Toulouse : notre magistrature a donné cent quarante millions à la France pour avoir le droit d'être héréditairement ina-

(1) C'est-à-dire met en vente des offices de notaires pour payer la toilette de la reine. — L.

(2) Voir au volume concernant les *Finances* ce qui a été dit au sujet de la vénalité des offices. Une ordonnance de 1356 avait interdit de vendre ou louer les offices appartenant au fait de justice ; mais l'État ayant toujours besoin d'argent, cette ordonnance resta lettre morte. Au dix-septième siècle, un office de conseiller dans les cours de province se vendait 3,000 livres, et au parlement de Paris 110,000 livres. Celui de procureur général au même parlement, 1,200,000. — L.

movible, fixe, héréditairement laborieuse, appliquée, studieuse, héréditairement grave, sage, intègre; oui, vraiment, elle a rempli plusieurs fois les coffres de l'État, pour avoir, aux premiers nouveaux besoins, le droit de les remplir encore. J'étais étonné, surpris. Messire, a ajouté l'avocat de Toulouse, en reprenant le chemin de la ville, croyez ce que je vous dis. Je dois être, sans doute, et je suis l'avocat des juges aussi bien que des plaideurs; mais surtout, en ce moment, je dois être et je suis l'avocat de la vérité.

———

LE JURISCONSULTE DE TOULOUSE

Aujourd'hui, à l'heure où l'on gradue dans la ville, où l'on se promène sur les ânes hors de la ville, j'ai été conduit par l'avocat Alexandre Landri chez le jurisconsulte à l'*i grec*. Le jurisconsulte à l'*i grec* est un avocat consultant qui a trouvé le moyen de gréciser son nom gascon en ac par l'i à la mode, l'i des belles enseignes, par l'i grec, qu'il y a glissé ; et comme, lorsque ses nouveaux secrétaires y substituent le petit i du pays, il ne manque jamais de crier à tue-tête : I grec ! i grec ! on l'appelle le jurisconsulte à l'i grec, ce qui seul, dans notre siècle d'érudition, doit lui attirer bien du monde. L'avocat Alexandre Landri lui a exposé l'objet de ma visite. Oh ! oh ! lui a-t-il répondu, ceci est une haute consultation ! Aussitôt il a changé de place et s'est assis sur son grand fauteuil ; ensuite il s'est successivement décoré de son bonnet carré, de ses lunettes, dont il n'avait d'ailleurs que faire. Lorsqu'il a eu fini, j'ai tiré ma bourse, je la lui ai présentée ouverte ; il y a pris, sans tâtonner, quatre gros écus neufs. On va voir si j'en **ai eu pour mon argent.**

LES LOIS CIVILES.

Messire, m'a-t-il d'abord dit, en se donnant un petit air de Justinien ou plutôt d'Ulpien, je crois inutile d'examiner s'il convient qu'un peuple connaisse ses lois, car il paraît que cela ne convient pas, puisque le plus fort mulet d'Auvergne ne pourrait porter les volumes de nos seules lois civiles, écrites en caractères les plus menus. Je crois également inutile d'examiner s'il convient qu'un même peuple ait les mêmes lois, car il paraît que cela ne convient pas non plus, puisque notre siècle, si réformateur, si souverain, si absolu dans des matières bien autrement importantes, veut continuer à se laisser en même temps régir par le droit romain, par le droit coutumier, par le droit français, par trois diverses législations de trois divers âges qui, ainsi que nous le voyons dans nos familles, ont, comme le grand-père, le père et le fils, sur la même chose, chacun une volonté toute différente.

Messire, a-t-il poursuivi, commencez par observer qu'ainsi que notre législation, la législation des Romains était composée de la législation de divers peuples, et qu'ainsi que la nôtre, elle était fort volumineuse ; une partie nous est seulement parvenue, et, de cette partie, il y a à peine un centième à notre usage.

Que je vous dise maintenant combien cette législation est subtile : un seul des deux titres, les substitutions, le sénatus-consulte velléien, met en mouvement plus de papier, de parchemin, d'encre, de plumes, ou, ce qui revient au même, met en mouvement plus d'or que tout le commerce des Indes.

C'est grandement à louer que la tolérance des trois dynasties de nos rois : la loi des Gaulois, ou loi romaine, la loi ripuaire, la loi salique, la loi lombarde, la loi visigothe (1), ont jusqu'au douzième siècle, en même temps, toutes subsisté dans le royaume, souvent dans la même province, quelquefois dans le même village ; mais, après le douzième siècle, le droit romain est devenu universel en deçà de la Loire, et le droit coutumier en delà.

Remarquez toutefois que, tandis que la langue du nord, la langue d'oui ou la langue française, envahit au midi la langue d'oc ou la langue romane, la législation du midi ou la législation romaine envahit au nord la législation coutumière, où elle s'introduisit dans les successions, où peut-être elle se serait depuis longtemps introduite dans toutes les autres parties, si d'abord, au treizième siècle, le code avait été traduit en langue française au lieu de l'être en langue gasconne ; car les Parisiens auraient cru avoir porté Aix, Pau, Bordeaux, Grenoble et Toulouse sur les bords de la Seine, que de dire avec la traduction : *A quel hom qui te la causa de la heretat... si hom li de-*

---

(1) La loi ripuaire, ainsi nommée parce qu'elle régissait les peuples de l'Allemagne établis sur les rives du Rhin, fut rédigée par ordre de Théodoric de 511 à 534. — La loi salique, *pactus legis salicæ*, fut rédigée vers la fin du cinquième siècle et différentes fois remaniée depuis. — La loi lombarde fut rédigée en 643, par ordre de Rotharic, roi des Lombards. — La loi des Visigoths, qui a fait de nombreux emprunts au droit romain, date du septième siècle. — M. Guizot a donné, dans l'*Histoire de la civilisation en France*, une appréciation des lois barbares qu'on peut justement regarder comme un chef-d'œuvre d'analyse historique. — L.

*manda los frugs, pot ne traire del fruy la messios
que el i a fachas en arar, o en semenar, o en segar,
o en estuiar lo blat...* Observez aussi que, dans les
pays coutumiers, le peuple devient souverain à la révision de la loi ou coutume (1), et que, dans la révision
de celle d'Amiens, votre roi d'Espagne, Philippe II,
figure parmi le peuple de la Picardie comme comte
d'Artois.

LE DROIT FRANÇAIS.

Je viens au droit français : nous appelons ainsi les
lois qui sont également obligatoires dans toutes les
provinces, les lois qui émanent de la volonté du roi,
qui, ordinairement, est la volonté du chancelier, qui
souvent est la volonté des hauts magistrats. Jusqu'au
chancelier l'Hopital, nos lois judiciaires, aujourd'hui
nouvelles, demain anciennes, avaient été publiées, et
aussitôt oubliées ; mais celles qu'il a données à la
France formeront les plus beaux chapitres du code
que, depuis environ un demi-siècle, elle veut successivement se donner (2).

De ce code, voici les parties faites ; vous verrez de
vous-même les parties à faire.

L'homme naît : la loi veut que le jour de sa naissance soit inscrit sur un registre tenu par le curé de
la paroisse (3).

(1) La révision des coutumes était faite au moyen d'enquêtes
publiques, dans lesquelles les habitants des localités venaient
présenter leurs observations. — L.

(2) Voir à l'argument ce qui a été dit sur ces lois.

(3) La tenue des registres de l'état civil ne date que du sei-

L'homme est destiné à transmettre à son tour la vie qu'il a reçue, à s'unir à la femme : la loi veut que la société ait connaissance de cette union ; elle prohibe les mariages clandestins, et ne reconnaît que les mariages solennellement célébrés, qu'ont précédés trois annonces publiques solennellement faites. Elle prohibe aussi les mariages contractés sans le consentement du père et de la mère ; toutefois elle permet au fils âgé de trente ans accomplis, et aux filles âgées de vingt-cinq, de se marier après avoir demandé ce consentement. Et, comme le luxe de notre temps s'est même étendu aux dots, elle prononce une amende lorsque la dot s'élève au-dessus de dix mille livres.

L'homme, dans le cours de la vie, tantôt acquiert, tantôt aliène des biens : la loi, fixant toutes les législations antérieures, veut que l'action de la lésion ne puisse être exercée par l'acheteur, qu'elle ne puisse l'être que par le vendeur, et qu'elle ne puisse l'être que pendant le temps limité.

L'homme, dans les diverses chances de la vie, se trouve souvent obligé de constater d'une manière authentique les obligations qu'il contracte avec d'autres, ou que d'autres contractent avec lui : la loi veut que les contractants connaissent par eux-mêmes leurs obligations respectives ; elle veut que tous les actes publics soient écrits en langue française.

L'homme lassé de posséder, ou, ce qui arrive plus

zième siècle. Une ordonnance de François Ier l'avait formellement prescrite ; mais cette ordonnance tomba en désuétude au milieu des troubles civils. L'article 181 de l'ordonnance de Blois la prescrivit de nouveau en 1579 ; mais la mesure ne fut guère **généralisée que vers la fin du dix-septième siècle. — L.**

souvent, l'homme excité par le noble sentiment de l'amitié, se dépouille de ses biens : la loi veut que les donations entre vifs ne soient valables qu'après l'acceptation de ceux à qui elles sont faites ; elle veut encore que ces donations soient enregistrées et publiées en termes de palais, insinuées aux greffes des tribunaux. Ou bien l'homme, prévoyant le prochain terme de sa vie, choisit dans son cœur ceux qui doivent posséder ce qu'il possède : la loi veut qu'il signe son testament (1) et que les témoins le signent aussi.

L'homme mû par l'amitié de père, de parent ou d'ami, désire que les biens qu'il a péniblement amassés ne sortent pas de sa race ou de celle de ses parents, de ses amis ; il désire qu'ils soient substitués : la loi, prenant en égale considération les intérêts du testateur et ceux de la société, permet bien les substitutions, mais elle ne veut pas qu'elles s'étendent au delà du quatrième degré.

Enfin, l'homme, après avoir plus ou moins long-temps marché sur la terre, tombe : la loi a voulu que le jour de sa naissance, le jour de son mariage, fussent constatés sur le registre de sa paroisse ; elle a voulu que le jour de sa mort y fût de même constaté.

---

(1) Les testaments des quinzième et seizième siècles sont fort curieux à étudier pour l'histoire des mœurs ; ils sont tous empreints d'un grand mysticisme, commencent presque tous par des considérations sur le néant de la vie, l'incertitude de l'heure de la mort, et ils se terminent par des formules pieuses et d'instantes recommandations aux survivants de prier pour leurs auteurs. Il suffit, pour se faire une juste idée de la distance qui nous sépare du moyen âge, sous le rapport des idées religieuses, de comparer les anciens testaments et les testaments modernes. — L.

LES LOIS CRIMINELLES.

Je vous ai dit que nos lois civiles étaient composées du droit romain, du droit coutumier et du droit français : je vous en dirai autant de nos lois criminelles ; mais nos cours ne reconnaissent ordinairement que le droit français, les lois, les volontés de notre temps.

Il y a quelques années que je me trouvais chez maître Alexandre Landri, avec lequel je suis lié d'une étroite amitié. Toute la rue où lui et moi demeurons se remplit d'une foule tumultueuse. Fort ! fort ! frappez fort ! criaient mille voix ; il le mérite bien ! Je mis la tête à la fenêtre : je vis un gros boucher qui, en exécution de l'ordonnance, avait été condamné à être fouetté pour avoir vendu de la viande en carême. Mon ami était absent ; sa femme, sa fille, pleuraient ; son vieux oncle entra et se mit aussi à pleurer. Mais, leur dis-je, que ne fait-il comme les autres bouchers ? que ne vend-il du poisson pendant le temps d'abstinence ? Autrefois, sans remonter bien haut, il aurait été pendu. C'est, du reste, le dernier fouet que j'aie vu donner pour vente d'aliments gras (1).

(1) Monteil fait ici allusion à ce qui se passait sous Henri IV, qui se montra toujours très-tolérant ; mais il n'en fut pas de même sous Louis XIV. La bibliothèque Nationale possède entre autres des requêtes adressées à ce prince par un galérien qui avait été envoyé au bagne à cause d'un propos grossier qu'il avait tenu sur la Vierge. Il était dans la force de l'âge au moment de sa condamnation, et, malgré les nombreuses suppliques adressées au roi, qui n'y répondait pas, on le laissa mourir aux galères à l'âge de quatre-vingt-dix ans. — L.

Je n'ai guère vu donner le fouet pour blasphèmes. Aujourd'hui, on ne le donne plus.

Il est inutile de dire que, depuis l'édit de Nantes, on ne brûle plus, on ne pend plus pour hérésie.

Vous le voyez, la justice actuelle vient de mettre de nouveaux poids dans sa balance : les délits religieux se trouvent plus légers, mais les autres délits se trouvent beaucoup plus pesants.

Le fouet pour les prédictions qui ne sont pas fondées sur les règles astronomiques ; — Le fouet pour le jeu de brelan, publiquement tenu ; — Le fouet pour les libelles ; — Les galères pour les délits moins graves ; — Le fouet et les galères pour les délits plus graves ; — Le fouet et quelquefois la potence pour l'adultère (1) ; — La potence pour le rapt ; — La potence pour la séduction ; — La potence pour le viol ; — La potence pour la grossesse célée, suivie de la mort de l'enfant ; — La roue pour l'assassinat ; — La roue même pour le simple projet d'assassinat.

Ce qui, dans les lois civiles, a fait prohiber les mariages clandestins, c'est la crainte qu'avait le tout-puissant connétable de Montmorenci que son fils épousât la jeune et jolie demoiselle de Piennes.

---

(1) La pénalité de l'adultère était différente au seizième siècle de ce qu'elle avait été au moyen âge, où l'on punissait les coupables, soit en les promenant en chemise à travers les rues des villes, soit en les promenant sur un âne, la face tournée du côté de la croupe de leur monture. Il paraît qu'au seizième siècle, les juges n'étaient points exempts de donner quelquefois l'exemple des scandales conjugaux : « De ce même papier où il vient d'escrire l'arrest de condamnation contre les adultères, dit Montaigne, le juge en desrobe un lopin pour en faire un poulet à la femme de son compaignon. » *Essais*, liv. III, chap. IX. — L.

Ce qui, dans les lois criminelles, a fait punir de la roue les assassins, c'est l'assassinat du seigneur de Nantouillet, qui excita l'indignation publique.

Messire, il y a deux modes de législation. Les législateurs grecs donnaient aux peuples les codes tout complets. Les législateurs romains, et ensuite les législateurs français, n'ont donné aux peuples leurs codes que chapitre à chapitre, et à mesure que la nécessité s'en est fait sentir (1).

(1) « Le pis que je treuve en nostre estat, c'est l'instabilité, et que nos lois, non plus que nos vestements, ne peuvent prendre auscune forme arrestéc. » Montaigne, *Essais;* liv. II, chap. XVII.

______

LE CLERC DU JURISCONSULTE DE TOULOUSE.

Mon mulet va mieux, mais mon muletier va plus mal : je ne sais combien de temps je serai encore retenu ici.

Ce soir, pendant que, sur la grande place, je regardais les murs romains du vieux Capitole, illuminés par un beau soleil couchant, un jeune homme me regardait moi-même ; il voulait me reconnaître, il hésitait à venir à moi. Je suis allé à lui ; car, au premier instant, je l'ai reconnu pour le clerc du jurisconsulte à l'i grec. Messire, m'a-t-il dit, je suis bien aise de vous rencontrer : le jurisconsulte chez qui vous allâtes hier avait sur le cœur de ne pas vous avoir dit que la jurisprudence des cours judiciaires fait partie de la législation française.

LA JURISPRUDENCE DES COURS INFÉRIEURES.

Il avait aussi sur le cœur de ne pas vous avoir dit que la jurisprudence des cours inférieures se compose de la jurisprudence des cours supérieures et de la leur, en d'autres mots de la manière ordinaire dont

10.

les **cours** supérieures jugent les questions non prévues ou non assez clairement prévues par les lois et
de leur propre manière ordinaire de les juger.

LA JURISPRUDENCE DES COURS SUPÉRIEURES.

Il avait de même grand regret de ne pas vous avoir
dit que les cours supérieures ne connaissent qu'une
seule jurisprudence, la leur (1).

Qu'on s'imagine comment j'ai remercié le clerc du
jurisconsulte pour ce supplément ou ce complément
consciencieux de consultation; toutefois, avant de me
séparer de lui, je lui ai encore fait une question :
Maître! lorsque la jurisprudence et la loi se trouvent
en contradiction, laquelle des deux l'emporte? —
Messire! lorsque votre opinion se trouve en contradiction avec celle d'un autre, laquelle des deux pensez-vous être la meilleure? — La mienne. — Eh
bien! nos cours judiciaires pensent de même.

(1) Les cours supérieures exerçaient le pouvoir législatif par
des *arrêts de règlement.* Ces arrêts étaient des décisions par
lesquelles étaient résolues des questions de droit ou de procédure restées indécises jusque-là. Le roi pouvait casser les
arrêts de règlement; mais du moment où il les avait acceptés,
ils acquéraient force de loi dans le ressort du parlement qui
les avait rendus. — L.

LE PROCUREUR DE TOULOUSE.

Fort bien! fort bien! me suis-je dit ce matin, la tête encore sur mon chevet, les lois françaises sont bonnes, la jurisprudence française est bonne et meilleure : je le veux, puisqu'on le veut; mais la procédure est-elle aussi bonne? dit-on qu'elle soit aussi bonne? Je ne le sais, je le saurai. A peine me suis-je levé que, par un de ces hasards heureux que nous devrions, ce me semble, remarquer aussi bien que les hasards malheureux, je l'ai su.

Je loge chez un aubergiste spirituel et gai; il ne cesse de m'amuser en attendant que je puisse partir. Messire, m'a-t-il dit aujourd'hui, lorsque avant mon déjeuner je me suis un moment arrêté devant la cheminée de sa cuisine, vous ne vous douteriez pas que j'ai porté le bonnet carré et la robe d'audience. Je pensais qu'il avait été huissier ou sergent, et qu'il en avait bien la mine. J'ai été procureur en même temps qu'aubergiste, a-t-il continué; mais, le parlement de Paris ayant voulu que les aubergistes ne pussent être en même temps procureurs, ou que les procureurs

ne pussent être en même temps aubergistes (1),
le parlement de Toulouse, qui croit ne pas valoir
moins, ne pas mériter moins de respect, me dit d'op-
ter. Je n'hésitai pas, je quittai mon plumage noir, et
je fis passer mon office sur la tête de mon gendre,
qui n'a pas comme moi un beau et tendre nom de ro-
man, qui a un vrai nom de procureur. Je m'appelle
maître Esplandian ; il s'appelle maître Serre.

L'AUBERGE DES PLAIDEURS.

Croyez toutefois que je suis toujours réellement
procureur (2), que mon gendre n'est réellement que
mon maître-clerc, qu'il ne fait, qu'il ne dit que ce que je
lui fais faire, que ce que je lui fais dire. On ne l'ignore
pas, aussi me vient-il autant de monde qu'auparavant.
Mon auberge est d'ailleurs une vraie auberge de plaideurs, ainsi qu'au dehors l'enseigne taillée et figurée
en gibecière à procès, et au dedans les portes des
salles, l'annoncent. Avez-vous remarqué, messire,
que chacune était étiquetée d'une des grandes divisions de la procédure, dans le même ordre qu'on les
suit devant la justice ?

(1) Arrêt du parlement du 18 décembre 1537 sur les avocats
et procureurs.

(2) Les procureurs au moyen âge représentaient les parties
devant les tribunaux. Ils prenaient les conclusions et tenaient
les écritures des procès. Ils formaient une confrérie avec les
avocats ; cette confrérie était présidée par un bâtonnier, c'est-
à-dire par celui de ses membres qui portait l'espèce de sceptre
ou bâton qui servait d'enseigne à la corporation. — L.

LA SALLE DES AJOURNEMENTS.

Ces jours derniers, la vieille baronne de Montastruc, qui, tant qu'elle a été jeune ou qu'elle a cru être jeune, n'appelait les assignations, les ajournements, que les rendez-vous, mais qui, aujourd'hui qu'elle a mis des lunettes, sait très-bien nommer les actes par leurs noms, réjouissait toute la salle des Ajournements par ses processives narrations (1). On ne cessait de la louanger, de l'applaudir, et on finit par la nommer présidente. Je plaide, disait-elle, contre un méchant homme ; il me fait des siennes tant qu'il peut, et, tant que je puis, je lui fais des miennes. Je l'ai forcé à me réassigner, à me dire qui il était, où il était, ce qu'il voulait, et à clouer son exploit à ma porte ; ensuite j'ai veillé à ce qu'on écrivît si mal la copie de ma réponse qu'il lui a été impossible de la lire, par conséquent de préparer sa réplique.

Messire, a poursuivi le procureur-aubergiste, pour entendre ceci il vous faut savoir qu'aujourd'hui celui qui assigne doit dans son assignation dire quelle est sa qualité, quel est son domicile ; que de plus il doit dire ce qu'il demande et tout ce qu'il demande (2), afin que dans un procès il n'y ait plus qu'un seul procès. Il vous faut encore savoir que, lorsque le sergent ou

(1) La comtesse de Montastruc est de la même famille que la comtesse de Pimbêche, de la comédie des *Plaideurs*. Monteil en la mettant en scène est dans la pleine vérité historique, car au seizième, comme au dix-septième siècle la manie de plaider était fort répandue parmi les femmes. — L.

(2) Ordonnance du pénultième août 1536, chap. 1er, art. 1er.

l'huisser ne trouve personne, il attache l'assignation à la principale porte de celui qu'il assigne (1).

Mais je reviens à la baronne de Montastruc, qu'il me semble encore entendre. Nous comparûmes, ajouta-t-elle, à une nouvelle audience, et je lui fis casser son assignation une seconde fois. Je le forçai à me réassigner une troisième, à me donner copie du titre en vertu duquel il me citait en justice, et je mis dans ma demande que, pour un homme de guerre, il ne faisait pas de beaux exploits, ce qui fut fort lisiblement écrit ; en outre je feignis de trouver que son petit château, juché sur une petite montagne, était un château fort, et, usant de la faculté que dans ce cas me donnait la loi, je fis signifier ma réponse à un de ses gens que l'huissier rencontra faisant carreler ses souliers chez le savetier, circonstance qu'il eut la malice de spécifier.

LA SALLE DES ENQUÊTES.

Messire, a continué le procureur-aubergiste, j'avais

---

(1) De même que Racine au dix-septième s'est moqué des plaideurs, de même Rabelais au seizième s'est moqué des gens de loi, dans *Pantagruel*, liv. IV et XII et suivants, où il est parlé de *chiquanous* c'est-à-dire des gens de chicanes. Voici le portrait d'un *chiquanous :* « Ce propre jour, comme Dieu le voulut, arriva un vieil, gros et rouge chiquanous ; sonnant à la porte fut par le portier recogneu à ses gros et gras houzeaux, à sa meschante jument, à un sac de toile plein d'informations, attaché à la ceinture, signamment au gros anneau d'argent qu'il avait au poulce gauche. » Cet anneau d'argent servait à sceller **les exploits. — L.**

anciennement une salle étiquetée : la salle des Requêtes ; mais, de l'avis des plus habiles plaideurs, j'ai remplacé le mot requêtes par celui d'enquêtes. — Maître Esplandian, que veut dire requête ? — Dans le sens ordinaire, ce mot veut dire supplique. En effet, la requête commence toujours par : Supplie humblement, n'importe celui qui parle, n'importe qui il soit, je ne dirai pas le roi, mais je puis dire le dauphin, et elle se termine aussi toujours par ces mots : Vous ferez bien, n'importe ce qu'on demande, n'importe qu'on demande les choses les plus déraisonnables, les plus absurdes, les plus injustes. Mais, a-t-il continué, requête, dans le sens propre, veut dire réquisition et presque ordre.

Aux siècles derniers on disait pétition, actuellement on a cessé de le dire ; notre langue du barreau devient de plus en plus inexacte, vicieuse. La nomenclature des actions préjudicielles, extra-judicielles, des actions réelles, personnelles, confessoires, négatives, forenses, rustiques, urbaines et autres ; la nomenclature des fins de non-valoir, de non-recevoir et autres, suffiraient seules pour faire verser en route le raisonnement, si l'on peut comparer à une voiture chargée de matériaux l'esprit chargé d'opérations que les mots portent comme les lettres ou comme les termes de l'algèbre portent les opérations du calcul.

— Maître Esplandian, pourquoi avez-vous remplacé le mot requête par le mot enquête? — Parce que les enquêtes sont une des grandes divisions de la procédure, et vous remarquerez que les législateurs de notre âge, dominés par l'ancienne et permanente pensée des siècles, l'abréviation des procès, ont surtout réussi dans cette partie à effacer, à dérider les plus profondes rides de la vieille face de la chicane ; je voulais dire de la procédure.

— Maître Esplandian, pourquoi et quand se font les enquêtes ? — Le cours d'un procès va, je suppose, d'un mouvement assez rapide ; tout à coup il est arrêté par les débats sur les faits qu'avancent et que contestent les parties plaidantes : alors, si les faits peuvent être prouvés, les juges ordonnent des vérifications de faits, des auditions de témoins sur les lieux, des enquêtes (1). La présidence de la salle qui porte ce nom a été déférée à un très-vieux plaideur qui autrefois, dans les procès où il était défendeur, se servait habilement de certaines parties de procédure maintenant abrogées, entre autres des contre - enquêtes, entre autres de ses dépositions personnelles, de son *credo*, de son *non credo*, et qui aujourd'hui, dans les procès où il est demandeur, se sert encore plus habilement de ces abrogations, entre autres de la prohibition d'ouïr plus de dix témoins, même dans les enquêtes par tourbes ; entre autres de la prohibition de faire des enquêtes lorsqu'il s'agit de moins de cent livres ; entre autres de la pro-

______

(1) Les choses se passaient encore de même sous Louis XIV, comme on le voit par ces vers des *Plaideurs* :

> J'écris sur nouveaux frais, je produis, je fournis
> De dits, de contredits, enquêtes, compulsions,
> Rapports d'experts, transports, trois interlocutions,
> Griefs et faits nouveaux, baux et procès-verbaux.
> J'obtiens lettres royaux et je m'inscris en faux,
> Quatorze appointements, trente exploits, six instances,
> Six vingts productions, vingt arrêts de défense, etc.
>
> (**Les Plaideurs**, acte Ier, scène VII.)

hibition des examens à futur, où sont entendus les témoins dont les maladies graves, dont la valétudinaire vieillesse, peuvent faire craindre la fin prochaine, et dont cependant le témoignage pourrait dans la suite éventuellement être nécessaire.

Peut-être aux âges passés disait-on qu'il n'y avait jamais eu, qu'il n'était pas possible que jamais il y eût autant ou plus d'enquêtes : c'est à notre âge à le dire : en effet, présidents, conseillers, juges, font, dans leurs mois d'enquête, des enquêtes, et cependant, ils n'ont pas suffi ; on a permis aux notaires, aux huissiers, de faire des enquêtes, et cependant ils n'ont pas suffi ; on a créé des commissaires enquêteurs dans toutes les grandes juridictions, et cependant ils n'ont pas suffi ; on a créé des adjoints, des examinateurs, des auditeurs enquêteurs, je ne sais pas trop s'ils suffisent (1).

LA SALLE DES SENTENCES.

Les enquêtes finies, le juge prononce. On nomme appointements, et plus ordinairement sentences, les jugements du juge inférieur. Mais ne croyez pas que dans un procès il n'y ait qu'une seule sentence ; le juge en rend autant de fois que dans les différentes parties de la procédure il juge. Ces différentes sentences, ou incidentelles, ou préparatoires, donne-

______

(1) Ordonnance du mois d'octobre 1535, chap. Ier, art. 99. — Ordonnance rendue aux états de Blois en 1579, art. 203. — Edict du mois de février 1514, relatif à la création d'enquesteurs et examinateurs en chacune juridiction.

raient lieu à la division d'un procès en plusieurs procès, si aujourd'hui, je l'ai remarqué, je ne cesserai
de le remarquer, la loi actuelle n'avait impérieuse-
ment prescrit l'unité des procès ; si aujourd'hui le
parlement, lorsqu'on lui porte par appel le jugement
des incidents, n'évoquait ordinairement l'affaire, ce
qui alors laisse le barreau et les juges de la cour inférieure les mains vides, la bouche ouverte. Un vieux
régent de philosophie dit que les sentences ne sont
que la conclusion, la déduction, la conséquence de
l'antécédent, qui est la procédure. La sentence est,
suivant lui, juste, quand la conséquence est bien tirée ; et quand elle est mal tirée, la sentence est injuste.
Ce régent est grand ergoteur, grand plaideur ; il préside
la salle des Sentences.

LA SALLE DES APÔTRES.

L'un des deux plaideurs nécessairement doit
gagner le procès, et l'autre doit nécessairement le
perdre, nécessairement être mécontent, nécessairement avoir envie d'appeler, et nécessairement finir
par contenter son envie. L'appelant était autrefois
obligé de demander au juge qui l'avait condamné une
autorisation d'appeler un apôtre. Maintenant il ne l'est
plus ; mais la salle des Apôtres a conservé son ancienne étiquette, à la prière du vieux président, un de
ces riches clercs bénéficiers à simple tonsure qui,
sous le titre de curé primitif, ou plutôt sous le titre
de prieur (1), consomment les dîmes et les revenus

_____

(1) Je vais faire un article supplémentaire sur la partie du
droit ecclésiastique, aujourd'hui bien surannée. Les anciens

ecclésiastiques d'une grande partie des paroisses de la France. Il doit son bénéfice à un apôtre. Il le raconte plusieurs fois par jour avec un plaisir qui toujours se communique aux autres plaideurs.

On a fait encore bien d'autres changements à la procédure de l'appel : car, de même qu'on a voulu qu'à l'introduction de la première instance le demandeur sût bien et dît bien ce qu'il demandait, on a voulu aussi qu'à l'introduction de l'instance d'appel l'appelant sût bien et dît bien ce dont il appelait et tout ce dont il appelait, qu'il baptisât bien ses griefs; qu'il évangélisât bien les différentes pièces de son sac (1). On a encore voulu qu'il évaluât, qu'il déclarât la somme en litige, afin que le juge supérieur ne fût pas exposé à juger ce que le juge inférieur avait jugé en dernier ressort ; on a voulu, en outre, que l'intimé, l'appelé, pût obtenir des lettres d'anticipation, pût abréger les délais. Je ne vous dirai pas tout ce que relativement aux appels on a voulu.

traités des matières bénéficiales n'avaient point parlé des prieurés, et cela parce qu'ils étaient écrits à Paris, où en général on connaît beaucoup mieux la partie de la France en deçà que celle en delà de la Loire. Avant la révolution, il y avait en delà de la Loire, dans toutes ou dans la plupart des paroisses, un prieur, anciennement curé primitif, qui percevait les dîmes, qui avait des biens-fonds, des biens féodaux; le curé n'avait que ses droits casuels, une portion congrue, et, dans quelques paroisses, une portion des dîmes. L'on trouve ou l'on trouvait aux anciens pouillés, aux anciens registres des receveurs des décimes des diocèses de cette moitié de la France, presque autant de prieurés que de paroisses. En deçà de la Loire, il n'y avait que des prieurés conventuels.

(1) Bibliothèque du droit français par Bouchel, aux mots *Anticipation, Baptiser, Évangéliser.*

LA SALLE DES ARRÊTS.

Je ne vous dirai pas non plus tout ce que relativement aux arrêts on a voulu ; je vous dirai seulement qu'on a voulu que le nom du roi, dont le premier devoir est de rendre ou de faire rendre la justice, fût en tête ; mais j'ajouterai qu'on ne l'a voulu qu'à la fin, qu'à la dernière année de notre siècle.

Je vous dirai aussi qu'on a voulu que les nullités des arrêts fussent relevées dans le terme d'un an, et jugées dans celui de cinq.

Je vous dirai aussi que ce ne sont plus les mêmes juges qui ont commis les nullités qui les jugent seuls, qu'on a voulu leur en adjoindre d'autres.

Je vous dirai enfin, non pas qu'on a voulu, mais qu'on devrait vouloir que les souveraines cours, que toutes les cours, énonçassent dans leurs jugements, comme les cours de Savoie, la question de fait et la question de droit.

La salle des Arrêts est la plus honorable, a continué le procureur-aubergiste : comment vous dire que c'est moi qu'on a forcé à la présider, que c'est moi qui la préside ?

LA SALLE DES CRIÉES (1).

Rarement la requête civile où les nullités sont civilement, poliment énoncées, où l'on dit civilement,

____

(1) Voir plus haut les Criées.

poliment aux juges, qu'ils n'ont pu se tromper, qu'ils ne se sont pas trompés sur le droit, qu'ils ont pu se tromper, qu'ils se sont trompés sur le fait, en d'autres mots qu'ils sont aigles d'un œil et taupes de l'autre, suspend l'exécution des arrêts.

Et alors celui qui est condamné est obligé de payer, s'il a de l'argent, avec sa bourse ; s'il n'en a pas, avec ses biens.

La procédure de l'expropriation forcée, où interviennent, outre le principal créancier, les autres créanciers, qui veulent chacun emporter une plus ou moins grande partie des branches de l'arbre au pied duquel il a mis la cognée, et qu'il a renversé, consomme forcément un long temps, durant lequel les propriétés saisies dépérissaient autrefois, et ne dépérissent plus aujourd'hui qu'on a institué, sous le nom de commissaire aux saisies réelles, un magistrat qui les administre, les régit, les donne judiciairement à ferme (1).

Mais faut-il enfin que les propriétés saisies soient vendues, et véritablement elles le sont : vous allez savoir de quelle manière.

Nous avons ici, à cette auberge, deux plaideurs, l'un garde-marteau (2) de Carcassonne, l'autre châtelain du château de Minerve près la même ville, l'un président de la salle des Criées, l'autre président de la salle voisine, la salle des Dépens ; ils sont toujours en

____

(1) Ordonnance du 3 septembre 1551 relative aux criées.

(2) Les gardes-marteau étaient des officiers des eaux et forêts chargés de marquer les arbres qui devaient être abattus, dans les domaines royaux. — **L.**

grand costume de plaideurs, toujours la gibecière pendue à l'épaule. Quelquefois ils passent des heures entières, chacun sur la porte de sa salle, à disputer. Ils parlent de la procédure en termes de jeu de paume, que me font comprendre les termes de barreau dont ils les entremêlent. Ils me divertissent et peut-être ils vous divertiraient.

Châtelain de Minerve ! lui dit le garde-marteau, je le sais, vous n'êtes pas moins habile entre les quatre murs d'un auditoire de justice qu'entre les quatre murs d'un jeu de courte-paume ; quant à moi, je ne crois pas non plus y être plus maladroit qu'un autre : nous serons à deux de jeu. Allons, voyons, vous prétendez qu'avec un vigoureux arrêt de discussion rendu *post prandium,* après dîner, je ne vous exproprierais pas de vos biens?

— Oui, certes, je ne tiendrais pas la partie pour perdue, et je la continuerais en formant secrètement une ligue offensive avec un nouveau créancier opposant. — C'est bon, mais, faute de s'être présenté avant le terme, il serait de prime abord forclos, mis hors du jeu, et le billet ou affiche de par le roi notre sire, ou bien quelquefois simplement de par notaire, annonçant la vente de vos biens, serait posé sur la porte de l'église et sur celle de votre maison, ou de votre château de Minerve. — Je remettrais argent sous corde au moyen des délais des criées des trois huitaines, des trois quinzaines, des trois quarantaines ; ensuite gare les revers de l'avant-main et de l'arrière-main, les oppositions aux criées.

J'en appellerais à la galerie ; je viendrais avec mes requêtes : *Nosseigneurs, **plaise à vos grâces,** ou :*

Nosseigneurs, supplie en toute humilité un pauvre principal créancier poursuivant criées; et je poursuivrais les criées.— Je changerais mes balles contre des éteufs, je prendrais des lettres de garde-gardienne ou de privilége, des lettres de quinquenelle ou de répit, et enfin des lettres d'État (1), où le roi dirait que je suis à défendre mon château ou son château de Minerve, et que je ne puis être en même temps au château et à l'audience.

— Ah! vous croyez avoir votre bisque; je prendrais la balle au bond, et en quelques chasses je compterais quinze, trente, quarante-cinq, soixante parties (2), car les juges déclareraient vos lettres subreptices, et, sans autre retard, adjudication de votre bien et argent dans ma poche.

LA SALLE DES DÉPENS.

Ce ne sont pas les seuls accrochements de procès (3) qui, par manière de polémique récréative, sont poussés et repoussés entre le garde-marteau et le châtelain.

Quelquefois ce dernier, venant jusque dans la salle des Dépens, attaque à son tour son adversaire. Garde-marteau des eaux et forêts, je vous ferai vendre tout, jusqu'à votre beau marteau à marquer les arbres :

(1) Bibliothèque du droit français, par Bouchel, v° *Estat.*

(2) La maison des jeux académiques, Paris, Loyson, 1668, chap. Jeu royal de la paume.

(3) Bibliothèque du droit français par Bouchel, v° *Accrochement.*

vous êtes condamné à payer les dépens. — Oh! vous aurez à vous désentraver de mes impugnations. J'ai à impugner d'abord la superfétation de vos actes, vos mises de cause au rôle ordinaire, au rôle extraordinaire, au rôle des pauvres, vos fréquentes comparutions aux petites audiences tenues à la barre par un des conseillers de la cour. — Vous me devez la restitution des fruits. — Je ne vous la dois pas d'après votre évaluation, mais d'après les fourteaux dressés chaque semaine pour les marchands (1). — Voilà le rôle de taxe : allons, de l'argent! — J'appelle de tel article, de tel autre ; croyez que cela ne finira pas si-tôt. — Oh! cela finira dans la semaine, dans le jour : nous ne sommes pas au temps passé, nous sommes au temps présent.

Et il faut en convenir, messire, a continué le procureur-aubergiste, autrefois cela ne finissait jamais, et cela n'a fini aujourd'hui que lorsque les nouveaux règlements ont ordonné qu'il n'y aurait plus qu'un commissaire taxateur, et que les procureurs assisteraient à la taxe, ainsi devenue maintenant toute simple. — Maître Esplandian, j'ai vu cependant un manuel de taxe de dépens en cent chapitres. — Je le connais, je persiste. — Maître Esplandian, on m'a dit qu'il y avait des rôles de dépens qui iraient bien du palais à la place du Salin; c'est-il possible? — Oui, puisqu'il y en a qui iraient à la place Saint-Georges (2),

(1) Ordonnance du mois d'août 1539 relative à l'abréviation des procès, art. 103.

(2) La place du Salin à Toulouse, est beaucoup plus près de l'ancien château Narbonnais ou palais de justice du parlement de Toulouse que la place Saint-Georges.

et, suivant moi, ils ne sont pas trop longs, s'ils le
sont assez, car il y a des présidiaux, le présidial de
Paris, où il y a deux cents procureurs (1) ; des parlements, le parlement de Paris, où il y en a quatre
cents, avec six mille clercs en état de porter les armes ; et ailleurs, notamment ici, à Toulouse, nous
sommes en aussi grand, peut-être en plus grand
nombre.

LA SALLE DES ARBITRES.

N'est-ce pas, messire, que cette pauvre France est
mangée, toute mangée jusqu'aux os, par les gens de
justice? qu'il faudrait les chasser, ou plutôt les exter-
miner? Eh bien ! si cela arrivait, cette pauvre France,
depuis le fond de la Normandie jusqu'au fond de la
Lorraine, de la Provence, de la Gascogne, aurait
perdu toutes ses joies. On y a tant de goût pour la
plaidoirie, qu'un jour le parlement ordonna inutilement aux plaideurs de se retirer, sous peine de perdre
leur procès (2) ; tant de goût que, depuis que les curés
ne sont plus dans l'usage d'excommunier les enragés
plaideurs, ils perdent ordinairement leur latin à pacifier leurs paroisses ; tant de goût, que les bureaux de

(1) L'arrêt du conseil d'état du mois de mars 1610 fixe à deux
cents le nombre des procureurs au Châtelet de Paris.

(2) Registres du parlement, ordonnance du 22 mars 1567
relative à l'injonction faite à toute personne estant dans cette
ville sous ombre de leurs procez, de eux retirer jusqu'au
15 avril prochain, sur peine d'être déclarez déchus des droits
par eux prétendus ez dits procez.

paix et de conciliation, que les arbitres donnés par les
lois aux familles n'ont rien à faire, ou ne font rien;
tant de goût enfin que, dans mon hôtellerie, la salle
des Arbitres a toujours été, est toujours, et sans doute
sera toujours vide.

LE CLERC DU PROCUREUR DE TOULOUSE

LA PROCÉDURE CRIMINELLE.

Vers les onze heures, que je finissais de dîner, j'ai entendu, à l'étage supérieur, des chants de temps en temps entremêlés d'un bruit extraordinaire, comme celui de ferrements qu'on traîne. J'étais seul, je n'ai jamais pu me rendre raison de ce bruit. Enfin, de plus en plus impatienté, j'ai fait prier le procureur-aubergiste de venir. Il était absent ; son gendre s'est aussitôt présenté. Messire, m'a-t-il dit, au lieu de répondre à mes questions, je suis bien aise que vous m'ayez fait appeler, car hier, au moment où mon beau-père fut interrompu dans son entretien avec vous, je craignais que de la procédure civile, qu'il a fort étudiée et fort pratiquée, il voulût passer à la procédure criminelle, dont j'ai fait une étude plus particulière, et dont c'est plutôt à moi à vous parler. Maître Serre, lui ai-je dit, vous m'obligerez ; mais

apprenez-moi, avant tout, d'où vient ce bruit que
j'entends au-dessus de ma tête.— Un peu de patience,
m'a-t-il répondu, je vais vous le dire ; je ne puis pas
ne pas vous le dire en vous parlant de la procédure.
Je me suis donc mis en devoir d'écouter, et aussitôt
maître Serre a donné carrière à sa science.

LE DÉCRET.

Supposons, m'a-t-il dit, que je ne fusse pas procureur, ou, pour ne pas contredire mon beau-père,
clerc de procureur, que je fusse juge, président ;
supposons que vous ne fussiez pas Espagnol, noble,
dignitaire ; que vous fussiez Français, que vous fussiez
un de ces pauvres diables dont nous avons beaucoup,
ou un de ces hommes mal famés dont nous avons
trop : on annonce qu'un vol ou bien qu'un meurtre
vient d'être commis ; la rumeur publique, les vrai-
semblances, vous désignent ; je vous décrète d'ajournement.

LA COMPARUTION.

Vous comparaissez hardiment, vous vous croyez
innocent, ou peut-être vous espérez faire croire que
vous l'êtes, et vous comparaissez plus hardiment encore. Allons ! je vois que ce n'est pas la première
fois que vous avez affaire avec la justice. Vous voulez contre moi un peu vous aider de l'ordonnance
d'Ys-sur-Thyl, un peu de l'ordonnance de Valence,
un peu de l'ordonnance de Villers-Cotterets, un peu

de chacune des treize ou quatorze ordonnances criminelles, ou en partie criminelles, rendues pendant ce siècle (1) ; enfin un peu ruser, un peu guerroyer : eh bien ! rusons, guerroyons, et nous verrons au bout.

L'INFORMATION.

A la vérité le pays où vous demeurez est trop loin d'ici pour que je puisse moi-même aller y faire l'information ; eh bien ! j'y envoie un des conseillers de la cour, ou même seulement le procureur du roi, ou même, comme vous n'êtes pas riche ou comme vous êtes d'un petit état, je me contente d'y envoyer un huissier, et c'est assez. Mais attendez ! vous n'avez pas seulement contre vous la partie publique, vous avez encore la partie civile, c'est-à-dire un ennemi passionné, actif. Ah ! malheur à vous ! l'information se fait plus vite ; elle est faite, terminée, close ; elle m'est promptement remise.

LA PROCÉDURE A L'ORDINAIRE.

J'assemble la cour pour lui en donner connaissance, je recueille les voix ; et, parce que les charges se trouvent légères, la cour juge que vous devez con-

(1) Voir les ordonnances du pénultième août 1536 sur le fait, ordre et style des matières civiles et criminelles, art. 32 ; du mois d'octobre 1535, chap. XXI, art. 11 ; du dernier août 1536, sur l'interrogation des témoins ; de Villers-Cotterets, août 1539, sur l'information des crimes.

server la liberté, que votre procès doit être publiquement instruit, que vous devez avoir un défenseur, qu'on doit procéder à l'ordinaire.

LA PROCÉDURE A L'EXTRAORDINAIRE.

Cependant les débats s'ouvrent, s'animent ; les charges deviennent de plus en plus graves : alors la forme de procéder change subitement. On vous ôte votre défenseur, on vous saisit, on vous met en prison, au secret. L'audition, le récolement des témoins, sont secrets ; les confrontations sont secrètes ; les conclusions de la partie publique, de la partie civile, sont secrètes : on procède à l'extraordinaire.

LE JUGEMENT DE LA COUR INFÉRIEURE.

Oh ! maintenant vous n'êtes pas à vous repentir de ne pas avoir transigé avec la partie civile, qui, satisfaite par vos soumissions, par votre argent, par vos sacrifices, aurait en se retirant ouvert une voie à l'indulgence de la partie publique, ainsi qu'à la clémence des juges. Vous avez obstinément voulu vous jouer avec la procédure, vous vous attendiez à recevoir des dommages ; écoutez en ce jour de jugements criminels, en ce jour de vendredi, la sentence de la justice : Votre maison **appartient à la partie civile et votre vie appartient au roi.**

L'APPEL.

Furieux, vous appelez au parlement ; on vous
amène ici devant cette cour. Vous arrivez au bon
moment : le nombre des accusés est tel qu'on a temporairement changé en chambres criminelles plusieurs chambres civiles , qu'on a temporairement
érigé plusieurs tournelles (1).

Cependant la partie civile, qui vous a précédé, a
pris conseil. On lui a dit que le parlement, bien moins
sévère que les cours inférieures, déclarait innocents
les trois quarts de ceux qu'elles avaient condamnés,
et mitigeait les peines de ceux qu'il ne déclarait pas
innocents. La partie civile vous fait de nouvelles propositions ; vous n'hésitez pas à les accepter : elle se
désiste, elle disparaît.

LE JUGEMENT DE LA COUR SUPÉRIEURE.

Votre défenseur a le champ libre; il calme les pré-
ventions. On procède contre vous à l'ordinaire; les
mêmes témoins sont publiquement entendus; ils n'o-
sent plus ou mentir, ou dire la vérité; la bouche de
votre avocat, les yeux de votre petite sœur qui l'as-

(1) Registres du parlement, arrêts du 16 mai 1542, du 23 janvier 1549, du 26 mars 1555, du 9 mai 1556, du 25 janvier 1559,
du 2 janvier 1565, du 4 décembre 1571, du 4 mai 1580, relatifs
à la composition de plusieurs tournelles pour l'expédition des
prisonniers.

siste, achèvent de vous gagner l'auditoire; un mode de procédure vous faisait pendre, un autre vous fait absoudre; vous entendez prononcer votre arrêt, non, comme le chancelier Poyet (1) le sien, debout, nu-tête, mais, suivant l'usage, à genoux au milieu du parquet; non, comme à Paris, enchaîné, chargé de fers, mais, comme ici, à Toulouse, comme dans toutes les cours en deçà de la Loire, lié de bandes d'étoffes ou de linge. Et encore que le procureur général, la partie publique, vous déclare qu'il vous fera prendre et reprendre toutes les fois que contre vous il s'élèvera de nouvelles et de nouvelles charges, vous n'en êtes pas moins libéré, libre.

L'EXÉCUTION (2).

Mais, si vous eussiez été condamné, les messageries, ou d'autres voitures d'anciens morte-payes,

(1) Guillaume Poyet, né à Angers vers 1474, exerça d'abord la profession d'avocat; chargé par la reine-mère, Louise de Savoie, de soutenir l'inique procès qu'elle avait intenté au connétable de Bourbon, il fut nommé avocat général en 1531, et chancelier de France en 1538. Mêlé aux plus tristes intrigues de la cour, il finit lui-même par en être victime; on l'accusa de malversation; le parlement, en 1545, le déclara indigne de remplir aucune fonction, et le condamna à 100,000 francs d'amende. Il fut mis à la Bastille, et mourut en 1548. — L.

(2) Il était d'usage, dans un certain nombre de villes, de découper les cadavres des suppliciés. Cet usage s'est conservé jusqu'au dix-huitième siècle; on les partageait ordinairement en quatre et l'on en exposait un morceau aux quatre extrémités des villes, et quelquefois même au milieu des places. — L.

d'anciens soldats, chargés au rabais de la conduite
des criminels, qui vous avaient amené, vous auraient
remmené, comme elles remmènent ceux que, dans ce
moment, faute d'autre local, on a été obligé de recevoir à l'étage au-dessus de celui-ci, et vous auriez
eu le même sort que ces malheureux, dont plusieurs
doivent aller aux galères, et ils iront ; dont quelques
autres doivent être fouettés, et ils le seront, avec
notre fouet de France, ou fouet de corde, garni de
plomb ; dont un doit être pendu, et il le sera, après
que tout le peuple, à genoux au pied du gibet, aura
dit un *Salve* ou un *Pater*, que le bourreau demande
au haut de l'échelle. Convenez, messire, que dans
ce moment c'est un plaisir de les entendre boire,
chanter. En remarquez-vous un qui boit mieux, ou du
moins qui chante plus haut que les autres ? — Oui,
et c'est peut-être celui qui doit être pendu ? — Tout
juste.

LES EFFIGIES.

Maître Serre s'est levé en me disant : Ah ! que je
suis fâché d'être si pressé ! Je laisse quelque chose à
dire ; je ne sais ! Ah ! je le sais maintenant. Et il a
ajouté sans se rasseoir : En France il y a, comme il
y a partout, deux manières d'échapper aux peines de
la justice.

La première, la plus sûre, c'est de fuir ; alors on
est contumace, et si on est condamné, et si on ne se
présente pas, et si on est pris, on subit aussitôt son
jugement, sans autre forme de procès. En attendant
qu'on soit pris, on est ou fouetté, ou pendu, ou roué,

en effigie ; la justice fait faire en carton, en paille, des mannequins de la stature des condamnés, les fait habiller de leurs habits ou des habits de leur état, leur fait mettre le masque le plus ressemblant, et au-dessous du tableau qui porte écrit, en gros caractères, leur jugement, les fait exposer près du pilori, près des fourches patibulaires, où ils semblent exemplairement souffrir, à côté de ceux qui ont souffert, qui ont leur corps en quartiers, attachés à de grands crocs de fer.

LES LETTRES DE GRACE.

La seconde, c'est, quand le crime paraît graciable, qu'on a des amis en cour, d'agir comme des milliers d'accusés, de recourir à la miséricorde du roi, de demander des lettres de grâce, et, quand on les a obtenues, de venir se présenter aux juges qui voulaient vous faire pendre, et qui se contentent de vous faire mettre à genoux devant eux, pendant que vos lettres sont lues et enregistrées (1).

Quelquefois les lettres de grâce n'accordent qu'une commutation de peine, telle que celle de la pendaison par le cou en pendaison sous les aisselles, ou pendaison de comédie ; telle que celle du fouet public en fouet dans le préau, ou petit fouet.

Vous voyez, messire, qu'en France le glaive de la justice est comme celui des chevaliers, tantôt tranchant, tantôt courtois.

(1) Les lettres de grâce étaient généralement accordées moyennant finances. C'était un des mille moyens mis en usage pour battre monnaie. — L.

LES ORIGINES DE LA PAIRIE.

LES DOUZE PAIRS DE FRANCE.

Nos premiers rois, sortis du rang des soldats, durent d'abord continuer à rendre la justice dans leur royaume comme ils l'avaient rendue dans leur camp ; et, de même que dans leur camp ils nommaient ceux qui les assistaient comtes, compagnons, pairs, de même ils durent, dans leur royaume, les nommer de ce nom.

Il est si vrai que les douze pairs étaient originairement les compagnons, les égaux du roi, qu'autrefois, à son couronnement, les six pairs laïques, même les six pairs ecclésiastiques, portaient l'épée nue comme lui, la couronne sur la tête comme lui, et qu'il en est de même encore (1).

(1) Les douze pairs de France jouent un grand rôle dans les romans du cycle carlovingien ; mais à l'époque de Charlemagne, ils n'existaient pas encore avec ce titre, et leur intervention

LES PAIRS DE FRANCE.

Il était de la nature de la pairie ecclésiastique, remplie par une élective succession de pairs, de ne pouvoir s'éteindre, et elle ne s'est pas éteinte ; il était au contraire de la nature de la pairie laïque, remplie par une héréditaire succession de pairs mâles, à quelques exceptions près, de pouvoir s'éteindre, et elle s'est éteinte. Nos rois ont eu la prudence de ne remplacer les six redoutables anciens pairs laïques, souverains inférieurs de la plus grande partie de la France, que par des pairs simples seigneurs, dont ils ont, pendant le siècle dernier et le siècle actuel, érigé les terres en pairies, dont ils n'ont pas, il s'en faut bien, limité le nombre.

LES PAIRS DES JUGEMENTS.

Là finit, là ne devrait pas finir l'histoire des pairs.

dans ces romans n'est qu'une fiction poétique. Ce n'est qu'au douzième siècle qu'ils commencent à former dans le baronnage une noblesse à part. A dater de cette époque, ils assistent au lever des rois, ils siégent près d'eux aux états généraux, et ils font de droit partie du parlement. L'institution de la pairie, en rapprochant la haute noblesse de la royauté, en la mettant à même de prendre une part directe aux affaires publiques, aurait pu lui assurer une grande influence dans l'État ; mais son rôle disparut par les réunions des grands fiefs à la couronne. De réelle et de foncière qu'elle était à l'origine, elle devint personnelle et de pure dignité, et perdit toute signification politique. (Voir sur la pairie, collection Leber, t. VI, p. 219 et suiv., 223, 246, 252 ; *Histoire des pairs de France*, par de Courcelles, Paris, 1825, 12 vol. in-4° ; de Larcy, des *vicissitudes politiques de la France*, 1860 in-8°, p. 48 et suiv.) — L.

Souvent au quatorzième siècle, et plus souvent aux siècles précédents, le roi de France rendait lui-même la justice, environné des douze pairs environnés du parlement.

A leur exemple les grands vassaux, ensuite les grands seigneurs, qui ainsi que les grands vassaux imitaient le roi jusque dans la forme de leurs actes, qu'ils terminaient comme ceux du roi : Car tel est notre plaisir, donné à...; jusque dans la forme de la signature, où ils ne mettaient que leur prénom, voulurent avoir leurs pairs et siéger dans leurs cours de justice au milieu de leurs pairs; ensuite les seigneurs imitèrent les grands seigneurs.

Dans la moitié de la France, et peut-être dans la France tout entière, c'étaient des pairs jurés, des jurés (1), qui jugeaient les affaires civiles et les affaires criminelles. Si l'on ne peut pas dire que leurs fonctions aient actuellement tout à fait cessé, on peut dire qu'insensiblement elles cessent. Aujourd'hui tous ou presque tous les procès sont jugés par une justice réglée, je veux dire par des magistrats éclairés, instruits, par des juges permanents; on s'est enfin dégoûté de ces hommes de fiefs, de ces juges d'une semaine, d'un jour.

(1) Jurés, du latin *jurare*, prêter serment, parce que ceux qui étaient appelés à rendre la justice prêtaient serment de la rendre en toute conscience, *bonne et loyale* comme on disait autrefois. — Le mot juré s'appliquait aussi dans les corporations d'arts et métiers, à ceux qui avaient été reçus maîtres après avoir *juré* de se conformer aux statuts, ainsi qu'aux officiers de police élus par la corporation pour faire observer les règlements. — L.

Mais pourquoi l'Angleterre conserve-t-elle encore ce vieux mode de procédure auquel la France a renoncé? Ah! c'est que la France s'est dérouillée et que l'Angleterre se dérouille.

LE CAPISTOL DE GAILLAC.

L'autre des deux voyageurs avec lesquels je suis parti de Toulouse est capiscol, chef d'école ecclésiastique, maître d'école bénéficier. Il demeure à Gaillac, et, ainsi que son ami le maire de Rabastens, il est fort savant, surtout dans les matières ecclésiastiques. Hier il n'avait rien dit ; mais aujourd'hui il a si bien pris sa revanche qu'il n'a cessé de parler, de gloser, de commenter ; il a souvent cité, et toujours sans hésiter, et toujours il semblait lire.

Suivant lui on peut réduire la grande bibliothèque des canonistes à ce qu'il m'a dit ; suivant moi on peut réduire ce qu'il a dit à ce que je vais dire.

LES DÉCRÉTALES.

Depuis longtemps les lois ecclésiastiques sont les mêmes : le pape n'ajoute guère rien, ne change guère rien aux décrets de ses prédécesseurs ; il y retranche encore moins. Pensez qu'il en sera longtemps, qu'il en sera toujours ainsi.

Quant aux conciles, ils ont beaucoup statué sur le dogme, peu sur la législation ; et d'ailleurs leur porte, heureusement pour la paix du monde chrétien, semble éternellement murée (1).

LES STYLES.

J'admire comment au contraire l'Église continuellement change, réforme sa procédure sur la procédure laïque. Actes clairement libellés, motifs en tout point spécifiés, et cependant abréviation des actes ; il y a

(1) On donne le nom de décrétales aux lettres adressées par les papes de la primitive Église aux évêques et aux fidèles, sur des questions de discipline et d'administration. La première collection, à laquelle on a réuni des décisions des conciles, fut faite vers 550 : elle est connue sous le nom de *Code des canons* ; elle fut adoptée en France sous Charlemagne, et y forma la base du droit ecclésiastique. Une nouvelle collection, remplie de pièces apocryphes, fut faite en l'an 800 : elle est connue sous le nom de *fausses décrétales*, mais elle ne fut pas moins imposée à la France en 860, par le pape Nicolas V. D'autres collections ont paru depuis, l'une en 1151 : elle est connue sous le nom de *décret de Gratien* ; l'autre en 1234, sous le titre de *décrétales de Grégoire IX*, ou *extra* ; la troisième, en 1298, sous le titre de *sexte*, c'est-à-dire sixième livre ; la quatrième sous le pontificat de Clément V, sous le titre de *Clémentines*, ou *extravagantes* ; enfin la dernière, appelée les *extravagantes communes*, comprend les décrétales promulguées depuis Urbain IV jusqu'à Sixte IV. — Les principes formulés dans les décrétales ont pour but de placer le clergé sous l'autorité exclusive des papes, et l'on ne se tromperait pas en les appelant le code de l'ultramontanisme. — L.

plus, abréviation du nombre des actes, en même temps qu'allégement des épices, des taxes, des tarifs. Voyez les nouveaux styles, notamment celui de l'évêché de Paris, celui de l'archevêché de Bordeaux.

LES OFFICIALITÉS.

Je remarque aussi qu'aujourd'hui l'Église a voulu que l'éclat de sa magistrature ecclésiastique ne cédât pas au nouvel éclat de la magistrature laïque. On est tenté de prendre l'auditoire d'une officialité pour l'auditoire d'un présidial : on y voit assis sur une longue ligne l'official, son vice-gérant ou lieutenant, les assesseurs gradués ecclésiastiques, les assesseurs gradués laïques, et au-dessous le promoteur, son substitut, la partie publique ecclésiastique, le procureur du roi, la partie publique royale, le greffier, et tout autour les avocats, les procureurs, les appariteurs, les huissiers.

LES JURIDICTIONS.

Nous, les canonistes, nous ne sommes rien moins que d'accord sur les divers degrés de juridiction des cours d'Église. Pourquoi, dis-je un jour à un clerc semi-prébendé fort habile, ou réputé fort habile, ne voulez-vous pas regarder comme une juridiction les doyennés ruraux? N'est-il donc pas vrai que les doyens ruraux ont sous leur correction les curés du doyenné, qu'ils ont un promoteur? Il ne s'obstina guère; mais quelques jours après il s'obstina violemment, parce qu'il y avait nombreuse compagnie. Il ne connaissait pas très-bien son Duaren (1), son Bouche : ah! je vous le menai; suffit! je ne veux pas me rappeler mes vanités et mes triomphes.

Des doyens ruraux on appelle :

Non aux officiaux des abbés, qui n'ont juridiction que sur les enclos des abbayes; — Non aux officiaux des chapitres, qui n'ont juridiction que sur les enclos des chapitres;

Mais aux officiaux des évêques; — Ensuite aux officiaux des archevêques, — Ensuite aux officiaux des primats, — Ensuite à la rote ou officialité du pape (2).

L'appelant ne passe pas ordinairement le second degré. Les officiaux des évêques, à l'exception de certains crimes privilégiés dont la connaissance appartient aux cours laïques, jugent ordinairement en dernier ressort.

LES APPELS COMME D'ABUS.

Voilà qui serait bon, me direz-vous, si l'appel ne sortait souvent de l'Église, s'il n'allait sous le nom d'appel comme d'abus devant le parlement, ou devant le grand conseil. Ah! vous avez raison, car je puis

(1) Célèbre jurisconsulte, auteur d'un traité sur *les bénéfices ecclésiastiques* et les libertés de l'Église gallicane. Né à Saint-Brieuc en 1509, mort en 1559. — L.

(2) Le tribunal de la rote fut institué par le pape Jean XXII pour juger les matières bénéficiales. Il existe encore aujourd'hui et se compose de douze juges, nommés *auditeurs de rote.* — L.

vous affirmer que depuis deux siècles que, sous prétexte d'infractions aux libertés de l'Église gallicane,
ces appels ont lieu, il n'y a jamais eu moins d'abus,
et jamais autant d'appels comme d'abus : c'est qu'aujourd'hui, dans son ambition dominatrice, le parlement, plus souvent que le grand conseil, leur fait
un accueil de plus en plus gracieux (1).

LE BRAS SÉCULIER.

Il n'en a pas toujours été ainsi : car, depuis le commencement de cette longue succession de capiscols
mes prédécesseurs, qui remonte, je crois, au temps
de l'hérésiarque Béranger, jusqu'à nos jours, les
officialités avaient, en matière de foi, exercé les fonctions de pairs, de jurés anglais, et les magistrats civils, qu'on appelait le bras séculier, avaient exercé
celles de shérifs ou de juges appliquant la peine, d'où
vous voyez que le bras séculier ou laïque était dans le
fait un bras fort ecclésiastique (2): mais à la fin de ce

____

(1) L'appel comme d'abus fut institué en France par Philippe
de Valois. — L.

(2) Les tribunaux ecclésiastiques déclaraient les individus
coupables d'hérésie ; mais pour se mettre en règle avec le précepte qui défend aux membres du clergé de verser le sang,
ils livraient les condamnés à la justice laïque, en lui laissant le
soin de décider quel genre de peine devait être appliquée et de
faire exécuter cette peine. C'est au moyen de cette indigne
fiction qu'une foule de malheureux ont été mis à mort, contrai-
rement aux prescriptions de l'Église elle-même, qui a proclamé
par la bouche de ses plus illustres docteurs que la foi ne doit
pas être imposée par la force : *fides suadenda non imponenda*.
— L.

siècle les choses ont bien changé, et les officialités, qui autrefois visaient les comptes du bois, du soufre, de la térébenthine, je veux dire qui faisaient brûler, qui maintenant ne font plus pendre, pas même fouetter, qui ne font que faire arrêter, emprisonner, ne sont plus, au lieu de ces redoutables, anciennes, augustes officialités, que des officialités pour rire.

LE SCELLEUR DE LA JUSTICE ROYALE.

Qu'est-ce qui, depuis deux jours, m'arrête à Albi?
Faut-il le dire? C'est la corbeille de melons, de figues,
de prunes, de poires, de pêches, de raisins, posée
devant moi à chaque repas : comment peut-on quitter Albi quand on aime les bons, les meilleurs, les
beaux, les plus beaux fruits?

Ce matin, à onze heures ou environ, la fille de l'aubergiste a frappé à ma porte et est entrée. Monsieur,
m'a-t-elle dit, c'est aujourd'hui le jour de la semaine
où les bons bourgeois, les riches gentilshommes,
viennent ordinairement se régaler à l'auberge. La
nôtre se trouve pleine : voudriez-vous permettre que
deux hommes de robe dînent dans une des chambres
de votre appartement? La fille de l'aubergiste n'est
pas belle ; mais elle a des yeux brillants, et, si elle a
seize ans, elle n'en a pas dix-sept. Elle est dans cet
âge où une jeune fille sent qu'on n'a rien à lui refuser : aussi se faisait-elle suivre de sa servante, chargée d'une petite table et de deux tréteaux. Je lui ai

12.

répondu en souriant et en me retirant dans mon autre chambre, dont elle a fermé la porte. Quelques instants après, le dîner a été servi. Les deux hommes de robe étaient, ni plus ni moins, l'un le scelleur de la justice royale, l'autre le scelleur de l'évêché, et, comme tous les Français du midi parlent fort haut, j'ai été forcé, sans les écouter, de les entendre.

LES SCEAUX (1).

Mon vénérable confrère, disait le scelleur de la justice royale, allons! buvons trois coups plutôt que deux, et quatre plutôt que trois, car le méchant temps où nous vivons sera appelé le bon temps par ceux qui viendront après nous.

Ce n'est pas que les chancelleries décroissent dans la grandeur des sceaux et de leurs pièces d'honneur, car autrefois, aux sceaux de nos petites justices, il n'y avait qu'une fleur de lis, tandis qu'aujourd'hui il y en a trois, mais c'est qu'elles décroissent dans leur moins fréquent usage.

(1) L'usage des sceaux remonte à la plus haute antiquité; il en est question dans la Bible. Chez les Romains, les sceaux étaient gravés sur les chatons des bagues, sur des agates, des cornalines. Théodose et Valentinien rendirent obligatoire l'emploi des sceaux pour valider les testaments. Les barbares en adoptèrent l'usage au moment de leur établissement dans la Gaule ; mais du septième au dixième siècle les rois paraissent avoir été les seuls qui s'en soient servis. Au douzième, les sceaux se popularisent parmi la noblesse, ils sont également adoptés par les communes, les abbayes, les évêques, les officiers royaux. (Voir un résumé très-intéressant de l'histoire de la sigillographie, par M. A. Deloye, dans *Patria*, col, 1595; et le *musée de sigillographie* des archives nationales.) — L.

Voyez les chartes du douzième, du treizième et du quatorzième siècles. Si c'est une charte du clergé, elle est des quatre côtés garnie de sceaux pendants, représentant des évêques, des abbés; elle offre l'image d'un concile. Si c'est une charte de la noblesse, elle est aussi des quatre côtés garnie de sceaux pendants, représentant des chevaliers à cheval, la lance en arrêt; elle offre l'image d'un bataillon carré de lanciers.

Encore au dernier siècle les chancelleries florissaient : il n'y a guère d'acte de ce temps qui ne porte en queue un sceau empreint ou des armes d'un noble, ou de la bonne figure d'un bourgeois (1); il n'y a guère de pièce comptable qui, au bas de l'écriture, ne soit empreinte de plusieurs sceaux publics, figurant les quatre cordes d'un tourniquet.

Mais au siècle actuel presque tous nos parchemins n'ont pas de sceaux, et sont pour ainsi dire sans âme.

Oui, certes, il y a des chancelleries qui ne peuvent pas déchoir, qui ont une juridiction ou du moins qui attirent à la juridiction près laquelle elles sont établies tous les procès nés des actes qu'elles ont scellés. Mais vous et moi savons mieux que personne qu'il y en a seulement quatre : celle du sceau du Châtelet de Paris, celle du sceau du Châtelet d'Orléans, celle du petit sceau de Montpellier, et celle du sceau des foires de Champagne.

Me rappellerez-vous que nos rois ont, durant ce

______

(1) Les sceaux d'un certain nombre de villes portent les effigies des maires, des consuls, des échevins et des jurés. La commune d'Amiens, entre autres, en avait un de cette espèce qui était connu des habitants sous le nom de sceau des marmousets. — L.

siècle, créé à titre héréditaire des gardes de sceaux
dans toutes leurs justices? Je vous répondrais que
cela ne remplace pas notre ancienne, fréquente appo-
sition des sceaux, encore moins nos anciens honneurs. Vos archives et les miennes sont pleines de
vieux actes où les scelleurs des plus petites justices
disaient : « Le garde-scel de la prévosté de... à tous
« ceulx qui ces présentes lettres verront et orront
« salut ; savoir faisons que devant nous a comparu
« le tabellion juré du roy nostre sire establi à... Le-
« quel nous a déclaré que N. a compté devant luy à
« N. la somme de... » Nous étions les notaires des
notaires.

LES DISPENSES LAIQUES (1).

•

Cependant, mon vénérable confrère, je trouve quelquefois, Dieu me pardonne ! que nous scellons trop :
car vous et moi, ou du moins vos mains et les miennes, mettent le sceau à bien des abus. Moi je scelle
des dispenses :

D'être tuteur, curateur, — D'avoir l'âge pour tes-
ter, — D'avoir l'âge pour juger, — D'être jugé par
ses juges, — D'être jugé criminellement, — D'aller
en galère, — D'être fouetté publiquement, — D'être
pendu publiquement, — D'être fouetté, — D'être
pendu, — De payer ses dettes, — Et mille autres pareils actes.

____

(1) Les dispenses laïques comme les lettres de grâce étaient
un moyen de battre monnaie. On pouvait presque toujours,
sous l'ancien régime, éluder les lois en payant finance. —L.

LES DISPENSES ECCLÉSIASTIQUES.

Vous, mon vénérable confrère, a-t-il continué, vous scellez du matin au soir :

« Les dispenses d'aller se confesser à Rome dans les cas réservés ;

« La dispense d'un, de deux bans de mariage ;

« La permission de se marier entre parents au dégré prohibé ;

« La permission de ne pas tenir ses promesses faites à l'église, de ne pas accomplir ses vœux;

« La permission de manger des œufs en carême ;

« La permission de tenir plusieurs bénéfices ;

« La sécularisation de monastères ;

« La sécularisation de moines ;

« Et mille autres actes. »

Sous le nom de dispenses, vous et moi scellons l'infraction de plusieurs lois, soit civiles, soit canoniques. — De plusieurs lois trop rigoureuses, lui a répondu l'autre scelleur. — D'où il faudrait conclure qu'un jour plusieurs parties de la législation laïque et de la législation ecclésiastique seront réformées, et d'où il faudrait encore conclure que nos fils ne scelleront guère. — Et que nos petits-fils ne scelleront plus.

LA TORTURE.

LES CORDES (1).

Le lendemain à deux heures après-midi, m'étant trouvé avec le tourmenteur provisoire aux prisons du Châtelet, le geôlier vint nous ouvrir une chambre voûtée, au-dessus de laquelle les clercs de la bazoche jouaient la comédie. Nous allons, me dit le tourmenteur provisoire, donner la torture par extension. Il y a deux manières : l'une consiste à passer une corde à la poulie que vous voyez au haut de la voûte, à sus-

(1) Monteil, dans ce chapitre, met en scène un apprenti bourreau, un tourmenteur, comme on disait autrefois, auquel on fait faire ses preuves avant de lui donner sa nomination ; il est ici dans la stricte vérité historique. Le métier de bourreau était soumis aux mêmes lois que les autres métiers; pour être reçu maître, il fallait faire un chef-d'œuvre. — L.

pendre l'accusé par ses deux bras attachés ensemble derrière le dos, tandis qu'un énorme poids de cent livres pend à ses deux pieds attachés de même ensemble ; l'autre consiste à tirer l'accusé par chaque main et par chaque pied, au moyen de deux cordes passées à ces deux anneaux scellés dans le mur à la hauteur d'environ trois pieds et à deux pieds de distance l'un de l'autre, comme vous voyez, et au moyen de deux autres cordes passées dans ces deux autres anneaux, scellés au pavé à douze pieds de distance du mur, et à un pied de distance l'un de l'autre, comme vous voyez aussi, à augmenter successivement la tension, en mettant au-dessous de l'accusé des tréteaux de plus en plus élevés. C'est celle que nous allons donner.

Au bout d'une heure, longue pour le tourmenteur provisoire, courte pour moi, le juge et le greffier arrivent et s'asseyent.

Bientôt on amène un vieillard à cheveux blancs, mais fort et vigoureux. Pendant le premier degré de tension, le juge l'interroge, l'exhorte à confesser son crime. Le vieillard répond par des injures et des jurements. Plus grand degré de tension, plus grandes injures, plus grands jurements. La tension, par ordre du juge ne cesse d'augmenter ; les injures et les jurements redoublent. Enfin, après une demi-heure de questions d'une part, de dénégations obstinées de l'autre, le vieillard est délié ; il cesse les injures et les jurements, mais il persiste dans ses réponses : il est absous. Un barbier, qui toujours se trouve là, remet en un tour de main les dislocations, et le vieillard sort de la prison en menaçant la partie civile de **bien lui faire payer ses tortures.**

L'EAU.

J'avoue que durant toute cette question le cœur me faillait continuellement, et que le vieillard n'aurait été torturé que par une de ses mains et par un de ses pieds, ou du moins aurait été fort mal torturé, si le tourmenteur provisoire ne fût venu tirer mes deux cordes ; mais je ne fis, me dit-on, pas aussi mal quelques jours après. Il s'agissait de donner la question de l'eau.

On amena un jeune homme pâle, mince et fluet ; on l'assit sur une sellette de bois ; on lui attacha les deux bras au-dessus de la tête, avec une corde qui passait dans un anneau scellé au mur, et ses deux pieds avec une autre qui passait dans un anneau scellé au pavé. Le tourmenteur provisoire le prit d'une main par le nez, et de l'autre introduisit dans sa bouche une corne remplie d'eau ne tombant que goutte à goutte. Le juge, à chaque corne d'eau épuisée, demandait au jeune homme : Voulez-vous avouer ? — Non. — De l'eau ! Le juge réitéra longtemps et inutilement sa demande, criant à chaque nouveau refus : de l'eau ! Mais enfin, quand le jeune homme vit que, sur quatre pintes d'eau à tomber dans sa bouche, il en restait encore trois, ne pouvant plus alors résister à ce tourment, il s'avoua coupable. On le délia et on le ramena dans la prison.

Je remarquai que, pour rendre ses aveux plus complets, on le menaça de la question de l'eau compliquée de celle de la tension.

LE FEU.

Je remarquai aussi qu'on le menaça, en outre, de la question du feu (1), quoiqu'elle ne soit maintenant guère en usage. Le tourmenteur provisoire était un ancien et habile praticien : je lui demandai en quoi elle consistait. Il me dit qu'on présentait devant un grand feu allumé la plante des pieds de l'accusé, pendant l'espace de temps prescrit par le juge, ou jusqu'à l'aveu du crime.

LES PLANCHETTES.

Mon cousin-germain me loua beaucoup du courage que j'avais montré à la dernière question, pendant laquelle j'avais si bravement porté l'eau que le tourmenteur provisoire versait dans la corne: il me loua d'avoir ainsi, malgré l'opinion des innovateurs et réformateurs, aidé les juges à découvrir la vérité ; et comme il était le bel esprit du greffe, il ajouta que c'était avec raison que les philosophes disaient que la vérité était au fond du puits.

Mais bientôt il rétracta ses éloges.

Le tourmenteur provisoire, un des plus assidus courtisans de mon cousin-germain, lui proposa de me

---

(1) Il ne faut pas confondre la question par le feu, avec les épreuves par le feu des ordalies : dans la question par le feu on prolongeait le supplice pour arracher des aveux à l'accusé; dans les épreuves par le feu, celui-ci n'était pour ainsi dire soumis qu'à une seule opération, et on laissait à Dieu le soin de démontrer son innocence par un miracle. — L.

faire briller à une question de brodequins qu'on devait donner dans quelques jours : mon cousin-germain y consentit. Maître, me dit le tourmenteur provisoire, la question des brodequins est une des tortures les plus simples. Vous asseyez votre accusé ; vous lui prenez la jambe droite, vous la mettez entre deux planchettes ; vous lui prenez la jambe gauche, vous la mettez entre deux autres planchettes ; vous serrez l'une contre l'autre les deux jambes avec des cordes ; ensuite, suivant que le juge vous le commande, vous enfoncez avec un gros marteau, entre les deux planchettes placées entre les jambes, un, deux, trois, jusqu'à huit coins de bois, voilà tout ; c'est, je vous assure, tout. Cette leçon de torture me parut facile à retenir, et comme les provisions du grand sceau (1) me tenaient au cœur, je promis de bien faire mon devoir. Afin de m'animer encore mieux, on me dit que je n'aurais à torturer qu'une méchante femme qui avait fait périr son époux ; qu'il s'agissait d'un exemple pour toutes les femmes, pour la mienne aussi bien que pour les autres. Je m'animai moi-même : je me représentai une femme à la démarche, à l'air audacieux, au visage féroce. Je me rends à la chambre de la question avant l'heure fixée : le juge paraît ; il était accompagné de mon cousin-germain qui, ce jour-là, pour me donner plus de courage, était venu remplacer le greffier. Moi, j'étais assisté du tourmenteur provisoire, j'avais tout préparé, j'étais prêt. Enfin la porte s'ouvre, je vis entrer, environnée d'archers, les armes hautes, une toute jeune femme plus belle que le jour ; ses

(1) C'est-à-dire les lettres de chancellerie qui devaient conférer le titre de **tourmenteur**. — **L.**

yeux doux, tendres et brillants, se portent successivement sur ceux qui l'entourent, sur moi comme sur les autres. Asseyez madame, me dit le tourmenteur provisoire ; il fut obligé de m'aider. Déchaussez madame, ajouta-t-il, alors je tombai dans une pamoison, pendant laquelle on m'emporta chez le geôlier, qui eut bien de la peine à me faire revenir. Lorsque j'eus entièrement repris mes sens, ce fut une risée générale parmi les guichetiers et les gens de la geôle. On me plaisanta, on se moqua de moi ; et quand je fus sorti, on jugea unanimement que je n'étais pas né pour jamais faire quelque chose de bon.

Mon cousin-germain me reçut fort mal ; il me dit que si j'avais conservé quelques moments encore un peu de courage j'aurais été quitte ; que cette dame n'avait été condamnée qu'à être présentée à la question ; qu'on lui avait lu l'arrêt de manière à lui faire croire qu'elle y avait été condamnée ; qu'on ne voulait que lui faire peur, afin d'obtenir des aveux ; que la justice avait ses ruses, ses finesses, et que je n'étais qu'un sot.

Tu aurais d'ailleurs, ajouta-t-il, pu tirer partie de ta tendre sensibilité, en vendant aux accusés, ainsi que les autres tourmenteurs, des recettes, des secrets, des adoucissements. Tu as irrévocablement tourné le dos à la fortune.

Je me disposais à repartir ; mais mon cousin-germain, ne voulant pas laisser sortir de la famille ce bel office, comme il disait, me fit appeler avec le tourmenteur provisoire, et il nous signifia ses arrangements. Toi, me dit-il, tu seras en titre *tourmenteur du roi nostre Sire ;* tu assisteras à la question les yeux fermés et les oreilles bouchées si tu veux, et tu signeras le procès-verbal. Toi, dit-il au tourmenteur provisoire, tu donneras la question, et tu auras seul les salaires et vacations, soit directs, soit indirects ; et toi, me dit-il en s'adressant de nouveau à moi, tu n'auras que les appointements fixes. Depuis, j'en fais tous les quartiers la quittance, et j'ai de plus ce grand habit bleu que je porte les dimanches.

DIX-SEPTIÈME SIÈCLE

ARGUMENT

La minorité de Louis XIII, livrée aux influences de courtisans et de favoris uniquement occupés de leurs plaisirs et de leur fortune et profondément indifférents aux intérêts publics, n'a rien produit au point de vue de la législation et de l'organisation judiciaire; mais l'entrée de Richelieu au conseil du roi, en 1624, fut le signal d'un nouvel ordre de choses. Trois ans plus tard, en 1627, le cardinal fit rendre un *édit sur l'administration de la justice portant création de plusieurs officiers.* En 1629, parut la célèbre *ordonnance sur les plaintes des États assemblés à Paris en 1614, et de l'assemblée des notables réunis à Rouen et à Paris en 1617 et 1620.* Cette ordonnance fut rédigée par une commission présidée par le garde des sceaux Michel de Marillac, et c'est de là que lui est venu le nom de *code Michaud* sous lequel elle est généralement connue. Elle contient plus de cent articles relatifs à la justice et à la législation civile, et porte, entre autres dispositions, que les testaments olographes seront valables par tout le royaume, que toutes donations faites aux concubines seront nulles, que le crime de rapt sera puni de mort, et que les enfants issus d'amours illégitimes seront exclus de toute succession directe et collatérale.

Le travail de codification commencé par Richelieu fut continué sous Louis XIV, et de 1667 à 1685 on vit paraitre successivement *l'ordonnance civile*, celles des *eaux et forêts*, *l'ordonnance criminelle*, *l'ordonnance du commerce*, le *code de marine* et le *code noir*, ainsi nommé parce qu'il était relatif à la traite des nègres et à leur condition dans les colonies, où ils étaient employés comme travailleurs. Ces divers actes législatifs formèrent un ensemble qu'on désigna sous le nom de *code Louis*, et plusieurs de leurs dispositions, entre autres celles qui se rapportent aux eaux et forêts et à la marine, sont encore en vigueur aujourd'hui.

Le droit qui régissait les rapports de la France et du Saint-Siége fut réglé en 1682 par la *déclaration du clergé*, qui se résume dans les quatre propositions suivantes :

1° Dieu n'a donné à Pierre et à ses successeurs aucune puissance directe ni indirecte sur les choses temporelles.

2° L'Église gallicane approuve le concile de Constance, qui déclare les conciles généraux supérieurs au pape dans le spirituel.

3° Les règles, les usages, les pratiques reçues dans le royaume et dans l'Église gallicane doivent demeurer inébranlables.

4° Les décisions du pape, en matière de foi, ne sont sacrées qu'après que l'Église les a acceptées.

Tous les tribunaux, dit Voltaire, et toutes les facultés de théologie enregistrèrent ces quatre propositions dans toute leur étendue, et il fut défendu par un édit de rien enseigner de contraire.

Quant au droit politique, c'est-à-dire au droit que nous appelons aujourd'hui *constitutionnel* et qui fixe les rapports des princes et des sujets et les limites de la souveraineté, il n'en fut point question sous Louis XIV, et il ne pouvait en être autrement sous un roi qui concentrait en lui tous les pouvoirs et regardait comme un crime de lèse-majesté la moindre intervention de *son peuple* dans les affaires du gouvernement.

Le parlement de Paris, sortant de ses attributions judiciaires, s'attribua un rôle politique très-important dans la première

moitié du dix-septième siècle. Pendant la minorité de Louis XIII
il donna la régence à Marie de Médicis. Érigé en 1615 en conseil
du gouvernement, et forcé plus tard par Richelieu de se renfer-
mer dans les affaires de sa compétence, il se vengea, après la
mort du cardinal, en cassant le testament de Louis XIII, et mit
de nouveau, comme on disait, la main sur la couronne. Il donna
la régence à Anne d'Autriche, entra en lutte ouverte avec Maza-
rin, et fut l'âme de la Fronde jusqu'à la rentrée de ce ministre et
de la cour à Paris, en 1653. Louis XIV n'oublia point la violente
opposition que lui avait faite la plus haute magistrature du
royaume : il changea le titre de *cour souveraine*, que les parlements avaient eu jusqu'alors, en celui de *cour supérieure*, et leur
enleva le droit de remontrances. Durement refoulés dans une condition qui ne satisfaisait ni leur ambition ni leur vanité, les
parlements gardèrent tout à la fois, pendant soixante ans, le
silence et l'amer souvenir de l'humiliation qui leur avait été
infligée. En 1715, ils cassèrent le testament de Louis XIV, et ce
fut là comme le premier acte de la révolution qui devait s'accomplir dans les dernières années du siècle.— L.

PROCÉDURE CIVILE

LES DEUX PLAIDEURS ET LES DEUX PLAIDEUSES.

Nous avons dans notre ville un procureur si fainéant,.si libertin (1), qu'il a entièrement ruiné sa fortune, sa santé, et que son office a été judiciairement vendu avec la pratique, c'est-à-dire avec les procès dont les plaideurs lui avaient confié la défense.

La femme de ce procureur se pique, au contraire, de bonnes mœurs, d'ordre, d'économie. Elle a une dot considérable, et elle a obtenu, par défaut, la séparation de corps et de biens.

Le mari ne veut pas entendre à celle des biens, et il a demandé provisoirement sur ceux de sa femme une pension alimentaire. Ils sont l'un et l'autre de

(1) Le mot libertin est pris par Monteil, dans une acception qu'il n'avait pas au dix-septième siècle : à cette époque, on ne l'employait pas dans le sens de débauché, mais dans un sens équivalant à celui d'incrédule, ou, comme on dit aujourd'hui, de libre penseur. — L.

l'élection de Vézelai, pays si processif (1) que la province et les provinces voisines en tirent leurs meilleurs procureurs. Les longs débats des deux époux ont été, pour notre ville de Nevers, un divertissant spectacle.

Le procureur a d'abord attaqué; il a fait assigner la procureuse d'après la nouvelle ordonnance sur la procédure civile. La procureuse a aussitôt fait déclarer nulle l'assignation du procureur comme n'étant pas clairement exprimée, comme ayant été donnée par un huissier qui n'avait pas signé ou su signer (1). Mon mari, dit-elle naïvement, sait tout cela aussi bien que personne, mais il croit qu'il n'y a que lui qui le sache; quant à moi, j'aurais tort de l'ignorer : car au commencement de notre mariage, dans ses grandes effusions de tendresse, il a voulu, bon gré mal gré, me l'apprendre.

Sa précipitation et sa colère, dit-elle encore, l'aveuglent : il m'a assignée à trois jours de délai, comme si je demeurais à la ville; mais ses déportements m'ont forcée à aller demeurer à la campagne, et le délai devait être au moins de huit jours.

La procureuse avait raison; aussi la procédure a été recommencée.

Ensuite la procureuse, n'ayant pu quereller le pro-

---

(1) « L'autre partie du peuple, qui est la moïenne, toujours accablée de procez entre eux ou contre la basse, qui est le menu peuple, ou contre la haute, qui sont les ecclésiastiques et les nobles, soit en demandant ou en défendant, n'y aiant pas de pays dans le roïaume où on ait plus d'inclination à plaider que dans celui-là.» (*Oisivetés de Vauban*, description de l'élection de Vezelai.)

cureur sur les fins de non-valoir, c'est-à-dire sur sa qualité d'époux, ni sur les fins de non-procéder, c'est-à-dire sur le tribunal qui devait connaître de leur procès, a eu recours aux exceptions dilatoires (1) ; elle a demandé un délai, et puis un autre. Toutes les ruses ont été mises en usage pour allonger la marche de l'affaire ; mais la nouvelle ordonnance est à cet égard si claire, si décisive, si impérative, que le procureur n'a eu besoin, devant les juges, que de la lire.

La procureuse aurait bien voulu faire interroger le procureur sur faits et articles ; malheureusement, d'après la nouvelle ordonnance, l'interrogatoire aurait été à ses dépens (2), elle y a renoncé.

Se voyant de plus en plus pressée par le procureur, la procureuse, pour gagner du temps, a fait défaut. Ensuite elle s'est présentée ; elle est revenue par rabattement (3).

Elle a prétendu que la coutume des provinces voisines, qui suppléait celle du Nivernais relativement aux pensions alimentaires, en excluait les maris qui avaient quelques ressources. Pour le prouver, elle a voulu faire des enquêtes par tourbes ; mais le procureur lui a opposé la nouvelle ordonnance qui les abroge.

---

(1) Ordonnance sur la procédure civile, de **1667**, titre II, *Ajournements*. Cette ordonnance avait pour objet de simplifier les plaidoiries et de rendre les procès moins coûteux. La comédie de Racine en est le spirituel commentaire. — L.

(2) Ordonnance de 1667, titre IX. *Exceptions dilatoires.*

(3) Ibid., tit. X, *Interrogatoires sur faits et articles.*

Le procureur ne cessant de demander, d'écrire, pour parler comme au palais, de produire, la procureuse n'aurait cessé de répliquer ; elle est femme, et c'est un malheur pour elle que l'usage des répliques, des dupliques, tripliques, des additions premières, secondes, troisièmes, ait été abrogé.

Enfin, la procureuse s'est vue obligée d'en venir à l'audience. Là, elle a demandé que le procès. fût appointé à mettre, c'est-à-dire jugé sur plaidoiries écrites, préalablement communiquées. Le procureur, au contraire, a demandé et a obtenu que le procès fût jugé à l'audience, c'est-à-dire sur plaidoiries verbales.

La procureuse alors a épuisé toutes les ressources des incidents, des contestations en cause, dont le procureur s'est démêlé, toujours au moyen de la nouvelle ordonnance. Il fallait l'entendre crier aux juges : Messieurs ! le titre XI, le titre XIV !

Forcée enfin d'en venir à une audience définitive, la procureuse s'est présentée elle-même sans défenseur, ainsi que l'ordonnance dans ses dispositions sur les matières sommaires l'y autorise. Il va sans dire que le procureur a voulu se défendre aussi lui-même. Les deux époux, face à face, mais séparés par la distance du barreau, après s'être quelque temps attaqués par regards, par signes, par toutes sortes de gestes, de mines et de menaces qui ont égayé l'auditoire, ont enfin plaidé.

Le procureur, pour faire juger sans délai et sans appel son procès, avait borné à 200 livres la demande de sa pension alimentaire. Il a exposé la perte de son état, causée par les calomnies de sa femme, sa détresse, sa misère, son dénûment absolu. A ces plaintes la procureuse répondait par toutes sortes d'injures, dont la moindre et la plus fréquente était celle-ci : Ne l'en croyez pas, messieurs, c'est un libertin ; ah! si vous saviez quel serait l'emploi de mon argent !

Tous les assistants, tout le barreau, étaient pour la procureuse, encore jeune, belle, fraîche, qui, ce jour-là, avait mis sa fontange (1), son parlement et sa robe neuve.

Le tribunal a été pour le procureur. La procureuse a été condamnée à. nourrir le procureur, à lui payer la pension de 200 livres. Le jugement était exécutoire et sans appel.

Le procureur le lui a fait signifier avec la taxe des dépens, visée par le contrôleur. Il croyait être payé, et d'avance il se réjouissait, buvait sur sa pension, qu'il devait toucher le lendemain. Mais il avait en tête une femme obstinée, colère, qui, ne pouvant plus faire déclarer nul son mariage depuis que le congrès

(1) C'était le nom d'un vêtement fait à la mode, au temps où mademoiselle de Fontange était maîtresse en titre de Louis XIV, car c'était le privilége des favorites, ces *pimbêches et rosées femelles*, comme les appelait Sully, de donner le ton à la ville et à la cour. Au temps d'Agnès Sorel, les Parisiennes cherchaient à rivaliser de luxe avec elle, car, suivant le mot d'un historien contemporain, elle avait *ensorcelé le souverain sexe*. Sous François Ier, les femmes avaient donné le nom de la maîtresse du roi aux bandeaux qu'elles se plaçaient sur le front. Sous Louis XIV, on s'habillait à *la Fontange*, et telle est la persistance des traditions qu'aujourd'hui même nous avons encore les *meubles Pompadour*. — L.

est aboli (1), s'est déterminée à vendre, à engager, à donner son mobilier et à s'enfuir avec son argent.

Comme elle n'a pu s'enfuir avec ses biens-fonds, le procureur, aidé d'un huissier qui a bien voulu attendre son salaire, a fait saisir les fruits entre les mains d'un séquestre, et, lorsqu'ils seront vendus, le procureur sera payé immédiatement après, ou du moins dans un an, au plus tard dans trois. Avant la nouvelle ordonnance, il n'aurait pas été payé peut-être dans dix ; peut-être ne l'aurait-il été jamais.

Heureusement pour les plaisirs de notre ville cette affaire n'a pas fini là ; car le procureur et la procureuse, ne pouvant plus maintenant plaider, ont ameuté l'un contre l'autre un neveu et une nièce. Le neveu, qui l'est du procureur, et la nièce, qui l'est de la procureuse, avaient un parent commun, qui, avant sa mort, disposa de son bien en faveur de la nièce, et laissa un assez bon legs au neveu. La nièce, qui, dans sa conduite, est, dit-on, fort vive, fort prompte, fort leste, a mis trois mois à faire l'inventaire de la succession et quarante jours à délibérer si elle l'accepterait. C'est que la procureuse, qui dirigeait sa nièce, a voulu qu'elle profitât de tout le délai de l'ordonnance, afin de détenir le plus longtemps possible

____

(1) Bien des gens croient que le divorce est une institution de la révolution; ils se trompent : l'Église, qui prétendait avoir seule le droit de valider les liens du mariage, s'attribuait également le droit de les rompre, en autorisant les époux à contracter une seconde union ; elle admettait l'impuissance comme cause de dissolution, et quand des époux demandaient à se séparer pour ce motif, elle ordonnait une enquête et les plus cyniques vérifications; c'est cette enquête **qui était désignée sous le nom de congrès.** — L.

le legs. Elle entendait faire enrager le neveu, et encore plus l'oncle.

Mais le neveu, qui, ainsi que tous les jeunes gens, est impatient, s'était mis en possession de la partie de la succession qu'il croyait lui appartenir. Autrefois, que de preuves pour que le maître du champ pût en chasser le détenteur! quelle si longue procédure que celle de réintégrande! Eh bien! grâce à la nouvelle ordonnance, en fort peu de temps la nièce a été réintégrée.

Le neveu avait fait couper les foins, cueillir les fruits; il avait démoli et vendu une partie des bâtiments. Dans l'ancienne procédure, quand il fallait établir par témoins, par experts, par descente de juges, les faits contestés, on voyait devant soi tant de difficultés, tant de frais, que les plus sages abandonnaient souvent leur droit; mais la nièce, aidée de sa tante ou plutôt de l'ordonnance, n'a pas abandonné le sien, et elle a obtenu un entier dédommagement.

Il va sans dire qu'on était venu aux compulsoires, et que le neveu avait voulu faire compulser, extraire, vérifier, les titres de la succession. Autrefois, rien n'était plus compliqué de formes; aujourd'hui, rien n'est plus simple. La nièce, par le conseil de sa tante, n'a pas voulu perdre de vue ses papiers, et c'est ici que commence le plaisant de ce second procès. Le neveu et la nièce, tous deux jeunes, tous deux aimables, lassés du rôle qu'on leur faisait jouer, ont voulu en jouer un autre plus conforme et plus naturel à leur âge. Ils se sont, en présence de l'oncle, de la tante et des magistrats, glissé des billets doux sous les pièces de la procédure. Dès ce moment la guerre n'a plus été qu'apparente entre les deux jeunes gens ; mais la procédure n'en a pas moins continué.

Les hommes âgés parlent des anciennes longueurs judiciaires pour appeler les garants en cause ; maintenant, vous faites ouvrir la bourse du garant aussi vite que celle du débiteur, c'est-à-dire la bourse pleine aussi vite que la bourse vide. L'oncle s'était porté le garant de son neveu, et la tante la garante de sa nièce ; ils ont été assignés devant le juge, et, comme c'était aux petites audiences, au lieu de plaider, ils se sont battus. De leur côté, le neveu et la nièce ont aussi fait semblant de se battre ; mais, sans que personne pût s'en douter, le neveu a fait à la nièce des caresses et presque des embrassades. L'huissier et le greffier ont eu beaucoup de peine à séparer les uns et les autres.

Les incidents du procès se sont multipliés. Récusation des témoins, récusation des juges, par le procureur pour le neveu, par la procureuse pour la nièce. Pourquoi, avant la nouvelle ordonnance, voyait-on si rarement récuser les témoins, si rarement récuser ou prendre à partie les juges? Ce n'est pas que les hommes fussent meilleurs, c'est que les lois sur la procédure civile étaient moins bonnes.

Un jugement définitif a été enfin rendu ; le neveu a été condamné envers la nièce à la restitution des fruits, à la réparation des dommages. Inutilement il a voulu, ou l'oncle pour lui, attaquer le jugement par requête civile. Il ne l'a pu par les formes : elles avaient été toutes observées ; et, quant au fond, aujourd'hui on ne le peut plus. Notre roi, avec cette politesse et cette dignité si bien séantes, quand on parle des magistrats, dit, dans sa nouvelle ordonnance, que le mal jugé des juges ou les propositions d'erreur ne seront plus admises. La loi d'autrefois les admettait : elle supposait avec raison que les juges de ce temps n'étaient pas très-habiles.

Rendre judiciairement un compte est, au jour présent, une chose simple, aisée, facile. Au temps passé, la forme des comptes était si longue que la seule préface en était effrayante. Le neveu, obligé de rendre compte des fruits dont il avait mal à propos joui, s'est trouvé débiteur d'une grande somme, devenue encore plus grande par les intérêts et les frais ; il n'a pas eu d'argent pour payer. Fais-le mettre en prison, ne cessait de dire la tante à la nièce. Véritablement, la contrainte par corps peut être aujourd'hui décernée, non-seulement pour lettres de change, pour dettes des marchands, pour payement des baux à ferme, pour restitution du prix des biens vendus par un stellionataire, mais encore pour restitution des fruits, pour frais de justice. La tante insistait, s'irritait, pour que la nièce usât de toutes les rigueurs de la nouvelle ordonnance contre le neveu ; la jeune nièce s'y est refusée.

Enfin, des amis communs du neveu et de la nièce n'ont pas eu de peine à leur faire entendre combien le jugement d'une cour arbitrale, formée à l'instar de celle de l'archevêché d'Arles (1), qui réglerait tous leurs intérêts, serait préférable. Aujourd'hui, leur a-t-on dit, les jugements des arbitres, d'après la nou-

(1) *Histoire de l'Église d'Arles* par Gilles du Port. Établissement d'un **bureau** d'ecclésiastiques **pour pacifier** les **procès**.

velle ordonnance (1), se rendent presque sans formes et sans frais. Le neveu et la nièce ont suivi ce conseil. Bientôt ils ont encore mieux fait : ils ont voulu transiger de leurs différends dans un contrat de mariage, qu'ils ont passé en dépit et en présence de leur oncle et de leur tante. C'était la nouvelle de la semaine dernière. La nouvelle de celle-ci est que l'oncle n'a pas voulu quitter le neveu, que la tante n'a pas voulu quitter la nièce, et que les deux ménages se sont réunis.

L'ORDONNANCE DE PROCÉDURE CIVILE.

Ces deux procès ont successivement tenu en haleine toute notre ville, et moi comme les autres. Et, moi comme les autres, j'ai acheté une nouvelle ordonnance de procédure civile, car, dans ces deux procès, toutes les diverses parties en ont été successivement invoquées, citées, discutées et appliquées.

Quand j'ai eu mon exemplaire, je l'ai lu sans désemparer. J'ai été de l'avis du public; cette ordonnance sur la procédure est en même temps une pièce littéraire par la manière dont elle est dessinée, écrite. Quelle différence avec les fatras, les indigestes mélanges du siècle dernier, connus sous le nom d'ordonnances de Moulins, d'Orléans, de Blois (1)! Ce qui sur-

(1) Ordonnance de 1667, tit. XXXI, *Dépens, Arbitres.* Cette célèbre ordonnance a été complétée par celle de 1669 sur les évocations et le *committimus.*

(1) Ici Monteil se montre beaucoup trop sévère pour les ordonnances qu'il cite. Elles ont été sur les temps antérieurs un très-grand progrès ; mais il faut se souvenir qu'il fait parler

tout dans cette ordonnance me charme, c'est que presque à chaque titre elle dit : J'abroge cette disposition des anciennes ordonnances ; je proscris cette autre. Elle vous dit, en d'autres mots : Ne faites pas comme autrefois, ne marchez pas tortueusement, lentement ; faites comme aujourd'hui, marchez droit, marchez vite.

Le libraire me dit que, depuis trente ans qu'elle avait paru, le débit en était toujours le même ; que le roi en avait accordé la vente exclusive au maréchal de la Feuillade (1), qui, bien qu'il fût un des seigneurs les plus magnifiques et les plus prodigues, en avait été enrichi. Elle ne cesse, ajouta-t-il, d'être imprimée, réimprimée ; les éditions en sont enlevées aussitôt qu'elles paraisssent, et je puis vous assurer que ni l'almanach de Liége, ni l'histoire de Barbe-Bleue n'ont jamais eu tant de débit.

J'écrirai encore ici qu'un de nos vieux procureurs m'a raconté qu'étant clerc praticien au Châtelet de Paris, il avait trouvé le moyen, en se mêlant parmi les gens du chancelier Séguier (2), d'assister aux

un homme du dix-septième siècle, un sujet de Louis XIV, et qu'il est fidèle à l'esprit du temps, où, depuis le grand seigneur jusqu'au plus humble bourgeois, tout le monde trouvait que ce que faisait le roi était incomparable ; cette admiration sans réserve pour les œuvres du prince est un des traits caractéristiques du dix-septième siècle : on admirait jusqu'à la révocation de l'Édit de Nantes. — L.

(1) François d'Aubusson, duc de la Feuillade, maréchal de France en 1673, se distingua sous Turenne en Flandre, et contre les Turcs à la bataille du Saint-Gothard. Mort en 1691. — L.

(2) Pierre Séguier, garde des sceaux en 1663, chancelier de France en 1665, présida le conseil où furent rédigées les ordon-

conférences tenues dans son hôtel pour la rédaction de cette ordonnance. Le lieu de l'assemblée était la galerie basse ; il y avait des députés du parlement, des conseillers d'État, des maîtres des requêtes. Le chancelier conduisait la discussion ; le conseiller d'État Pussort (1) était rapporteur.

Trois ans après, il vit au même lieu et de la même manière les conférences tenues par les mêmes personnes pour l'ordonnance sur la procédure criminelle. Le travail en fut grandement amendé par les nombreuses observations de l'avocat général Talon (2), ainsi que précédemment il l'avait été à la discussion sur l'ordonnance civile. Cette dernière fois il n'y eut pas de querelles, il n'y eut pas de menaces de se séparer, et la France ne fut pas sur le point d'être privée de cette seconde ordonnance, comme elle avait été sur le point de l'être de la première, par de vaines prétentions sur la place et le rang des chaises.

nances de 1669 et 1670, connues sous le nom de *code Louis*; mort en 1672. — L.

(1) Pussort, conseiller d'État, oncle de Colbert, né en 1615, mort en 1697. — L.

(2) Denis Talon, fils du célèbre jurisconsulte Omer Talon, président à mortier au parlement de Paris, né en 1628, mort en 1698. — L.

DIX-SEPTIÈME SIÈCLE

PROCÉDURE CRIMINELLE.

Le croira-t-on? Notre lieutenant criminel de Saint-Pierre-le-Moutier n'est ni insolent, ni rude, ni dur. Il écoute aussi volontiers, il rit aussi souvent que les autres; ses sourcils ne sont pas épais; sa perruque n'est point hérissée; sa figure n'est ni pâle ni froncée; il a la voix, le regard comme tout le monde; enfin, n'était son terrible habit de justice (1), vous le prendriez pour un homme débonnaire, pour un bonhomme.

Un jour de ce printemps qu'il était venu à Nevers pour une enquête, il entra dans la salle d'une auberge, où il ne trouva qu'un jeune cavalier et une jeune dame prêts à se mettre à table. Il leur dit qui il était, et leur demanda, après plusieurs grandes révérences, la permission de dîner avec eux. Le beau couple lui rendit ses révérences, et l'invita à prendre place. On mange, on boit, on jase. On est tout aise de se trouver ensemble; on se félicite mutuellement de l'heureuse rencontre.

(1) La robe de soie noire et le bonnet carré comme tous les officiers des cours présidiales.

Le lieutenant criminel était le plus satisfait de tous. Il dit à ses aimables convives qu'il désirait bien de les connaître plus particulièrement. Je le veux bien, lui répondit le jeune cavalier, car votre figure d'honnête homme inspire une entière confiance.

Je suis Languedocien, et ma compagne est Lyonnaise.

Ne croyez pas que j'aie toujours été un saint, car, en ce moment, je suis obligé de me rappeler quelques aventures.

Une nuit, je passais dans la rue; voilà qu'un homme, me prenant pour moi ou pour un autre, me donne dix coups de bâton. Je lui en rends vingt. C'était un plaisir de bien bâtonner ses belles épaules : je sais, quand il le faut, bien bâtonner (1).

Je sais aussi, dans l'occasion, bien dessiner. Un de mes amis me témoigna le désir d'avoir, au bas d'un acte non signé, le portrait de la signature qui était au bas d'un acte signé. Je le lui dessinai. Je n'ai rien à refuser à mes amis, et quelques instants après il se trouva que l'homme aux belles épaules, car c'était lui dont j'avais contrefait la signature, dut, sans qu'il s'en doutât, vingt mille francs.

(1) Sous l'ancien régime il était parfaitement admis que l'on pouvait, en toute sécurité de conscience, donner ou faire donner la bastonnade aux gens dont on avait à se plaindre, pour peu que l'on fût au-dessus d'eux par le rang. Ce singulier mode de vengeance figure souvent dans nos anciens romans et nos anciennes comédies. On sait que le chevalier de Rohan-Chabot s'en servit contre Voltaire, et que ce grand homme fut mis six mois à la Bastille pour avoir demandé au chevalier réparation de cet outrage. — L.

Je ne pensais plus à mes talents de bien bâtonner et de bien dessiner, quand je fus presqu'en même temps assigné pour crime d'assassinat et pour crime de faux.

Vous savez qu'on est presque aussi fou aujourd'hui de la nouvelle ordonnance sur la procédure criminelle que de la nouvelle ordonnance sur la procédure civile. Le prévôt en était un des plus fous, continuellement il la citait; malheureusement il en appliquait les dispositions à sa manière. Je puis vous en dire quelque chose : car, comme je n'avais pas comparu, il se crut autorisé par l'ordonnance à me décréter d'ajournement personnel (1). Je gagnai le large; mais il se donna tant de mouvement, mit tant d'archers en campagne, que, me voyant sur le point de tomber entre ses mains, j'allai me constituer prisonnier dans les prisons du présidial (2). Je savais que la procédure prévôtale est prompte est sans appel, et que le prévôt, bien qu'assisté de six juges, est le plus souvent maître du jugement. Je présentai requête au présidial, et je soutins que mon cas n'était point prévôtal, parce que c'était dans une rue, et non dans un chemin, que j'avais bâtonné l'homme aux belles épaules. Mais, direz-vous, pourquoi craigniez-vous le prévôt? C'est qu'il était à craindre : il était grand ami du frère du bâtonné. S'il m'eût tenu, il se fût déclaré compétent, et m'eût fait passer le pas. Ensuite, quoiqu'il

(1) Ordonnance criminelle rendue à Saint-Germain-en-Laye au mois d'août 1670, titre X, Décrets, art. 3.

(2) Les accusés décrétés par les prévôts pouvaient aller se réfugier sous la protection de leurs juges naturels des présidiaux. Voyez la déclaration du 23 septembre 1678.

n'eût pas été mon juge et qu'il m'eût jugé illégalement, il en eût peut-être été quitte pour une amende de trois cents livres : la nouvelle ordonnance ne lui en eût pas demandé davantage.

Le présidial accueillit ma requête, et déclara qu'il allait me juger par prévention, en d'autres mots que, puisque mon juge naturel, le bailli, n'avait pas informé contre moi, il allait, lui, informer avant tout autre, comme juge plus vigilant et plus zélé ; mais ce n'était pas ma faute. Je demandai inutilement à être jugé par mon juge naturel.

L'homme aux belles épaules, qui n'était d'abord que mon dénonciateur, voulut, par haine, faire tous les frais de justice. Il se porta contre moi partie civile, afin de donner plus de mouvement à la procédure. Je le forçai aussitôt à consigner soixante livres, qu'il s'exposait à perdre si le faux n'était pas avéré.

Je fus interrogé d'abord sur le banc. Le procureur du roi ayant conclu à une peine afflictive, je le fus sur la sellette. On me représenta ma canne, l'homme aux belles épaules la reconnaissait ; je ne voulus pas la reconnaître. Je ne voulus pas non plus reconnaître la signature. Tout mauvais cas est reniable ; or ces deux cas étaient, ce me semble, de mauvais cas (1).

On fit assigner un grand nombre de témoins. Plusieurs étaient des gens d'église qui avaient vu, au sortir de matines, frapper de belles épaules. Ils ne voulurent pas témoigner. On eut recours à leurs supérieurs pour les y contraindre.

(1) Pour tous les détails ci-dessus, voir, Ordonnance criminelle de 1670, titres I, II, III, IV, IX, XIV.

Les témoins furent ouïs une première, une seconde fois; ils furent récolés; ils me furent confrontés. J'en récusai un grand nombre.

Je me débattis, je me défendis; je fis recommencer à deux reprises la procédure, et je crois que j'aurais échappé aux poursuites si la procédure n'eût été secrète. Le public aurait forcé le tribunal à voir que ce guet-apens n'était qu'une petite joute nocturne de quelques coups de canne, et que la signature n'était de ma part qu'un jeu, qu'un enfantillage, ou tout au plus, si l'on voulait, une grande complaisance. Que sais-je? Combien de belles choses eût dites mon avocat, si l'ordonnance eût permis aux accusés d'en avoir! Mais elle n'accorde de conseil que pour les crimes de péculat, de concussion, de vol de deniers publics et de banqueroute frauduleuse.

Enfin il fallut bon gré mal gré être jugé. Je ne pus échapper au fouet et à la marque (1).

J'appelai; mon jugement fut confirmé.

Toutefois je ne me désespérai pas; je craignais pis : je craignais de porter l'habit rouge, d'être attaché sur le même banc avec les Turcs (2). Je craignais les galères.

(1) La législation pénale du seizième siècle, qui comprenait le fouet et la marque, et qui était celle des précédents siècles, a été, sauf quelques modifications peu importantes, toujours la même jusqu'à la révolution.

(2) Ce n'étaient pas seulement les prisonniers de guerre turcs qui étaient mis aux galères; c'étaient aussi des esclaves musulmans, que les gens riches, condamnés à ramer sur les galères du roi, donnaient au gouvernement en manière de remplaçants. Le gouvernement, au lieu d'un seul forçat, pouvait

Le jour que mon jugement me fut prononcé était
une espèce de solennité judiciaire. Une commission
ambulante de conseillers au parlement avait tenu ses
grands jours, et en même temps rendu bon nombre
d'arrêts qui ne devaient pas être exécutés sur les
lieux, parce que les conseillers au parlement consen-
taient à épargner aux hauts justiciers les frais de la
translation et de l'exécution. Plusieurs pauvres malheureux étaient condamnés à être pendus et étran-
glés « jusqu'à ce que mort s'ensuivît; » d'autres à
avoir la tête tranchée et séparée du corps, non par la
main du bourreau, comme à Paris et dans les autres
villes, mais au moyen d'un mécanisme de supplice
qui est particulier à Toulouse ainsi qu'au Languedoc,
et qui consiste à faire tomber, entre deux hauts po-
teaux de bois, une lourde hache ou doloire sur le cou
du patient, fixé dans un collier (1); d'autres étaient
condamnés à être conduits au port de Marseille,
« pour y servir par force le roi sur ses galères, avec
« défense d'en sortir sous peine de la vie, et au ca-
« pitaine de le permettre, sous peine de vingt mille
« livres. » Par un contraste assez singulier, à côté
de tant de gens qui pleuraient, il y en avait qui

ainsi s'en procurer une ou plusieurs douzaines, et comme il y
trouvait son avantage, il se prêtait volontiers à cette étrange
spéculation; elle fut plusieurs fois autorisée sous Louis XIV.

L.

(1) On voit qu'il s'agit d'un instrument de supplice analogue
à la guillotine. Des instruments pareils étaient employés à
Gênes au seizième siècle sous le nom de *mannaja* et en Écosse
sons le nom de *maiden*. C'est de cette manière que le duc
de Montmorency fut décapité à Toulouse en 1632. La France
n'a pas inventé la guillotine, elle n'a fait que la perfectionner.

L.

riaient : ils avaient obtenu des lettres de rappel de ban, des lettres de rappel des galères, des lettres de rémission. Il y en avait qui riaient même en étant fustigés ou marqués : ils avaient été condamnés au gibet ; ils avaient obtenu des lettres de commutation de peine.

On avait condamné, on avait absous les vivants ; on avait aussi condamné, on avait aussi absous les morts ; on avait fait le procès à des cadavres (1) ; on avait réhabilité la mémoire d'hommes injustement suppliciés. Je suis innocent, me disais-je ; si mon innocence est reconnue dans la suite, la justice pourra-t-elle aussi réhabiliter mon épaule ? Aura-t-elle de l'onguent pour la brûlure ?

Nous avions déjà, tous, subi notre jugement, au milieu d'une immense foule d'oisifs qui nous entouraient, moins pour profiter de notre exemple que pour voir notre contenance ou si nous avions des caractères, des charmes contre la douleur, contre la mort, lorsque je distinguai, parmi mes compagnons d'infortune, une jeune personne embellie par son malheur et par ses larmes.

Elle et moi étions de ceux qui ne devaient plus rien ; elle venait ainsi que moi de satisfaire à la justice ; l'on détacha nos liens et l'on nous mit en liberté.

____

(1) Ces sortes de procès sont très-nombreux sous l'ancien régime, et même à une époque très-rapprochée de nous. On sait que Jacques Clément, l'assassin de Henri III, fut tué sur place par les gardes qui le saisirent après le meurtre de ce prince, et que son cadavre fut condamné à être tiré à quatre chevaux, brûlé, et jeté à la Seine avec les débris du bûcher.

L.

Nous nous prîmes amicalement par la main et nous nous retirâmes comme l'on assignait, au son du tambour et de la trompette, à comparaître à jour fixe les prévenus, les accusés qu'on avait pu prendre.

Pendant quelques moments, ma compagne et moi allâmes ensemble sans rien dire ; mais au premier détour de la rue, elle me proposa d'entrer dans un obscur cabaret qui s'offrit à nous. Elle avait un demi-louis d'argent, car pour moi il ne me restait que ma veste et mes chausses. Lorsque nous eûmes assez longtemps maugréé contre les juges, nous nous racontâmes comment nous avions fait pour nous tirer de leurs mains au meilleur marché possible.

Je me doutais que ma belle compagne n'était pas plus coupable que moi. Elle appartenait aussi à une famille honnête. Quelques peccadilles du jeune âge l'avaient forcée à s'évader de la maison paternelle. Elle était entrée en condition ; sa maîtresse, ou par méchanceté, ou par jalousie, ne cessait de la quereller. Un soir elle voulut la maltraiter ; ma compagne essaya de se défendre ; en se débattant, la bague de diamants de sa maîtresse s'engagea dans l'un de ses doigts ; elle ne s'en aperçut que lorsque sa maîtresse l'eut congédiée. Bientôt elle fut poursuivie, arrêtée et jetée dans le fond d'une prison. Elle vit bien que les apparences étaient contre elle et qu'il ne lui servirait de rien de vouloir se défendre ; elle prit le parti de ne pas répondre ; mais son silence fut tenu pour aveu, et par sentence du juge, confirmée par le parlement, on allait lui donner la question des brodequins, c'est-à-dire la vieille question qu'on donne en province, lorsqu'elle se décida à parler pour la première fois, et, de sa douce voix que vous venez d'entendre, elle dit au juge que la timidité l'avait empêchée jusqu'à ce moment de parler, mais que tête à tête elle lui avouerait tout. Le juge, après l'avoir attentivement écoutée, ne la trouva plus aussi coupable. Monsieur le lieutenant! je vous prie de voir de quoi dépend la vie, car soyez sûr qu'à la place de ma compagne, une vieille ou laide femme eût été au moins pendue. La procédure secrète, de laquelle j'avais tant à me plaindre, la sauva. Aussi ma compagne trouve-t-elle la nouvelle ordonnance une ordonnance à la mode, une ordonnance en tout point belle, bonne, parfaite. Je ne suis pas de cet avis et, dans notre petit ménage, c'est notre seule dispute.

Notre lieutenant criminel, tout rouge, tout indigné de se trouver en pareille compagnie, se leva en disant : Mon beau monsieur! ma belle dame! je me serais volontiers passé de cette confidence, surtout après m'être ignominieusement attablé côte à côte avec ceux qui viennent de me la faire. A ces mots, le jeune cavalier, éclatant de rire, jette plusieurs papiers sur la table et dit : Monsieur mon confrère, je suis moi-même lieutenant criminel à Angoulème. Vous n'avez pas aujourd'hui regardé votre almanach ; c'est le premier du mois. Poisson d'avril! poisson d'avril!

DE CEUX QU'ON DOIT ATTENTIVEMENT ÉCOUTER.

Ayez pour principe d'écouter attentivement ceux

qui parlent de leur état : ceux-là savent ce qu'ils disent. Un commissaire examinateur de Paris fit l'autre jour une réflexion qui ne m'échappera pas. Il y a plusieurs siècles, dit-il, que dans notre ville nous passons par les vieilles portes du grand et du petit Châtelet, tandis que nous pourrions passer par d'autres belles portes, de Saint-Denis et de Saint-Martin.

La France se laisse régir encore par les vieilles collections de droit coutumier, par les plus vieilles collections de droit romain ; tandis que, si elle eût voulu fondre ensemble les belles parties de ces deux législations, elle en eût tiré deux codes qui nous manquent depuis le commencement de la monarchie, un Code civil et un Code criminel (1). Elle a laissé mourir ses illustres légistes, Lamoignon (2), Domat (3), Nouet (4), sans leur demander ce grand travail, qui aurait tant ajouté à la gloire du nom français.

(1) Notre premier Code civil est celui de l'Empire. Notre premier Code criminel est le Code pénal de 1791.

(2) Guillaume de Lamoignon, président au parlement de Paris, avait formé le projet de donner à la France une législation uniforme. A défaut de cette législation, il a laissé d'importantes consultations de jurisprudence connues sous le nom d'*Arrêtés de Lamoignon*; né à Paris en 1617, mort en 1671.—L.

(3) Domat, l'un de nos plus illustres jurisconsultes, auteur du célèbre ouvrage : *Les lois civiles dans leur ordre naturel*, Paris, 1689-1697, 5 vol. in-4°; né en 1635 à Clermont-Ferrand, mot à Paris en 1695. — L.

(4) Ce nom, aujourd'hui oublié, est celui d'un célèbre avocat consultant que l'illustre d'Aguesseau citait comme modèle dans sa mercuriale au barreau de Paris, à la rentrée du parlement en 1699. *Esprit des cours de l'Europe*, journal imprimé à La Haye, année 1699, décembre même année, article : Cour de France.

MAGISTRATURE ET LES GENS DE LOI.

Il y a des personnes qui peuvent tout dire : les juges, les pères des jeunes filles, les riches possesseurs de belles maisons, de beaux salons, lorsqu'ils ont bon feu et qu'il fait grand froid.

En ce moment il me vient à la mémoire qu'au mois de novembre ou décembre dernier, me trouvant à une soirée dans notre quartier, un conseiller au bailliage dit : Si l'on rangeait dans une plaine les dix millions de Français, il pourrait en sortir trois cent mille magistrats ou officiers publics, et ils y sont. Il pourrait, de ces trois cent mille magistrats ou officiers publics, sortir deux cent mille magistrats ou officiers judiciaires, et sûrement il n'y en a pas moins (1). Mais, messieurs, quelle bigarrure d'habits

(1) J'ai fait ce calcul, dont les bases seraient ici trop détaillées. Je mentionnerai seulement pour les justices bannerettes

et d'organisation n'ont pas, durant ce siècle, ajouté
les réunions de la Navarre, du Béarn, du Roussillon,
de la Franche-Comté, de la Lorraine, de l'Alsace, de
l'Artois et de la Flandre, à la bigarrure d'habits et
d'organisation de la magistrature française, déjà si
bigarrée ; car, bien que, depuis quelques années,
nous n'ayons presque plus de juges en corps de
nobles (1), nous en avons en corps de clercs, en corps
d'hommes de fief, en corps de gens de guerre, en
corps de consuls, d'échevins, de bourgmestres, en
corps de financiers, en corps d'hommes de loi. Et
dans les corps d'hommes de loi, quelle bigarrure encore ! Un fort grand nombre de ces corps sont modifiés par l'usage local (2), la volonté locale, ou ils
sont, par les nouvelles lois, mélangés de chevaliers
d'honneur, de gens d'épée.

160,000 magistrats ; pour les justices supérieures, juges, greffiers, procureurs ou sergents, 40,000 ; pour les municipalités
de ville ou de village, 60,000 ; pour les juges et officiers des
cours financières, greniers à sel, douanes, ports, amirautés,
cours prévôtales, point d'honneur, eaux et forêts, gardes seigneuriaux, messiers, etc., 40,000. Je suis demeuré au-dessous
de la vérité. Sur ce nombre il sera facile de compter 200,000
magistrats ou officiers judiciaires.

(1) *Mémoire des intendants*, Alsace, chap. Justice, corps de
noblesse de la Basse-Alsace. Celui de la Haute-Alsace avait
cessé d'exister comme cour de justice quelques années auparavant. Il en avait été de même de celui de Lorraine, qui ne
s'assemblait plus comme cour de justice depuis l'année 1620.

(2) Les tribunaux institués par le prince offraient eux-mêmes
des différences locales plus ou moins grandes à raison des dis-
tances. Qu'on veuille bien lire attentivement l'histoire des présidiaux de la Provence, de la Bretagne et de la Picardie, on verra de
plus ou moins grandes différences dans leur organisation et
dans **leurs formes. Il en était ainsi des parlements.**

Je me souviens aussi qu'à cette même soirée le père de trois belles filles de quinze à dix-huit ans, que tout le monde accueille et fête comme si tout le monde devait être son gendre, se prit à dire : Je désirerais que les enfants des écoles pussent connaître les divers magistrats qui, un jour, doivent prononcer sur leur fortune, leur sort, et qu'on fît un livre d'estampes où ils seraient tous figurés.

En ouvrant, continua-t-il, ce livre, s'offriraient d'abord les juges banncrets, les juges châtelains, habillés à peu près comme les paysans le jour de dimanche, ayant seulement de plus un vieux bonnet carré sur la tête et un vieux rabat attaché à leur cou. — Soit, dit le conseiller au bailliage, mais je voudrais qu'on y mentionnât aussi leurs gages, qu'on y figurât aussi le procureur fiscal avec sa bourse à cheveux, le greffier, l'huissier avec leur écritoire, et qu'on y mentionnât de même leurs gages, leurs émoluments, leurs droits.

Ensuite s'offriraient les estampes des juges royaux, vêtus de plus ou moins méchantes, de plus ou moins bonnes robes avec bonnet carré, avec rabat. — Soit, mais je voudrais qu'on y mentionnât aussi leurs gages, leurs épices, et qu'on y figurât leurs praticiens plaidant la plupart sans robe, ni bonnet, ni rabat.

Ensuite les estampes des présidiaux, des grandes sénéchaussées, assis sur de hauts siéges fleurdelisés, vêtus de belles robes de soie noire, et les présidents ou juges-mages vêtus quelques-uns de belles robes d'écarlate, quelques autres de belles robes de soie bleue brodée d'argent, tous avec bonnet et rabat. —

Soit, mais je voudrais qu'on y mentionnât leurs gages et leurs épices, et qu'on y représentât les gens du roi mettant un genou sur leur banc lorsqu'ils font leurs réquisitoires et qu'ils prennent leurs conclusions, qu'on y figurât aussi les avocats plaidant avec leur robe, leur bonnet, leur rabat, leur chaperon fourré, les bacheliers plaidant avec leur robe, leur bonnet, mais sans chaperon, les procureurs, les greffiers, les huissiers, tous à peu près vêtus de cette même robe de bachelier, portant le même rabat, le même bonnet.

Ensuite et enfin les estampes rouges, je parle des parlements, celui de Paris en tête, ayant sur le premier plan ses vingt-quatre présidents, dont le premier, distingué par un mortier ou bonnet de velours entouré de deux galons d'or, dont neuf autres, distingués par un mortier entouré d'un simple galon. — Soit, mais je voudrais aussi qu'on écrivît au-dessous que les conseillers, au nombre de cent quatre-vingt-deux, portent la robe d'écarlate et le chaperon rouge fourrés d'hermine, et de plus qu'on divisât le parlement par chambres : la grande, où, dans les audiences solennelles, sont jugés les procès les plus importants, suivant le tour de divers bailliages, dont chacun a des mois qui lui sont exclusivement affectés ; la tournelle, où sont jugés les procès criminels; celles des enquêtes, où les procès sont jugés sur mémoires, sur pièces écrites ; celles des requêtes, où sont jugés les procès des personnes privilégiées, dont le nombre n'est pas petit, car il faut être bien bas, bien obscur, pour ne pas jouir du *committimus*.

Ce n'est pas tout : je voudrais voir, dans ces lon-

gues rangées des bonnets carrés et des rabats que
portent les juges des présidiaux et les juges des parlements, les chapeaux à plumet des chevaliers nouvellement institués (1).

Je voudrais aussi que votre livre parlât de la
finance des offices, qu'il dit : l'office d'un conseiller
au présidial se vend ordinairement deux, trois mille
livres ; celui de président, dix mille ; celui de conseiller au parlement, quarante mille ; celui de président,
trois, quatre fois autant et davantage, suivant le
grade ; qu'il ajoutât que celui de procureur du roi au
présidial de Lyon s'est vendu jusqu'à cinquante mille
livres, et celui de procureur général au parlement de
Paris jusqu'à douze cent mille.

Je voudrais qu'à ce sujet on fit connaître le fameux
édit de la Paulette (2), ainsi nommé de Paulet, financier, qui le proposa ; qu'on dît aussi que, lorsque le
magistrat ou officier pourvu d'une charge a acquitté,
d'après sa taxe, ce droit annuel, il est assuré de faire
passer sa charge à ses successeurs.

Je voudrais que le grand conseil qui, par sa vraie
nature, est une cour de cassation, qui, par conséquent, serait le timon du char judiciaire, si l'impé-
rieux et despotique parlement ne le réduisait à n'être
ordinairement qu'une cinquième roue, se trouvât de

(1) L'épée n'allait pas sans le plumet, et les chevaliers d'honneur la portaient, comme l'annonce leur titre de conseillers
d'épée. Édit de mars 1691 relatif à la création de ces
charges.

(2) Cet édit fut promulgué en 1604 ; il établissait un droit annuel de 60 centièmes de la valeur des offices de judicature.

L.

même dans votre utile livre et qu'il y fût magnifique-
ment vêtu de ses robes de soie noire.

Il faudrait aussi figurer dans votre livre les avocats
au parlement. Ils sont vêtus comme ceux des présidiaux ; mais plusieurs ont un grand nom qui devrait y
être écrit. Les plus illustres s'appellent Patru (1), le
Maître (2), Érard.

Et non-seulement il faudrait y figurer les avocats
au parlement, mais encore les procureurs. Leurs
charges ne sont pas très-belles ; mais elles sont très-
productives et pour eux et pour le fisc, car, des
quinze mille officiers inscrits sur les registres du
droit annuel ou marc d'or, ils ne sont pas ceux qui
payent le moins.

Et il faudrait y figurer aussi les huissiers, notamment ceux du parlement de Paris, notamment le premier, qu'on devrait représenter en robe rouge, des-
cendant de son carrosse, pour monter dans celui du
premier président, qu'il va conduire à l'audience. Si
l'on représentait les autres huissiers, ils devraient
être en robe noire, siéger au coin des rues et des
places, à leurs barrières grillées, où, continuellement,
à travers les barreaux, mille mains donnent, reçoivent des exploits.

(1) Olivier Patru, avocat au parlement de Paris, membre de
l'Académie française. Ses œuvres forment deux volumes in 4°,
Paris 1732 ; né en 1604, mort en 1681. — L.

(2) Antoine Lemaître, d'abord avocat au parlement de Paris
où il obtint de brillants succès, se retira à Port-Royal en 1637,
et fit paraître divers ouvrages relatifs à la vie des saints et a
l'histoire des martyrs ; né en 1608, mort en 1658. Ses plaidoyers ont été publiés en 1654, 1 vol. in-4°. — L

Je ne vois point dans votre livre les notaires, dit, en tisonnant le feu avec de longues mordaches, le maître de la maison. — Ah ! répliqua le conseiller, ils devraient y être. A la vérité ils n'ont pas de costume ; mais si la probité et l'honneur en avaient un, l'opinion le leur donnerait.

J'approuve d'ailleurs, continua le conseiller, qu'il soit dit dans votre livre que les corps parlementaires existent depuis environ quatre cents ans. J'approuve aussi que la carte de leur territoire juridictionnel y soit jointe.

Tout cela est très-bon et très-beau, dit le maître de la maison, toujours en tisonnant ; mais, au fait, la magistrature française est à refondre. Il suffirait, en première instance, de nos quarante mille juges bannerets, en deuxième et dernière instance, de nos cent présidiaux ou grands bailliages, qui tiendraient lieu de parlements, qui en auraient la compétence illimitée.— Eh ! qui jugerait les appels ? dit le conseiller.

— Eux-mêmes, répondit le maître de la maison ; ils jugeraient les appels les uns des autres. Bientôt la compagnie, faisant semblant de croire qu'il était tard, se leva pour aller dans la rue éclater de rire.

PIÈCES HISTORIQUES

PLAIDOYER DE Me PUYMISSION

Il a été souvent question dans ce volume de la manière dont les avocats plaidaient au dix-septième siècle. Nous avons pensé que le lecteur trouverait intéressant de rencontrer ici un spécimen de leur éloquence. Ce spécimen est emprunté aux œuvres de maître Jacques Puymission, avocat au parlement de Toulouse ; il date de 1603. Nous en avons supprimé divers passages, mais ce que nous en reproduisons suffira pour donner une idée exacte du genre.   L.

Puymission pour Messire Iean de Bonsi, seigneur et évesque de Béziers, le Syndic des religieux de l'estroicte observance de sainct François, dicts Récolets, et le Syndic des consuls d'icelle ville de Béziers assignés : et autrement ledit sieur Évesque suppliant en opposition envers l'Arrest du dix-huictiesme Iuin, mil six cens trois. Et le Syndic des Recolets, demandeur pour estre réintégré du Monastère, Reliques, ornemens et meubles y mentionnés. Contre le Syndic des Frères Religieux de la régulière observance Sainct François de ladite ville, demandeur en la cause renvoyée en jugement, et autrement appelant comme d'abus, de la procédure faicte par iceluy de Bonsi, et néantmoins deffendeur.

A Dict ; que par les bulles des Papes Clément septiesme, Grégoire treiziesme, et Clément huitiesme, il a esté permis aux Religieux de l'observance de S. François de se réformer, et outre les provisions générales, il y en eust des particulières du mois de septembre mil six cens un, portants injonction aux Evesques et autres Prélats de ce royaume, d'assigner un ou deux Monastères en chacune des provinces, où la réformation ne seroit pas receuë ; et aux autres où elle l'estoit desia, en bailler un ou deux encore, sans attendre l'assemblée des Chapitres Provinciaux, et user de toutes censures et contrainctes à ce nécessaires, pourveu que ce fust avec le consentement des Seigneurs, et des habitans des lieux.

Le roy qui est aujourd'huy heureusement régnant, n'eust pas plustost entendu ceste louable institution, qu'il tascha par tous les moyens de l'advancer : tellement que sur les remonstrances qui luy furent faictes par le Clergé de France, alors assemblé en la ville de Paris, du bien et profit qu'en proviendroit, il y a eust arrest en son Conseil du mois de décembre mil six cens deux, par lequel il est enjoint aux Archevesque et Evesques, de doner advis des Couvens qu'on pourroit prendre en leurs Dioceses, pour recevoir ces religieux. A **quoy ayant esté procédé, il y eut depuis encore un autre**

Arrest du vingt septiesme Iuin suivant, par lequel il est ordôné que les Provinciaux de l'observance bailleront les Monastères qui feront besoin, et à leur refus, il y sera pourveu par les Evesque Diocesains : le tout conformément aux Bulles du Sainct Siége, nonobstant tous empeschemens et oppositions, et qu'il seroit mandé aux Cours de Parlement et autres officiers, de prester toute faveur et assistance requise.

Les habitans de la ville de Béziers ayants remonstré au Provincial de l'observance, qu'il estoit nécessaire pour plusieurs grandes considérations, qu'il changeast les Religieux qui estoient alors dans leur ville, et qu'il en y mist des réformés, et ayans adiousté à leurs supplications le désir et les vœux de tout le Clergé, ils en eurent promesse. Mais voyans que l'exécution ne s'en ensuivoit point, et que ce retardement estoit beaucoup nuisible, après plusieurs délibérations qui furent faictes en corps de ville pour ce retard ; et après qu'on en eut eu déclaration du Général de l'ordre, et encore de Sa Majesté, en fin Messire Iean de Bonsi, qui est leur Seigneur et leur Evesque, envoya querir quelque nombre de Religieux Récolets, et les installa dans le couvent pour y résider et faire le service, après avoir congédié les autres.

Ces bons Pères n'y sont pas plus tost que leurs prières et austérités se trouvent suivies d'une assiduë dévovotion de tout le peuple : mais voicy un empeschement qui survient ; car les Religieux de l'Observance, prétendans les formes n'avoir point esté gardées sur l'admission de ceste réformation, se résolurent de les déposseder, ce qui fut exécuté. Monsieur l'Évesque ordonne que les Récolets seront réintégrés ; le syndic de l'Observance résiste à cela, et présente requeste à la Cour en inhibitions de le troubler, laquelle a esté renvoyée en audience : et dequis il impettre des lettres pour estre appelant comme d'abus des procédures jà mentionnées ;

et au contraire le Syndic des Récolets a baillé autre requeste pour estre restably. Et d'autant que ceux de l'Observance s'aidoient d'un Arrest accordé par expédiant le dix-huictiesme de Iuin mil six cens trois, avec les Récolets de la ville de Tolose, pour les obliger à demander les Couvens aux Chapitres provinciaux, et qu'aux refus d'iceux, il leur seroit loisible de s'adresser aux Evesques ; ledit sieur se seroit pourveu par requeste en opposition.

Les moyens d'abus et d'inhibitions consistent en ce que les Religieux de l'Observance prétendent que par les Bulles de nostre S. Père, et par les Arrests du Conseil, voire mesme par celuy du Parlement de Tolose ja mentiôné, on ne pouvoit introduire les Récolets dans le couvent de Béziers, sans en avoir fait demande, ou en avoir eu permission au Chapitre Provincial, et qu'il ne seroit pas raisonnable qu'eux qui sont les Anciens, et qui tiennent la règle en la sorte qu'elle est approuvée, fussent dépossédés pour en y mettre des nouveaux ; qu'ils sont exempts de la juridiction Episcopale, et ne peuvent être visités, ou réglés, que par leurs Supérieurs : et que ceux-cy se sont séparés de leur corps, et changé leur habit mal à propos.

. . . .

Les Évesques ont eu tousiours pouvoir et authorité de visiter et régler les Monastères. Alcuin, qui fut précepteur de Charlemagne, en l'une de ses Épistres, *Episcoporum est Monasteria corrigere :* Comme de mesme l'ancien Autheur de la vie de S. Otho, rapporte un rescrit du Pape Caliste, qui veut par exprès, *Monachos ordinationes suas ab Episcopis Diœcejanis accipere.* Isidorus Pelusiota les exhorte d'exciter leur dévotion et prendre garde à leurs nonchalances, et ne faut pas prétendre que cest ordre ait esté altéré soubs prétexte des exemptions, parce qu'elles n'ont point de lieu alors qu'il est **question de la discipline Ecclésiastique,** par l'ordon-

nance d'Orléans, et par le concile de Trente : aussi elles
ont esté tousiours odieuses parmy les anciens, comme
S. Bernard le montre assés en divers lieux : et Petrus
Blesensis, qui vivait en mesme temps, dit, que soustraire les Religieux du pouvoir de leurs Évesques, c'est
provoquer les enfans contre leurs Pères, *Filios armare
in parentes :* et peu après il s'escrie, *Detestantur habere
excessuum suorum correctorem, et plenam impunitatis
licentiam amplectuntur.* Ivo, Evesque de Chartres fait un
mesme reproche à quelques autres qui se disoient
exempts, pour n'obeyr pas à l'Evesque de Paris leur
Diocesain. *Noua libertate excessus suos tuentur.*

Bref, ce sont les Évesques à qui appartient la surin-
tendance et cognoissance de toutes affaires Ecclésiastiques. Zonare, sur le Canon 58 des Apostres, observe
que leurs chaires sont relevées et placées en des lieux
forts éminents et hauts, pour monstrer par là, que c'est
à eux de descouvrir tout, et pouvoir à tout.

Quel scandale seroit-ce qu'on vist des Religieux mal
réglés, ou ayants besoin de correction, et qu'il ne fust
pas loisible à leur Évesque de les réformer ? ne sont-ils
pas membres de l'Église, et l'Église ne recognoist·elle
pas les Évesques pour chefs. ·*Ipsi omnium apices et
principes episcopi,* dict Optatus. Il est certain que combien que la probité de vie doive estre commune à toute
sorte d'Ecclésiastiques, les Religieux y sont encore ob-
bligés plus estroitement.

Comme il y avoit des philosophes parmy les Grecs,
les premiers Chrestiens, qui estoient secrets et cachés,
couvroient volontiers leur réformation soubs le nom de
ces gens-là ; ils vivoient sévèrement comme eux, et se
vestoient à plus près de mesme qu'eux, et de là le subject de Tertullien au livre *De Pallio,* et l'explication de
ce lieu de Sainct Hierosme : *Ubicumque viderent chris-
tianum, statim illudè trivio.* Mais depuis le nombre des
Chrestiens estant augmenté, et ceste rigueur, et austé-

rité de mœurs s'estant un peu relaschée, on l'auroit réduite et remise en la personne des Religieux. C'est pourquoy Isidorus Pelusiota, en plusieurs de ses Épistres, compare leur vie à celle des Philosophes, qui portoient d'ordinaire leurs robbes r'apiecées et usées, leur barbe longue, et un baston en la main, à la façon de nos Hermites. J'eusse bien voulu qu'il y eust adjousté pour s'approcher de nostre subiect ce qu'on lit dedans Philostrate, que la pluspart d'eux usoient de sabots de bois, et faisoient profession publique de pauvreté. Mais tant y a qu'il dict que c'estoient les Religieux qui exerçoient la vraye et parfaicte Philosophie, et qu'ils mesprisoient l'argent. Aussi ont-ils esté tousiours les lumières de l'Église, l'exemple du peuple ; que si ces lumières s'obscurcissent, qui nous esclairera, ou nous donnera jour ?

Aristote escrit en ce petit livre qu'il a faict, que la couleur blanche a cela, que la moindre soüilleure qui tombe dessus paroist à l'instant, et sur une face blanche, la moindre tache se voit soudain : en la personne d'un Religieux, le moindre soupçon, un clin d'œil, un geste indécent, une parole mal dicte, c'est un opprobre, et un scandale public.

Il faut recueillir de ce discours, qu'il doit estre loisible aux Evesques de visiter et réformer les Monastères, alors que les Supérieurs le négligent, ou le dilayent, comme estant chose qui regarde le bien universel de l'Eglise.

. . . .

En fin nous pouvons dire à bon droict, que tout ainsi que les Poëtes ont feint que Iunon, qui avait à mary le plus grand de leurs Dieux, se conservoit tousiours en mesme estat, en se lavant dans certaine fontaine, et reprenant tous les ans sa virginité, l'Eglise que Dieu de sa bouche nomme sa compagne et son Espouse, demure aussi tousiours en sa saincteté ; mais c'est en se **purifiant souvent et se réformant.**

Il en est de mesme d'elle, que de cest arbre d'Assyrie dont Pline faict mention dans son histoire : il a, dict-il, des fueilles qui chassent tout venin, et produit à toute heure des fruicts nouveaux, pource qu'à mesme temps que les uns meurissent ou tombent, les autres fleurissent et croissent. *Folium eius arcet animalium noxia, ipsa omnibus horis promisera est, alys cadentibus, alys maturescentibus, alys concrescentibus.*

. . . .

Du Tillet raconte en l'abrégé de son Annale, que ces Religieux estoient en grand crédit du temps de S. Louys à cause, dit-il, qu'ils vivoient avec ceste extrème pauvreté, qui leur donne encore ce jourd'huy le nom de Mandians ; et faut adjouster pour preuve de cela, que l'autheur de son histoire a noté, que ce bon Prince ne voulut partir du pays de province, sans en avoir veu un d'entre eux qu'on appelloit frère Hugues : tellement qu'estant enfin avec un grand nombre de peuple, qui le suivoit au beau pied, à cause de sa Saincteté, le Roy alla en personne dans son logis, pour le prier d'arrester près de luy, mais il le refusa tout court. Nauclere faict mention de ce qui advint alors à M. Guillaume du Temple d'amour, docteur de la Sorbonne de Paris, pour avoir escrit à l'encontre de leur mendicité : car il fut déclaré hérétique dans Rome, par le Pape Alexandre, environ l'an M. CC. LIV. Et Grégoire X, au concile de Lyon, leur enjoignist de rechef l'observation de l'indigence, ainsi que nous le voyons és rescrits qui en sont rapportés par Gonsague et par quelques autres.

Depuis fust faicte la Constitution du Pape Nicolas, qui se lit au chapitre IIJ *De verbor significat. lib. j.* par laquelle ils furent dispensés de pouvoir jouyr du revenu des biens qu'on leur donnoit, la propriété demeurant acquise au S. Siège Apostolique. Mais le pape Jean XXII la révoqua et la rétracta, par l'Extravagante qui est au mesme titre ; et croy qu'il est mal aisé, quoy qu'en ayent tenu quelques-uns, qu'on puisse attribuer ceste constitution au Pape Nicolas IV, pour ce que l'Ebérardus enseigne en sa Chronique, que combien que ce Pape fust de leur ordre, il ne voulut jamais leur octroyer aucune dispense ; *Quamvis esset de ordine Minorum, tamen nunquam fratribus sui ordinis fecit gratias speciales.* Et faut croire plustost que ce fut Nicolas III parce que Platine dict, qu'il estoit extremement affectionné à ces religieux, *Ordinis Minorum amator.* En fin il faut conclure que comme les Récolets surmontent les autres en l'observation de la vraye indigence, ils approchent aussi de plus près à la perfection de leur Règle, et de la discipline monastique.

Ceste maxime d'Aristote, que la pauvreté est ennemie de toutes grandes entreprinses, n'a point de lieu parmy les Chrestiens ; au contraire ils s'en sont tousiours aidés et servis, comme d'un moyen très-singulier pour atteindre et parvenir au comble de toute sorte de vertus : voire jusques là, que Iulian l'Apostal est constraint de l'advouer en quelqu'une de ses Epistres. Mais il faut que ce soit une pauvreté simple, et non pas d'ostentation, telle que l'avoient ces Philosophes que Philostrate accuse en la vie d'Apollonius, ou telle qu'on la voit en ceux de nos religieux, qui portent le noms de mendians, et ne restent pas pourtant de posséder de l'argent et du bien en leur particulier, comme il vériffie assez des actes produits.

L'indigence des Récolets est toute à nud, elle est descouverte et n'a rien au dehors qui ne soit en l'intérieur, ils ne jouissent et n'ont que ce que l'aumosne du jour leur donne, et tous leurs biens finissent avec le jour.

Aussi Platon estime que ceux qui ont l'âme pleine de l'or du Ciel, méprisent l'or et les richesses de la terre. Et S. Hierosme, *Ad Héliodor, Affatim dives est, qui cum Christo pauper est.* Mais ils sont très-exactes observateurs de leur vœu, és mœurs et façon de vivre, ils ne le sont pas moins pour leurs habits.

. . . .

Concluons donques, que depuis que les Récolets sont les vrais Observateurs de la Règle de S. François, et pour l'ordre dé leur vivre, et pour les habits, on ne leur peut point envier ce Monastère, c'est pour eux qu'il a esté fondé et basti, pour la réformation, et non pour la licence ou dissolution. Ils sont les vrais frères Mineurs, les fils légitimes, les successeurs de l'héritage, la maison leur doit demeurer : Les Monastères sont lieux saincts, où Dieu commande et préside, et ne faut pas en faire comme des théâtres, où les moins dignes ont les meilleures places, ainsi que disoit quelque ancien.

C'est mal à propos que les Observans disputent icy la question de la réintégration ; car la spoliation présupose possession et la possession suit le tiltre, qui est le plus juste et le meilleur. De manière qu'à le prendre par là, ils le perdent tousiours : aussi y a-t-il requeste donnée par les Récolets, qui tant à mesme fins, pour avoir le Monastère, les meubles de l'Église et autres choses qui en dépendent.

Pour l'Arrest de Toloze, dont les Religieux Observans font tant de cas, Monsieur l'Esvesque s'est pourvu par opposition : le couvent de Béziers dépend d'une autre province, et n'est point subject aux Supérieurs de celle de Toloze. Cest Arrest fust donné par expédient, et se trouve contraire à ceux du Conseil, et aux patentes du Roy portant le reglement universel qui doit estre observé et gardé partout.

Si c'estoient les Récolets qui eussent envahi ou occupé ce Monastère d'eux-mesmes, si c'estoient eux qui l'eussent recherché, il y auroit peut-estre quelque raison de les prendre à partie. Mais c'est le Prélat qui les a introduits, c'est son Clergé, ce sont les Magistrats, c'est le peuple qui les désire, et qui les demande, ce sont eux tous qui prennent leur deffence et qui supplient la Cour de les conserver en leur possession.

Au moyen dequoy, conclud qu'en la procédure de Monsieur l'Evesque de Béziers, n'y a point d'abus : et que la Cour sans avoir esgard aux requestes des Religieux Observans, doit déclarer ledit sieur bien opposant envers l'arrest donnné par expédient : et faisant droict sur la demande des Religieux Récolets, ordonner qu'ils seront réintégrés du Monastère, reliques, meubles et autres choses qui en dépendent, et autremement pertinement

Le plaidoyer ci-dessus fut regardé comme un chef-d'œuvre par les contemporains. Maître Puymission gagna sa cause, et quand on songe qu'il était loin des oracles du barreau de son temps, grâce surtout à l'érudition avec laquelle il entremêlait les citations sacrées et profanes, à la comparaison entre Junon et l'Église, on peut se faire une idée de ce qu'étaient les avocats vulgaires.　　　　　　　　　　L.

L'INTERROGATOIRE D'UNE SORCIÈRE

Nous avons donné plus haut, dans une note, des détails circonstanciés sur les procès des animaux. On a vu qu'au dix-septième siècle, plusieurs procès de ce genre ont encore eu lieu. Pour compléter ce qu'on pourrait appeler l'histoire des folies judiciaires du passé, nous plaçons ici, sous les yeux du lecteur, quelques extraits d'une enquête faite en 1613, par l'autorité ecclésiastique de la Flandre, contre diverses femmes accusées de magie. On voit, par cet extrait, à quel degré d'aberration l'esprit humain a pu tomber.

Marie de Sains, accusée de magie et de possession démoniaque, subit un long interrogatoire. Après qu'elle a confessé les diverses maléfices dont elle s'est rendue coupable, on la questionne sur les faits qui se passent au sabbat, et voici ce qui résulte de ses réponses. Nous en retranchons quelques passages à cause de leur profond cynisme.   L.

DES COUTUMES ET USANCES DU SABBAT

Après que la fille eust laissé l'assistance comme ravie et espouventée par la relation et confession de tant d'énormitez exécrables : elle monstra de plus qu'elle avoit une profonde et intime cognoissance des affaires et usances, et de toute la police du sabbat, car pauvre fille qu'elle estoit, nourrie méchaniquement, néantmoins parla non-seulement des sabbats en conformité des plus fameux magiciens du passé et présent ; mais aussi a dit et déclaré ce qui iamais n'avoit esté dit ou déclaré, et d'autant plus véritablement, comme il est dit utilement : car, premièrement par ses dépositions elle a rendu évident et asseuré ce qui estoit obscur et doubteux auparavant ; comme aussi par mesme moyen a fait paroistre la rage et meschanceté du diable à l'encontre de Dieu, et rendu abominable et odieux ce que plusieurs ne pensent point tant damnable comme il est.

Premièrement donc, dit et déclara que les Samedys on se prend signamment contre la Vierge, de laquelle un tel iour l'Église fait commémoration. Les Vendredys contre la Passion de Nostre Seigneur, pour ce que tel iour il a voulu mourir pour nous, et les leudys contre le S. Sacrement, qui fut un tel iour institué : disant, bien que nous varions nos blasphèmes, impiétez et sacriléges contre Dieu et les Saincts, selon l'occurrence des festes et solènitez, néantmoins chacun iour de la semaine est approprié à son œuvre, disant : Les Dimanches on fait le sabbat contre nature, prenant accointance avec les diables en forme de diable, ayant la forme en figure fort difforme et abominable, ayant le plus souvent la grandeur d'un homme, et la grosseur de deux, **les pieds semblables aux pieds d'une lézarde ou serpent,** les bras plus grands que les bras communs, leurs queuës rouges, grises et verdes : l'antérieure partie de leur teste formée tantost comme la teste d'un bœuf, ou asne, ou porc, ou cheval, ou bien à la semblance de quelque homme bien laid et difforme : les yeux terribles et brillants, les cheveux hérissez et espouventables, et des cornes en teste : déclarant que non seulement on les void au sabbat en telle manière, ains aussi en toutes telles façons que l'on est accoustumé de les peindre, et qu'ils n'avoient aucune horreur de communiquer avec eux sous telles figures. Pour les Mercredys et Vendredys, déclara que ces iours on tenoit les sabbats de blasphèmes et vengeance contre Dieu et les hommes ; disant les Vendredys nous portons au sabbat un Crucifix, et lui faisons les irrisions et iniures de la Passion à le flageller, à lapider, cracher au visage, à frapper sur la couronne, à arracher les cloux de ses pieds et mains pour renouveller les playes, comme il a esté dit cy-dessus. Outre ce déclara qu'à ces iours on traicta les moyens propices pour se pouvoir venger de Dieu et des hommes : disant que pour lors ceux du sabbat deviennent tels qu'ils deschireroient volontiers à belles dents la très-saincte Trinité, et les bien-heureux, souhaitans devenir diables, afin de mieux pouvoir affliger les créatures : voire mesme prient Lucifer à celle fin qu'ils les vienne transformer en diables, et maudissant Dieu qui les avoit créé hommes ; déclarant qu'au mesme sabbat on traictoit les homicides et les infirmitez humaines, pour faire à tous, tous les maux qu'ils pourroient, et signamment à ceux qui les avoient le plus obligez.

Après avoir aussi distingué les sabbats de la semaine par les œuvres ausquels ils estoient principalement approprioz ; parla encore d'une autre distinction de sabbat plus général, comme si on divisoit le monde en ses monarchies ; lesquelles puis après sont subdivisées en provinces, **seigneuries, villes, bourgs, et villages ; disant** que le sabbat se divisoit en neuf sabbats ou assemblées générales....

Tous les corps de leurs assemblées, tant grands que petits, sont composez de trois membres ; des magiciens et magiciennes, des sorciers et sorcières, qui représentent le moyen estat, et de mas et masques, qui font le plus bas estat. Disant qu'on appeloit ceux du dernier estat mas et masques, ou bien pour la différence : pour ce que les sorciers font les sorceleries ; et c'est l'office des mas et masques de servir à la synagogue, à préparer les viandes et pastés, et cuire le pain, et couvrir les tables, et desrober les enfans et le froment pour faire le pain : ou bien on les dit masques, parce qu'ils sont masquez, et portent des cachenez ; afin qu'ils ne soient cogneus des survenants, qui ne sont point encore au service du diable : déclarant que père et mère aucunefois ameneront leurs enfans aux sabbats, pour voir si le diable pourra gaigner quelque chose sur eux. Or de peur qu'ils ne vinssent à cognoistre ceux du sabbat pour les accuser, les mas et masques se déguisent, d'autant que c'est auprès d'eux qu'on met les nouveaux venus, ne permettant point qu'ils aillent avec les sorciers et magiciens.

Puis parla de l'ordre qu'on tient à l'entrée des assemblées, et la continuation et terminaison d'icelles en ceste manière. Disant que le prince et la princesse sont portez au sabbat devant tous, et puis sont soustenus et eslevez en l'air par les diables : et après cela on apporte les mas et masques qui viennent adorer le prince, estendus de loing sur la terre : et après on y porte les sorciers qui viennent adorer le prince par une génuflexion ; et après cela on y porte les magiciens et magiciennes qui viennent adorer le prince par une profonde inclination. Après cela fait, tous ensemble vont adorer le diable lequel est assis en un throsne en forme de prince. Après cela le diable va conférer avec le prince

les herbes de ce iour la : on commande les malefices
qu'on veut estre faicts. Après que chacun sçait ce qu'il
doit faire, on va manger ; après la table on dit la Messe:
après la Messe on commet les cruautez et abominations
exécrables comme dit est. Après cela ceux qui sçavent
chanter, chantent des pseaumes à l'honneur de Lucifer ;
après les louanges on va danser, ou bien exercer le
pécher de la chair. Cela finy chacun est rapporté en son
propre lieu, et avons l'âme remplie de tristesse après le
retour du sabbat, n'estant point saouls pour tout ce qui
s'y est passé : mesme les viandes qu'on y prend ne pro-
fitant de rien, parce qu'elles viennent du diable, et sont
prinses sans bénédiction. Quant aux conseils qu'on
tient au sabbat, déclara qu'ils ne deuroient guères non
plus qu'un quart-d'heure, d'autant que les diables ont
bien-tost proposé ce qui leur est expédient. Les princes
des diables et les deux chefs de la magie et chacun se
met en devoir d'accomplir le mal qui lui est commandé,
laissant les surexcroissances à la malice d'un chacun ;
bien que les diables font plusieurs fois leurs conseils
où les magiciens n'y sont pas, cherchant à par eux les
voyes les plus propres pour parvenir à ce qu'ils prétendent ; faisant par après leur devoir de rencontrer les
plus propres pour exécuter leurs arrests et ordonnances.

Après avoir parlé de l'ordre qu'on tient aux principales fonctions du sabbat et de son conseil, a parlé aussi
de ceux qui vont au sabbat, et de plusieurs coustumes
et observances de ·la synagogues.

Quant aux démons, dit et déclara le 2 de Iuin 1613,
qu'en leur sabbat il y avait autant de démons qu'il y avait de
créatures : voire mesme qu'ils y viennent en plus grand
nombre, et qu'il y a de toute sorte de démons : disant
que les uns y viennent pour couvrir les tables : les autres
pour aller querir les nécessitez : les autres afin de servir
d'incubes ou de succubes : les autres y viennent pour
verser le vin : les autres pour donner ordre à tout : les

autres pour servir à la Messe : les autres pour ioüer instruments : les autres pour se transformer en bestes.

Quant à leurs tables, degrez, et assiettes, déclara qu'il y avoit trois tables au sabbat, et qu'à la première estoient les mas et les masques : à la deuxiesme les sorciers et sorcières : à la troisiesme les magiciens et magiciennes.

Quant à leur repas, déclara que l'on y beuvoit deux sortes de vin, sçavoir du vin grec pour les eschauffer, et du vin ordinaire : disant qu'on y beuvoit autant qu'on vouloit, et que l'on y beuvoit à la santé du diable et du prince : et que l'on y beuvoit fort dissoluement, et à rubis sur l'ongle : et que l'on y mangeoit la chair humaine des petits enfans diversement accoustrée.

Quant aux danses, déclara qu'on y dansoit la Pavane et plusieurs sortes de danses : mais le plus la Ronde : et que les ioüeurs estoient des diables en forme humaine, et qu'il y avoit aucunes fois des autres comme sorciers et magiciens, qui sçavent bien ioüer des instruments.

Quant au lieu du sabbat, déclara que le prince en ordonnoit, et que l'on tenoit tantost d'un costé, tantost d'un autre, selon la comodité de la place, et que l'on y estoit porté le plus souvent par la fenestre : disant que la terre où le sabbat se tenoit, participoit de la malédiction, et que par après estoit moins volontaire à rendre du fruict.

Parlant des cédules, mettoit une différence entre les simples recognoissances, et cédules : disant que la simple promesse se faisoit ainsi. « Ie Marie de Sains, « renouvelle en présence de toy Belzébut, Vicaire de « Lucifer, et prince des démons, les contracts et cédules « que i'ay fait, et vous promets de persevérer en l'estat « où ie suis pour le présent, et me maintenir tousiours « au service du diable. » Et que la cédule se fait et passe en telle manière. « Ie Marie de Sains, promets à

« Lucifer, Belzébut, et Leviathan, etc. etc. à tous leurs
« complices, que ie les serviray et obeyray tous les
« iours de ma vie ; et ie leur donne mon âme, mon
« corps, mon tout : et renonce à Dieu et à la Saincte
« Trinité, au Père, au Fils, et au Sainct-Esprit, et à la
« glorieuse Vierge Marie, et aux neuf chœurs des Anges,
« et à tous les bien-heureux qui sont et seront, et à
« tous les membres de Iésus-Christ, et à la Passion, et
« à toutes les inspirations qui me pourroient venir
« d'en haut, et à toutes les admonitions que je pourrois
« recevoir par des créatures, et à toutes exhortations ;
« et persevereray tousiours la servante de Lucifer, et
« me maintiendray en la dureté de mon cœur : en con-
« firmation de cecy, ay signé ceste de mon propre
« sang. » Disant que les cédules se renouvelloient les
iours solemnels, et que la lancette qui sert à tirer le
sang, estoit faite à la manière et façon d'une grosse
épingle, avec un manche d'argent, et qu'il y en a plusieurs, et que Belzébut les garde toutes.

Nous avons trouvé bon de mettre tout cecy, pour
faire cognoistre que ce sont asseurées véritez, et non
des songes, comme quelques-uns disent, non sans appa-
rence de malice.

Un Tribunal (1725), d'après Abraham.

DIX-HUITIÈME SIÈCLE

ARGUMENT

Deux grands faits dominent l'histoire législative et judiciaire du dix-huitième siècle : le travail théorique des jurisconsultes et des publicistes qui veulent réformer l'ancien droit féodal et monarchique et la lutte des parlements contre la royauté.

Le travail des jurisconsultes et des publicistes se résume dans l'*Esprit des lois* de Montesquieu, le *Traité des délits et des peines* de Beccaria, les articles de législation de l'encyclopédie de Diderot, et les œuvres de Voltaire.

La lutte des parlements commence, comme nous l'avons dit, à la mort de Louis XIV, par l'annulation du testament de ce prince, et l'édit qui donne la régence au duc d'Orléans ; elle éclate avec une grande vivacité contre le système de Law, et se réveille sous Louis XV, à l'occasion de la plupart des édits bursaux et des querelles du jansénisme. En 1732, le parlement refuse d'enregistrer la déclaration royale qui réglait ses attributions, et Louis XV exile pour deux mois à Pontoise ceux de ses membres qui s'étaient montrés les plus hostiles ; de nouvelles difficultés sont provoquées par la *bulle unigenitus*. Louis XV exile la grand' chambre d'abord à Pontoise, ensuite à Soissons, et la remplace en 1753 par une *chambre royale*. Mais l'opinion publique se prononce avec une telle force contre cette mesure, que l'année suivante, la *chambre royale* est supprimée, et le parlement réinstallé dans Paris. C'est alors qu'il forme avec les autres cours du royaume la ligue connue sous le nom d'*union des parlements*. Louis XV tient un *lit de justice*; et le 18 décembre 1756, les parlements lui répondent en donnant leur démission en masse. Rétablis en 1757, ils continuent sourdement leur opposition, jusqu'au moment où le chancelier Maupeou les supprime et les remplace en 1772, par vingt-deux conseils supérieurs qui furent désignés sous le nom de parlements *Maupeou*. Louis XVI, en 1774, rétablit les parlements dans leur ancienne forme. Celui de Paris reprit immédiatement son rôle d'opposition ; en 1788, il demanda la convocation des États généraux, et ce fut ainsi la première cour de justice du royaume qui donna le signal de la révolution. (1)

Malgré les livres des publicistes et les protestations des jurisconsultes, le dix-huitième siècle fut témoin d'iniquités judiciaires qui rappellent les plus tristes jours de notre histoire. La mort du comte de Lally et du chevalier de la Barre soulevèrent dans l'Europe entière un sentiment unanime de réprobation, et quand la révolution triomphante fit disparaître les parlements, l'opinion publique applaudit à leur chute. Mais par malheur, la révolution qui s'était faite au nom de la justice et de l'humanité, ne tarda point à violer elle-même les généreux principes qu'elle avait invoqués contre la monarchie. Le mot de Tacite : *Dans les troubles publics, la toute-puissance appartient aux plus pervers* (inter turbas et discordias pessimo cuique maxima vis.) ne fut que trop justifié. Les hommes de 89, qui avaient tracé dans les *cahiers des États-généraux*, l'admirable programme d'un gouvernement qu'on pourrait appeler l'idéal des sociétés humaines, firent place aux hommes· de la terreur. Un tribunal bien autrement redoutable que la tournelle, le tribunal révolutionnaire promèna sur la France la dévastation et la mort. Mais les bourreaux de la terreur montèrent à leur tour sur l'échafaud qu'ils avaient dressé, car au-dessus de l'aveugle justice des hommes, de leurs colères et de leurs misérables passions, il y a une justice immuable qui demande compte du sang versé, aux princes, aux conquérants, aux tribuns révolutionnaires, aux malfaiteurs illustres comme aux assassins les plus obscurs.   L.

(1) On consultera avec intérêt, pour les affaires du parlement au dix-huitième siècle, le *Journal de l'avocat Barbier*, Paris, Charpentier, 8 v. in-12.

LA DÉCADE DES CATARACTES

LA DÉCADE DES CATARACTES (1).

M. Souchet était greffier du juge bailli de la cité de Rodez. Peu d'années avant la Révolution le vent froid d'une porte qui, à l'audience, où il ne pouvait changer de place, lui soufflait dans les oreilles, le rendit sourd, presqu'en même temps que le vent opposé d'une fenêtre qui lui soufflait dans les yeux le rendit aveugle ; le juge bailli, voyant qu'il ne connaissait plus les plaideurs, qu'il prenait Pierre pour

(1) Monteil dans ce chapitre retrace en traits rapides, les changements qui s'étaient accomplis de 1789 à 1791. L'ancienne organisation était en poussière ; il ne restait rien du passé, rien de nouveau n'avait été constitué, et le premier consul fut forcé de remettre en vigueur l'ordonnance de 1667, en attendant que la nouvelle magistrature fut installée, et les nouveaux codes promulgués. Il y eut pendant quelques années un véritable interrègne de la justice. — L.

Jean, Jean pour Pierre, qu'il n'entendait plus les jugements prononcés, qu'il faisait gagner le procès à qui le perdait, et perdre à qui le gagnait, pria tout doucement M. Souchet de céder sa place à un autre. M. Souchet eut cette fois encore plus de peine à entendre le bailli. Enfin, il fut forcé de l'entendre et se retira tout irrité à son village, où il ne voulut que manger, dormir et ne plus voir personne, ni plus rien savoir de ce qui se passait dans le monde.

Cependant, au bout de quelques années M. Souchet guérit de sa surdité; mais les cataractes s'étant formées sur ses yeux, il devint entièrement aveugle. On lui amena un jour le chirurgien Maisonabe, dont la main légère, en moins de deux minutes, lui fit revoir ce monde. A l'instant M. Souchet veut partir pour la ville, aller reprendre sa place au bailliage. On ne peut le retenir; il sort, il court, il arrive. Il ne trouve ni bailliage, ni bailli, ni greffe, ni greffier; il voit l'auditoire changé en un magasin de chapeaux. Il n'en croit pas ses yeux. Je n'y vois pas! je n'y vois pas! s'écrie-t-il, j'ai toujours les cataractes. Allez-moi chercher monsieur Maisonabe! monsieur Maisonabe! vous dis-je.

En même temps il prend le chemin de la rue Saint-Just; il entre dans l'ancienne cour du présidial et de là dans la salle d'audience, qu'il retrouve bien toujours la même, construite et décorée sur le modèle de la grand'chambre de Toulouse, de Paris, et sans doute de toutes les grand'chambres. Ah! s'écria-t-il plus fort que jamais, je n'y vois pas, je ne vois plus là-haut les huit ou dix conseillers en simarre, en cheveux longs, et, en bas, sur leurs longs bancs de bois, les avocats, les procureurs, les huissiers, en robe.

Certes je n'y vois pas encore bien! je n'y vois pas! j'ai les cataractes! Allez-moi chercher monsieur Maisonabe! monsieur Maisonabe! Ah! braves gens! si je n'avais pas les cataractes, ne verrais-je pas du moins le grand crucifix devant lequel on prêtait le serment! Ne verrais-je pas tout à côté la chapelle où entendent la messe les condamnés à mort, au milieu d'un bon peuple qui prie avec tant de ferveur pour que le jugement de la justice humaine satisfasse à la justice divine, et que le pauvre malheureux condamné monte de la potence en paradis?

Ah! mon Dieu! répétait M. Souchet, je serais bien fâché de ne pas avoir les cataractes et qu'il n'y eût plus de crucifix, plus de chapelle. A Toulouse! à Toulouse! s'écrie-t-il; les parlements sont si grands que je les verrai ou que j'aurai encore les cataractes. Je pars! je pars!

Il part, se met en route, arrive à Toulouse, entre par la porte Montolieu et va descendre près l'enclos du château Narbonnais, et le voilà en quelques pas dans la grand'chambre; il la trouve vide.

Quand, demande-t-il à ceux qui l'environnaient, quand donc commencera l'audience? Peut-être, ajouta-t-il, a-t-elle commencé? Je suis vieux, sans doute toujours aveugle, toujours avec mes cataractes, puisque je ne vois pas les avocats, les procureurs, les huissiers, et sur ces hauts siéges quatre-vingts ou cent robes rouges fourrées.

Mais, mon bon Monsieur, lui répondent plusieurs voix, certes vous ne pouvez les voir, il n'y a personne, absolument personne ; vous avez voulu qu'on vous conduisît à la salle, on vous a conduit ici, et on n'a pu vous conduire qu'ici.

On me trompe, crie-t-il à tue-tête, on me trompe par pitié ; j'ai toujours les cataractes ! les cataractes ! Ah ! monsieur Maisonabe ! vous avez pris mon bel argent, et vous ne m'avez pas extrait mes cataractes ! Monsieur Maisonabe ! vous ne valez pas mieux que les autres. Quoi ! criait-il, ces parlements, dans les rangs desquels les rois prenaient autrefois place et rendaient la justice comme de simples conseillers ; ces parlements, qui se disaient les tuteurs des rois, les pères du peuple... Et ajoutez, criaient en même temps quelques habits noirs que le hasard avait amenés, ces parlements qui ont forcé le ministère Brienne (1) à convoquer les États généraux ; qui ont ouvert les portes de la France à la Révolution ; qui, en refusant d'en enregistrer les décrets, auraient peut-être pu la faire rétrograder ; qui ensuite, l'ayant laissée grandir, lui ont, par leurs chambres des vacations, cinq fois montré les dents... Quoi ! reprenait alors à son tour et de plus belle notre greffier, ces parlements ne seraient plus ! ils auraient été comme notre bailliage, par un prétendu décret législatif, sans autre forme, supprimés ! Je croirai cent fois plutôt que j'ai encore les cataractes.

Les Toulousains ont été, et pendant longues géné-

----

(1) Loménie de Brienne, archevêque de Sens, né en 1727 mort en 1794, contrôleur général des finances en 1787, signala son passage aux affaires par la plus profonde incapacité, fit exiler à Troyes le parlement qui refusait d'enregistrer divers **édits bursaux et fut remplacé par Necker en 1788. — L.**

rations seront fort parlementaires (1) : on entoure avec bienveillance ce vieux fou, la foule grossit. Monsieur le greffier du juge-bailli de la cité de Rodez, car son conducteur l'avait fait connaître, pourquoi ne voudriez-vous pas croire qu'on a supprimé les parlements ?

On a bien supprimé la chambre des comptes !

On a bien supprimé la cour des aides ! disait un autre d'un ton dolent.

Et les cours des trésoriers de France ! et les élections ! et les chambres des greniers à sel ! et les cours domaniales ! disaient plusieurs autres voix. Et la pancarte de la Loire (2) ! et les traites foraines ! et les chancelleries ! et les basoches ! et les cours prévôtales ! et les cours du point d'honneur ! et les amirautés ! disaient d'autres voix.

Et les bourses ! et les prud'hommes ! et les jurandes ! et les chambres de la marée ! et les chambres des maçons ! et la juridiction du grand pannetier, du grand veneur, du grand louvetier, des capitaineries des chasses, des eaux et forêts, des gruyers, des sergents traversiers, des cours prévôtales, des maréchaussées, des juges conservateurs des priviléges des écoliers, et d'autres et de mille autres !

Monsieur Souchet, comment voulez-vous que la France parlante, écrivante, imprimante, puisse s'en-

____

(1) Parce que la ville avait été l'une des premières où s'était établi un parlement de province. Le parlement de Toulouse fut créé par ordonnance du 16 janvier 1279, il fut installé en 1302. Philippe le Bel en fit lui-même l'ouverture. — L.

(2) La pancarte de la Loire était un droit de circulation établi sur les bâteaux qui naviguaient sur ce fleuve. — L.

tendre pour vous tromper ? Il y avait autrefois un juge spécial pour chaque état, un juge spécial pour chaque profession, un juge spécial pour chaque métier ; tout cela n'est plus ! Tout ! tout cela n'est plus ! tout ! a répété M. Souchet, non d'une voix de greffier, mais d'une voix de juge ; tout cela n'est plus ! tout !

Eh bien ! on a été trop loin. Je crois aussi, a dit Armand, qui nous faisait cette histoire, qu'on a été trop loin. Oui, a dit Gervais, on a été trop loin, et on reviendra. Au moment où je parle, a dit Robert, on revient.

LA DÉCADE DE L'AVOCAT BEC.

LA POLICE. — LE LIEUTENANT DE PARIS. — LA LOI MARTIALE. — LE COMITÉ DE SALUT PUBLIC. — LA POLICE RÉVOLUTIONNAIRE.

Taisez-vous ! silence ! a dit Robert, chez qui nous dînions ; taisez-vous ! silence ! a-t-il répété ; ce qui de nouveau nous a fait rire. Hier, ici déjeunait l'avocat Bec ; il parla de plusieurs différentes choses ; il parla d'une que vous auriez bien écoutée. Vous allez voir si moi-même je l'ai bien écoutée. Il s'agissait de la police ; il en parcourut les commencements, les progrès, et enfin il ajouta :

Autrefois, avant la Révolution, chaque état avait sa police. Et que d'états ! Lisez à cet égard le Droit de marc d'or (1) : tous y sont ; je n'en excepte pas les

(1) Ainsi que nous l'avons dit dans le volume relatif aux finances, le droit de marc d'or était un droit payé au fisc royal par tous ceux qui tenaient un office du roi. — L.

amirautés, j'en excepte les officialités et les juges d'attribution ecclésiastique. Ils avaient d'ailleurs aussi leur police claustrale.

Si chaque état avait sa police, chaque ville n'avait pas à tous égards la sienne. Elles étaient, les unes sous la juridiction municipale, les autres sous la juridiction des commissaires de police, qui exerçaient leur autorité en concurrence avec les divers anciens magistrats qu'il serait trop long de rappeler. Il faut cependant que je vous parle du lieutenant de robe courte de Paris ; il avait deux lieutenants, un guidon ou porte-étendard, un procureur du roi, un greffier, un commissaire des guerres, un contrôleur des guerres, un huissier, un brigadier et soixante archers, dépensant tous ensemble presque autant qu'un beau régiment de cavalerie. Ah ! ne soyez pas étonnés ; autrefois le gouvernement était, dirai-je si complaisant, dirai-je si bon, dirai-je si faible, qu'il accroissait, mais que, de peur des employés, il n'osait jamais diminuer le nombre des emplois (1).

Je passe à la police des campagnes, qui, les jours de dimanche, les seuls jours où elle se montrait, se trouvait dans les mains des juges seigneuriaux ou des chefs des municipalités, maires, syndics, collecteurs, marguilliers, notaires ou autres.

Sachez aussi que dans l'ancien régime la police était faite et par les hommes et aussi par les choses ; les quatre grands, gros, forts et épouvantables châ-

(1) Il y avait une raison majeure pour que le gouvernement ne supprimât point les emplois qu'il avait créés ; ces emplois étaient vénaux, et il eût été, en cas de suppression, forcé de les rembourser. — L.

teaux de France, la Bastille, Pierre-Encize, Brescou, le donjon de Nantes, flanqués de plusieurs autres châteaux disséminés au loin, inspiraient la crainte et maintenaient l'ordre établi. Les plus hasardeux avaient peur que de la fenêtre d'un ministre soupçonneux fût décochée une lettre de cachet (1) qui les atteignît, qui les jetât dans les profondeurs d'un de ces châteaux. On se taisait, on ne disait rien, ou l'on pensait tout bas, ce qui revenait au même.

Ces forts châteaux n'étaient pas les seules prisons d'état ; au besoin on enfermait les suspects du temps dans certains cloîtres ; je citerai celui des cordeliers

______

(1) Les lettres de cachet n'étaient à l'origine que des missives confidentielles adressées par le roi à des fonctionnaires et scellées de son sceau particulier. Elles étaient purement administratives ; mais quand le pouvoir royal eut absorbé toutes les libertés et toutes les garanties, elles prirent un autre caractère, devinrent un instrument de despotisme, et ne furent plus autre chose qu'un ordre d'arrestation arbitraire donné par le roi et signé par lui. Louis XIV et Louis XV en firent le plus indigne abus. Ce dernier alla même jusqu'à donner à ses favoris et à ses maîtresses des lettres de cachet où les noms des individus qui devaient être arrêtés étaient laissés en blanc, de telle sorte que les créatures du roi pouvaient faire arrêter qui bon leur semblait.

Voici la formule d'une lettre de cachet au dix-huitième siècle.

De par le roy.

Il est ordonné d'arrêter le sieur Huet et de le conduire à la prison de ...... enjoint Sa Majesté au geôlier de l'y recevoir et garder jusqu'à nouvel ordre. Fait à Versailles, le 26 décembre 1751.

LOUIS.
de Voyer d'Argenson.

Voir dans les œuvres de Mirabeau : *Les lettres de cachet et les prisons d'état.* — L.

16.

de Neuville en Riez ; je citerai même les maisons des frères des écoles chrétiennes de Marseille. D'ailleurs je n'omettrai pas Saint-Lazare ; mais j'omettrai bien d'autres maisons où la porte s'ouvrait aussi par ordre supérieur. Elle s'ouvrait aussi de même encore dans les couvents de femmes, et j'aurais bien affaire de nommer celles où les douces nonnettes devenaient geôlières.

Au 14 juillet, lorsque la Bastille tomba, les autres châteaux, malgré leurs grilles, leurs verrous, s'ouvrirent ; tous les ressorts de l'ancienne police se trouvèrent détendus. Heureusement les nouvelles lois municipales et les nouvelles lois rurales vinrent remettre le bon ordre sur tout le territoire français. Les quarante mille municipalités et les gardes nationales des quarante mille communes veillèrent, en même temps que les juges de paix, les administrations de district, de département, exercèrent la grande police.

LA LOI MARTIALE.

L'Assemblée constituante, dans sa déclaration des droits de l'homme (1), avait bien voulu, en d'autres mots, que la résistance à l'oppression fût le plus saint des devoirs, mais elle ne voulut pas qu'on abusât de

(1) Il y a deux déclarations des *droits de l'homme* : la première promulguée par l'Assemblée nationale le 14 septembre 1791 ; la seconde promulguée par la Convention le 24 juin 1793. Elles présentent entre elles de très-notables différences, et il est fort curieux de les comparer. Nous ne doutons pas que nos lecteurs, après les avoir comparées, ne donnent la préférence à la première. — L.

ce principe ; car aussitôt qu'on tenta d'en abuser et que le tambour des insurgés approcha du sanctuaire de la représentation, la loi martiale fut proposée, discutée, décrétée, et peu de temps après, par les commandants de la force armée de Paris, exécutée ; la loi martiale, loi policielle, bonne, mauvaise, suivant les hommes qui l'exécutent, suivant les hommes contre qui elle est exécutée. L'Assemblée constituante s'attribua d'abord, comme toutes les assemblées, la police de ses séances ; bientôt elle s'attribua aussi la police du royaume. Mais où sont tombés les mystérieux papiers de son comité de recherches ? Ils devraient être, et sans doute ils sont aux archives nationales, cet immense palais de l'histoire qu'elle avait élevé.

L'Assemblée législative ne se donna des lois de police que pour achever de démolir le trône et pour en disperser les derniers décombres : qu'on lise ses lois des 11 et 12 août 1792.

Ce ne fut pas une police inerte que celle de l'assemblée qui lui succéda (1). Grand Dieu ! quelle police que celle de ses deux comités qui faisaient trembler tous les Français de leur temps, qui vous saisissaient un suspect caché dans les vallées des Pyrénées, des Alpes, dans les forêts de la Normandie, de la Bretagne, de l'Anjou, de la Guienne ! La justice correc-

____

(1) La Convention nationale. Les sentiments de justice et d'humanité étaient si profondément éteints, à certains moments de la révolution, que les tribunaux d'exception paraissaient eux-mêmes insuffisants, et que les partis avaient recours à l'égorgement pur et simple. Les massacres de septembre ont été, comme la saint Barthélemy, un de ces crimes qui laissent,

tionnelle de ces deux comités était celle de Dracon ; et quelle était celle de Dracon? Diogéne Laërce, *in Solone*, vous le dit; il vous dit que c'était la hache.

Quel temps ! quel temps ! je l'aurai toujours présent ; il me semble que c'était hier encore qu'on nous forçait de mettre sur la porte de chaque maison le nom, la profession, l'âge de chaque personne qui l'habitait ; jamais papier chargé d'autant de mensonges. Et depuis combien peu d'années et de jours n'est-on plus obligé de porter une carte de sûreté pour circuler la nuit dans les rues des grandes villes !

Encore ce matin, qui n'est pas vieux, mon voisin, dont la maison est proche de celle d'un bon étranger, non pas Anglais, mais seulement Allemand ou Suédois, depuis assez longtemps habitant d'Aurillac, est

dans l'histoire d'un peuple, une souillure ineffaçable. Voici le bilan des victimes de ces affreuses journées :

A PARIS :

Tués à l'abbaye		216
» aux Carmes		116
» à Saint-Firmin		76
» à la Conciergerie		378
» au Châtelet		223
» à Bicêtre		170
» à la Salpétrière		35
» aux Bernardins		73
» à la Force		171

EN PROVINCE :

Tués à Orléans		53
» à Versailles		21
	Total	1,532

venu me prier d'être le sixième signataire d'une attestation en sa faveur.

LES COMITÉS.

Mais je n'entends pas que la police révolutionnaire soit quitte avec moi à si bon marché. Comment pourrais-je ne point parler de celle des comités de **surveillance** des villes et des campagnes, de celle des visites domiciliaires, de celle de la terreur avec ses hors la loi, ses coups de guillotine? Elle fut renforcée à de grandes époques par le cri funèbre : Citoyens, la patrie est en danger !

En ce temps il y eut trève de crimes et de délits; non pas que les hommes fussent meilleurs, mais les mauvais penchants avaient pris une autre direction, ou peut-être la hache, toujours suspendue, toujours fumante, effrayait universellement tous les hommes.

De ce temps encore où la populace était la maîtresse du peuple date la loi sur le recensement des gens sans aveu. J'ai souvent ouï dire que les événements de ce monde étaient un jeu; mais, pour Dieu ! qu'ici on me montre le dessous des cartes.

LES LOIS DE GRANDE POLICE.

Dans la suite, après le 9 thermidor, en 1795, la peur prit, ou pour parler plus historiquement, reprit la Convention ; elle se fit une loi de sauvegarde qu'elle appela modestement loi de grande police. Les lois des passeports, qui avaient été si variables, portèrent aussi, en 1794, le pompeux nom de lois de grande police.

La Convention se fit encore une autre loi qui ordonnait le désarmement des terroristes. Quand cette loi arriva dans mon département, il ne s'en trouva pas un seul ; tous avaient mis leurs moustaches dans la poche, retourné leur carmagnole fourrée de peau d'agneau. Ce monde est un théâtre, nous sommes des acteurs ; depuis dix ans cela est vrai, trop vrai.

Lorsque sous l'Assemblée contituante on forma les ministères, la police fut une des divisions du ministère de l'intérieur ; mais une loi de l'année 1796 créa un ministère de la police générale de la République.

L'avenir a moins de secrets pour l'homme qui réfléchit ; il lui révèle que, dans les temps qui suivront, les journaux et les brochures vont si souvent rendre si orageuse la face de la société, surtout celle des villes, que dans tous les états du monde le ministère de la police sera le plus important ; ce sera le ministère des tempêtes (1).

(1) Sur la police au dix-neuvième siècle, voir Maxime Du Camp, *Paris,* etc. t. 1, chap. XIII. — L.

Vincennes.

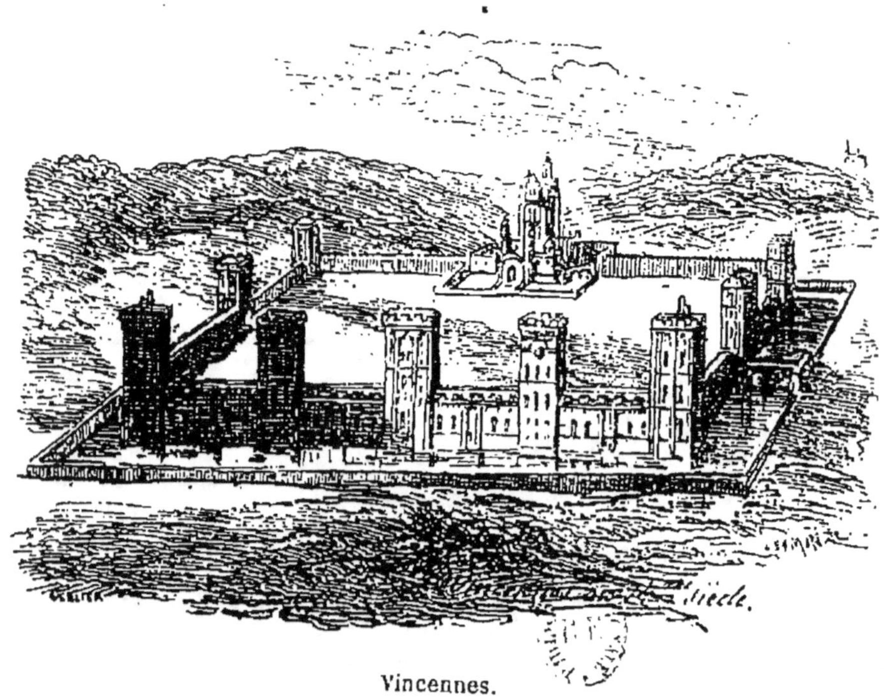

Vincennes.

LES PRISONS

SOUS L'ANCIENNE MONARCHIE

Dans les pages qui précèdent Monteil nous a fait connaître l'organisation et l'administration de la justice depuis le quatorzième siècle jusqu'au dix-huitième. Ses précieux volumes contiennent, en outre, siècle par siècle, d'intéressants détails sur les prisons, leur construction, et le régime auquel étaient soumis les individus, innocents ou coupables, prévenus ou condamnés, que les lois, et plus souvent encore l'arbitraire avaient privés de leur liberté. Nous avons réuni, dans un même cadre, les détails qu'il nous donne à ce sujet. Ces détails sont exacts et précis et forment un ensemble qu'on chercherait vainement ailleurs.

Il importe, en abordant l'histoire des prisons, de faire remarquer que la peine de la séquestration, telle qu'elle a été établie au moyen âge et de nos jours, n'existait point sous les deux premières races. Elle était remplacée, pour les personnages de haut rang, par la relégation dans les monastères, et pour les autres par la mutilation ou l'amende, avec faculté de composition.   L.

QUATORZIÈME SIÈCLE

Je ne sais, frère André, quelle est en France la chose, suivant vous, la plus pressée à faire. Suivant moi, c'est de démolir ou plutôt de combler nos quatre-vingts ou cent mille prisons seigneuriales, creusées, comme des puits, au dessous de la région du jour et de l'air. Nous avons aussi à démolir nos grandes prisons royales, nos grandes prisons ecclésiastiques, nos grandes prisons municipales ; elles ne valent guère mieux.

Dernièrement j'allai me promener jusqu'au château de Véretz. Le pont-levis était baissé, la porte ouverte : j'entrai. Je vis que les prisons, qui d'ailleurs étaient bien grillées, bien éclairées, avaient été placées au premier étage du donjon ; elles donnaient à la cour et à tout le château un petit air de souveraineté qui dans aucun temps n'a déplu à la noblesse. Toutes les prisons seigneuriales devraient être faites sur ce modèle.

Toutes les prisons royales devraient ressembler à la Bastille-Saint-Antoine, que vient d'élever messire Aubriot (1). On ne fera jamais mieux. Il y a de larges

(1) Aubriot était prévôt de Paris sous Charles V. Après avoir fait construire la Bastille, il y fut enfermé, comme coupable d'hérésie. La révolte des maillotins le rendit à la liberté, et il mourut dans l'année même de sa délivrance, en 1382.   L.

ossés, de hautes tours, d'épaisses murailles, de grandes fenêtres, de belles plates-formes, de vastes préaux. La Bastille remplit l'idée d'une prison parfaite, qui ne doit être qu'une maison, mais une maison fortement fermée.

Ce n'est pas tout, frère André. J'ai aujourd'hui rencontré en nombreuse compagnie deux savants avocats ; nous avons parlé du régime des prisons, auquel ils m'ont trouvé moins étranger qu'ils ne l'auraient cru. Nos prisons, a dit l'un, sont détestables, parce qu'elles appartiennent aux anciens âges ; et c'est au contraire parce qu'ils appartiennent aux âges actuels que nos règlements sont excellents. J'ai un peu secoué la tête. Voyons, je vous prie, mon frère, a aussitôt ajouté cet avocat, en quoi je me trompe, en quoi nos règlements vous paraissent défectueux.

On a d'abord, vous ne l'ignorez pas, séparé les hommes des femmes, et l'on a confié la garde des femmes à des geôlières ; ensuite on a séparé les complices d'un même crime, afin qu'ils ne s'entendissent pas dans leurs réponses. — On a beaucoup réduit le droit de prisonnage ou de clavage, qu'exigeait arbitrairement le geôlier ; il y a des prisons où l'on ne paye que six sous par an. — Aujourd'hui le détenu peut se faire apporter de dehors ses repas, pourvu qu'il n'y ait point de mets recherchés, de la la volaille, par exemple. — Le créancier qui fait mettre en prison son débiteur est obligé de lui fournir la nourriture à raison de six deniers par jour. — Si le prisonnier qui est arrêté pour crimes n'a pas de quoi se nourrir, on lui fournit du pain ; à quoi il faut ajouter les dons des personnes riches ou des confréries, qui lui envoient des mets tout préparés, dont il a même double portion, s'il est noble. — Il est défendu aux chépiers, touriers ou chefs de geôle, de mettre les prisonniers au cachot, si ce n'est par ordre du juge. — Toutefois, on a cru devoir, dans certains cas, donner aux geôliers le pouvoir de mettre les hommes aux fers ou au cep. Quant aux femmes, il a fallu, à cause de leur faiblesse, qu'elles fussent exemptes de cette punition; aussi le sont-elles. — Enfin, comme les geôliers pourraient s'entendre avec les prisonniers pour dettes et les laisser échapper, ils sont tenus, en entrant, de donner caution.

C'est bien, a dit l'autre avocat; mais nous manquons d'une prison qu'avaient les Romains, de la prison du prétoire, ou d'accusation; innocents ou coupables, nous enfermons tous les accusés dans la prison publique, encore qu'elle soit chez nous, comme chez les Romains, réputée infamante.

Je suis de cet avis, ai-je dit en prenant à mon tour la parole, et ce n'est pas la seule défectuosité du régime de nos prisons. Il y en a une autre bien plus importante, c'est l'état de désœuvrement du corps et de l'âme où l'on tient les prisonniers. Celui du corps est forcé; celui de l'âme ne l'est pas, car, à mon avis, on pourrait constamment la tenir dans des exercices variés qui préviendraient sa dépravation. Je voudrais que dans les prisons les différentes occupations fussent distribuées comme dans nos couvents, qui sont aussi des prisons, mais des prisons volontaires, de saintes prisons : le matin, la prière en commun, ensuite le catéchisme, le déjeuner, la promenade au préau, la messe, le dîner, la promenade, les instructions religieuses et morales, les vêpres, les complies, le souper, la promenade ou la réunion au chauffoir, suivant la saison, enfin la prière du soir (1).

Ces deux avocats ont reconnu que ces vues pouvaient être utiles, et ils veulent en faire part au grand bailli de Touraine. Si vous pensez comme eux, vous pouvez en faire part aussi à vos magistrats. Mon frère, tout en suivant le chemin où nous a mis la volonté divine, arrachons les épines que notre bras peut atteindre.

Écrit à Tours, le 17ᵉ jour d'octobre.

Où est le cousin de notre frère lecteur, qui, après dîné dans sa belle salle, assis dans sa chaise ronde, me soutenait, il n'y a pas longtemps, que les prisons seigneuriales n'étaient pas aussi affreuses qu'il me plaisait de le dire ; où est-il ? je l'amènerais dans celles de Montbason, qui sans doute ne sont pas les pires.

Ah ! frère André ! j'ai eu aujourd'hui une bien terrible matinée. En revenant d'une longue promenade sur les bords verdoyants de l'Indre, j'ai été prié d'aller dans la prison, où un homme voulait se tuer et se livrait à tous les excès du désespoir. On m'a mis une petite lanterne à la main, on m'a passé une corde

---

(1) Les améliorations ci-dessus indiquées ont été fréquemment réclamées au moyen âge, surtout par le clergé ; mais elles n'ont été réalisées que depuis les premières années du dix-neuvième siècle, et c'est en grande partie à Beccaria qu'elles sont dues. — L.

sous les aisselles, on a levé une grande pierre, on
m'a descendu dans le fond d'une tour. J'ai vu, sur
une botte de paille, un malheureux, la tête tournée
vers le mur, ayant à son côté un vase rempli d'eau,
où trempait un morceau de pain auquel il n'avait pas
touché. Je l'ai appelé, et à peine m'a-t-il vu qu'il s'est
écrié, en me tendant les bras : Ah! du moins on me
laisse confesser avant de me faire mourir (1). Je me
suis hâté de le détromper : Bon homme! lui ai-je dit,
il ne s'agit pas de votre vie; je viens vous consoler,
au nom de Jésus-Christ, le père des malheureux, des
prisonniers, et de tous ceux qui souffrent. Mettez
votre confiance en lui. J'ai fait apporter un peu de
nourriture, et, pendant qu'il la prenait, je l'ai ques-
tionné sur la cause de sa détention. Enfin, le voyant
un peu calme, je me suis fait remonter. La corde toujours passée sous les aisselles et la lanterne encore
à la main, j'ai été droit à l'appartement du sire de
Montbason. Monseigneur! lui ai-je dit, je viens vous
demander la liberté et la grâce d'un de vos hommes.
C'est à tort qu'on vous a dit qu'il n'allait pas moudre
à vos moulins, cuire à vos fours; qu'il coupait ses
foins, ses blés, et vendangeait avant la publication de
votre ban; qu'il faisait aiguiser le soc de sa charrue
sans vous en demander la permission, et sans vous
en payer le droit : il prouvera le contraire par cent

____

(1) Ceci est une allusion à la mesure prise sous Charles V
et en vertu de laquelle les condamnés furent pour la première
fois autorisés à se confesser et à recevoir les secours de la
religion. Antérieurement au règne de Charles V, ils étaient
exécutés purement et simplement, sans autres consolations que
de pouvoir recommander leur âme à Dieu. — **L.**

témoins. Il prouvera aussi qu'il a toujours exactement labouré et moissonné vos terres, toujours exactement payé le cens et la rente des siennes ; qu'il a toujours exactement porté le bois, l'eau et les provisions au château ; qu'il a toujours nettoyé vos étables, qu'il les a toujours fournies de paille et de foin ; qu'il n'a jamais chassé sur vos terres ; qu'il a toujours bien nourri vos chiens ; enfin, qu'ayant trouvé dernièrement quelques pièces d'argent, il crut que c'était un trésor, et voulut en remettre votre part ; il assure qu'il a dans tous les temps satisfait à tous ses devoirs et à tous vos droits (1)! Il ne le nie pas : pour défendre sa fille il menaça de la cognée votre cousin le sénéchal. Votre cousin n'est plus ; mais, s'il pouvait se faire entendre, il se joindrait à moi pour vous prier de n'être pas plus inexorable que le souverain juge devant lequel il a comparu. Le sire de Montbason était ébranlé, lorsque le commandeur, que mon discours impatientait, s'est pris à dire : Monsieur mon frère ! point de pitié pour ce coquin ; là-haut ! là-haut ! Et il montrait deux énormes piliers, qui sont les fourches patibulaires du lieu. Alors j'ai osé le reprendre de sa trop grande rigueur. Le ciel, lui ai-je

(1) Il suffisait que le vilain manquât à l'un des devoirs énumérés plus haut pour que son seigneur eût le droit de l'emprisonner et même de le faire pendre. Cet arbitraire fut limité par l'institution des appels devant les justices royales ; mais il ne s'en exerça pas moins dans une foule de seigneuries jusqu'à une époque assez rapprochée de nous, et l'on peut voir par la relation des *Grands jours de Clermont*, rédigée par Fléchier, à quels abus donnait lieu, dans les provinces éloignées du gouvernement central, le despotisme des seigneurs.

L.

dit, n'a pas mis une si grande différence entre les hommes pour que les uns pussent traiter ainsi les autres. Quand vous serez mort, votre corps, il est vrai, sera déposé dans un riche cercueil, mais votre âme ira par le même chemin que celle de ce pauvre homme dont vous méprisez tant la vie, et il vous sera fait ainsi que vous aurez fait. Le sire de Montbason a accordé la grâce à ce malheureux père de famille, qui est maintenant au milieu de ses enfants. Ce vieux commandeur! le long exercice de l'autorité le rend quelquefois féroce; quelquefois son cœur est aussi dur que l'acier qui le couvre.

Écrit au château de Montbason, le 18e jour d'avril.

QUINZIÈME SIÈCLE

———

. . . .

Chemin faisant, il me félicite sur ma bonne fortune, sur mon bonheur, et me dit que je vais à la prison du Châtelet, où, dès le matin, il m'a loué comme garçon de service, aux mêmes conditions que lui. Mon Dieu ! avoir été valeton de château, valet de guet, valet de chapitre, et devenir valet de geôle ! Je vous remercie, dis-je à mon camarade en me faisant le visage le plus content que je pus ; voilà une excellente place à laquelle je ne m'attendais pas. Hâtons-nous. Je marchais fort vite. Je secouais mon chagrin et ma honte. Nous arrivons. Mon camarade sonne. La porte de cette terrible prison s'ouvre ; mon camarade entre fièrement, la tête haute. Je l'imite, pour montrer que j'étais aussi de la maison. Nous sonnons à la seconde porte ; ce fut le geôlier qui vint nous ouvrir. Il m'examina longtemps des yeux ; ensuite il me fit subir un long interrogatoire sur mon pays, mes parents, mes précédents maîtres ; enfin il me prit à son service.

Les conditions que nous pouvons trouver sont si

méchantes, notre état est si malheureux, que le geôlier du Châtelet est un des maîtres avec lesquels j'ai le
plus longtemps demeuré. Toutefois, nous manquâmes
à nous quitter dès le second jour. La veille, il m'avait
entretenu assez longtemps, comme je viens de le
dire ; mais sa figure sévère, son air rébarbatif, et surtout le son de sa voix rude et effrayant, qui ressem-
blait au bruit des verroux de sa prison, ne m'avait
permis de le regarder qu'à la dérobée. Lorsque le
lendemain j'allai chez lui, je le confondis avec un
homme qui écrivait à une grande table, et qui avait
aussi un air sévère et rébarbatif. Je saluai cet homme
en qualité de geôlier. Alors mon maître de me reprendre durement, et de me dire : Vous êtes un grand
benêt d'être venu à votre âge sans savoir que les
geôliers doivent, comme les laïques, avoir l'habit
rayé. Véritablement l'homme qui écrivait à la table
avait les habits d'une seule couleur, comme un ecclésiastique ; il était clerc de la prison. Son office consistait à tenir un écrou, c'est-à-dire un registre où,
sur les feuillets pliés en deux, il écrivait, d'un côté,
les noms des prisonniers, la cause pour laquelle ils
étaient détenus, et, de l'autre, lorsque les prisonniers
sortaient, la décharge du geôlier. Comme j'avais une
assez belle main, je devais, d'après nos conventions,
aider le clerc, à quoi je me prêtais volontiers.

Je faisais particulièrement les états des prisons,
qui tous les huit jours doivent être remis au juge.

Mon maître me donnait aussi à copier les règlements ; tous ses gens étaient obligés de les savoir,
et, à cet effet, il en avait composé une instruction par
demandes et par réponses, que nous étions obligés

d'apprendre par cœur. Je crois m'en souvenir encore ;
la voici (1) :

LE GEÔLIER. Quand les prisons doivent-elles être ba-
layées ? — LE VALET DE GEÔLE. Tous les jours, tous
les matins.

Un bon valet de geôle est-il poli ? — Un valet de
geôle poli est un mauvais valet de geôle.

Que doit savoir d'abord un valet de geôle? — Bien
fouiller les prisonniers, car la loi veut qu'à leur
entrée ils soient bien fouillés, et que le registre fasse
mention des effets trouvés dans leurs poches.

Où doivent être mis les prisonniers criminels? —
La loi dit dans une prison fermée, sous-entendu à
triple verrou, à triple serrure.

Que doivent avoir les prisonniers criminels pour
leur nourriture? — A moins que le juge n'en ordonne
autrement, ils ne doivent avoir que du pain et de
l'eau.

Quel avertissement doit donner le valet de geôle
aux prisonniers? — Que, s'ils brisent leurs fers, ils
sont réputés coupables, quel que soit le crime dont
ils sont accusés.

Personne a-t-il le droit de communiquer avec les
prisonniers criminels ? — Non.

Les prisonniers criminels peuvent-ils avoir du papier? — Ni papier, ni encre, ni plume.

(1) L'énumération que font ici le valet et le geôlier est l'analyse textuelle des documents du quinzième siècle où il est
traité du régime des prisons. — L.

Et si alors ils ont des lettres à écrire? — Ils doivent en demander la permission à la geôle.

Ces lettres doivent-elles être remises à leur adresse? — Elles doivent êtres remises au juge, qui les lit, qui, à sa volonté, les retient, les laisse partir.

Quand un prisonnier désire être changé d'un lieu de la prison à un autre, à qui doit-il s'adresser? — Au valet de geôle, et le valet de geôle au geôlier, et le geôlier au juge.

Combien doivent payer les prisonniers pour les droits de geôlage? — Un comte, une comtesse, un baron, une baronne, dix livres; un chevalier banneret ou son épouse, une livre: un écuyer, une demoiselle, douze deniers; un juif, deux sous, et tous les autres, huit deniers.

Quel ordre faut-il suivre dans la distribution des chambres? — La raison l'indique, celui des droits de geôlage.

Combien de prisonniers faut-il faire coucher dans chaque lit? — Trois au moins, trois au plus.

Combien paye un prisonnier qui veut coucher seul? — Par nuit quatre deniers.

Est-ce tout? — Et en outre, pour sa place, les deux deniers de droit.

Un prisonnier peut-il faire apporter un lit de chez lui? — Il le peut.

N'est-il pas alors tenu de faire coucher un prisonnier avec lui? — Cela va sans dire.

Quand un prisonnier veut coucher sur les nattes,

sur la paille, combien paye-t-il en tout? — Par nuit deux deniers.

Quand il couche dans la fosse ou entre deux portes? — Dans ces deux cas il paye moitié.

Que doit répondre le valet de geôle quand les prisonniers se plaignent du prix des vivres? — Que le juge a fait la taxe, que ce n'est pas à eux, que c'est au geôlier à se plaindre.

Que doit répondre le valet de geôle quand les prisonniers ne sont pas contents de l'ordinaire? — Qu'ils fassent apporter de dehors leurs repas, que le geôlier en sera bien aise.

Que doivent avoir pour leur ordinaire, outre du pain et de l'eau, les prisonniers qui n'ont pas de quoi payer ou pour lesquels on ne paye pas? — Rien.

Qu'aurait pour son remboursement le geôlier s'il leur donnait quelque chose en sus? — Rien.

Qui doit distribuer les aumônes de pain et d'argent aux pauvres prisonniers des prisons basses? — Le plus notable prisonnier des prisons hautes.

Si les gens de la geôle gardaient l'argent qu'on leur donne pour les prisonniers, comment seraient-ils punis? — Comme voleurs de voleurs.

Les prisonniers qui sont nobles peuvent-ils jouer dans les prisons? — Ils le peuvent.

Et les prisonniers qui ne sont pas nobles? — Ils peuvent regarder jouer.

Quand les prisonniers peuvent-ils être rasés? — Ils ne le peuvent le dimanche; ils le peuvent le lundi, le mardi. le mercredi, le jeudi, le vendredi ; ils ne le peuvent le samedi.

Qui doit raser les prisonniers ? — Le barbier juré.

Si un autre barbier se présente ? — Il faut le mettre en prison, et au cachot s'il raisonne.

Les anciens prisonniers ou prévôts doivent-ils faire payer le vin de la bienvenue aux nouveaux prisonniers ? — Non, ils ne le doivent, et c'est aux valets de geôle de les en empêcher.

Quelles sont les badineries ou truffes qui sont notamment interdites aux prévôts ? — Le parler latin, le parler sous la ceinture, le voler en moine.

Qui peut retenir un prisonnier quand le juge a prononcé sa mise en liberté ? — Le geôlier, pour dettes de nourriture, de lit, de geôlage.

Lorsqu'un prisonnier est exécuté, à qui appartiennent ses dépouilles ? — Au geôlier, de la ceinture à la tête ; au bourreau, de la ceinture aux pieds.

Le jour de saint Lienard, les prisonniers doivent-ils être moins serrés ? — Ils doivent l'être davantage : car, d'après son nom, ce saint est moins le patron des prisonniers que celui des geôliers et des valets de geôle.

Telle était la leçon qu'il nous fallait savoir autant et mieux que le catéchisme.

D'après l'ordonnance, il devait y avoir trois valets à la geôle du Châtelet, et c'était trop peu. Louis XI, pour repeupler Paris, avait rendu un édit qui, par la promesse de l'abolition des crimes, attirait dans cette **ville tous les mauvais garnements. Nos prisons s'en**

trouvaient remplies. Il nous venait en outre une infinité de truands, de pauvres diables. Il nous venait
aussi des querelleurs, des spadassins, des batteurs de
fer, dont plusieurs s'étaient munis de saufs-conduits
pour aller à la grande procession de Lille. Il nous
venait des gens de toute espèce. En somme, bien que
mon maître eût pris à un taux assez haut la ferme de
la geôle, il n'y perdait pas.

Quant à moi, les fonctions de guichetier me donnaient aussi quelques profits. J'étais chargé de la surveillance générale des diverses parties de la prison
appelées le Puits, les Oubliettes, la Gourdaine, la Boucherie, les Chaînes, la Grièche, le Berceau, le Paradis.

Nous y descendions les prisonniers au moyen d'une
forte poulie de cuivre. Lorsque nous avions fermé la
trappe, ils ne voyaient guère plus, n'entendaient
guère plus sous ces voûtes que dans le centre de la
terre. Les fenêtres des autres parties de la prison
étaient grillées ; les portes étaient de fer ou ferrées ;
les murailles avaient d'ailleurs plus d'une toise d'épaisseur : il suffit de dire qu'elles ont été bâties par César.
Ainsi, je n'avais guère à craindre l'évasion des prisonniers.

Toutefois, je n'en étais pas moins vigilant, car le
geôlier m'avait dit : Jacquin, le roi se repose sur toi
de la garde de sa principale prison ; tu lui en réponds
sur ta vie. Ces mots, prononcés avec gravité, m'avaient élevé le cœur. Du reste, ce n'est qu'en ces
lieux que je me suis entendu appeler maître Jacquin,
sire Jacquin. C'est là seulement qu'un valet est prié,
supplié ; là seulement il peut commander aux maîtres,

quelquefois même les châtier; et cependant j'ai honte aujourd'hui de vous dire que j'ai été valet de geôle.

Le prévôt de Paris ou son lieutenant venaient visiter les prisons le lundi, c'était pour nous un jour de peine. Le dimanche, jour où les prisonniers entendaient la messe dans la prison, autre jour de peine, à cause de la surveillance; mais, durant le reste de la semaine, on était moins tourmenté.

C'est dans le temps que j'étais au Châtelet que le jeune roi vint, à sa première entrée à Paris, délivrer les prisonniers. Le geôlier, n'ayant plus un aussi grand besoin de nous, devint insolent, si insolent, que mon camarade et moi, le même jour, presque au même moment, nous le quittâmes.

J'ai été aujourd'hui voir le château de Saint-Germain-en-Laye (1). Les images des peintures, des dorures, des glaces, se sont entièrement effacées de mon cerveau; les jardins, les bosquets, les grottes musicales, n'y ont laissé non plus aucune trace; et c'est parce qu'avant de partir j'ai eu la singulière envie d'aller voir aussi les prisons. Mais il s'en faut bien que j'aie été satisfait. Je les ai trouvées mal bâties, mal éclairées, mal aérées. J'en ai dit, sans trop me gêner, mon sentiment au geôlier; après quoi, je me suis vite mis en devoir de sortir. Monsieur, m'a-t-il dit en se mettant devant mon passage, j'ai été longtemps guichetier ailleurs. Allez dans les autres prisons; vous serez encore plus mécontent.

LES PRISONS DES VILLAGES.

J'en excepte cependant celles des campagnes.

(1) La première construction du château de Saint-Germain est fort ancienne. Ce château fut reconstruit, agrandi et embelli à diverses époques, entre autres sous Henri IV; c'est des embellissements faits par ce prince qu'il est ici question. — L.

Jusqu'au temps où fut publiée l'ordonnance d'Orléans, les juges des seigneurs se croyaient toujours permis, sur une simple prévention de délit, de plonger dans des basses fosses, creusées au fond des tours, de pauvres villageois accoutumés au grand jour et au grand air ; mais les seigneurs hauts-justiciers ont été forcés à faire bâtir des prisons au dessus du rez-de-chaussée, à les séparer de leur château. Toutefois, la nouvelle ordonnance ne serait peut-être pas encore exécutée dans aucune de ces milliers de petites justices si le Parlement ne saisissait de temps en temps les revenus des seigneurs.

Les coutumes de plusieurs provinces ont ajouté aux dispositions de cette ordonnance : elles interdisent dans les prisons seigneuriales le cep et les fers.

LES PRISONS DES VILLES.

Monsieur, a continué le geôlier, si, dans les villes, il y a de vieilles forteresses, de vieux châteaux-forts, de vieilles tours d'enceinte, on y loge les prisonniers. J'ai vu que partout, à Toulouse, à Clermont, à Troyes, à Bordeaux, à Lyon, à Rouen, à Paris même (1), où ils ne sont pas autrement logés, les prisons sont d'infectes cavernes grillées ; et c'est presque toujours de dessous leurs voûtes que sortent les pestes et les maladies épidémiques.

(1) Avant la révolution, on comptait à Paris sept grandes prisons : le grand et le petit Châtelet, la Conciergerie, le For-l'Évêque, l'Abbaye, Saint-Éloy et Saint-Martin. C'étaient là les prisons royales. Il y en avait encore un assez grand nombre d'autres relevant de juridictions particulières. L.

LES RÈGLEMENTS DES PRISONS.

Maître, lui ai-je dit, dans les quatre ou cinq mille villes de la France, il en coûterait bien de l'argent pour avoir quatre ou cinq mille prisons neuves. Mais du moins avez-vous de nouveaux règlements? Ma foi, monsieur, m'a-t-il répondu, il n'y en a guère, car les voici tous :

Aussitôt qu'un homme prévenu de crime est amené, il est écroué, et son écrou porte aussi le nom de celui qui l'a amené, de celui qui a donné l'ordre qu'il fût amené.

Aussitôt qu'un homme est écroué, il est mis au secret.

Si l'accusateur est partie civile, c'est lui qui le nourrit, sinon, c'est le roi.

Un prisonnier donne-t-il lieu à des plaintes? Il peut être mis au cachot, aux fers.

Qui fournit des ferrements à un prisonnier pour briser sa prison est puni comme s'il l'avait brisée lui-même.

Mais un prisonnier peut s'évader par ruse et même par effraction sans que son évasion lui soit imputée à grief.

Lorsqu'un prisonnier s'échappe par la négligence du geôlier, le geôlier prend sa place, et il est à la discrétion du juge.

Toute privauté est interdite entre les geôliers et les femmes confiées à leur garde. J'ai vu un geôlier, pour avoir seulement entretenu des relations amoureuses avec une prisonnière, condamné à mort. Il disait bien que la belle avait fait les avances ; il ne fut pas écouté.

Les prisonniers ont aujourd'hui des médecins. — Ils ont des aumôniers. — Ils ont des prédicateurs.

LA FERME DES PRISONS.

Combien donnez-vous par an de votre prison ? — Oh ! m'a-t-il répondu, presque rien ; la ferme n'en vaut guère. Que voulez-vous gagner dans cette malheureuse carce, comme on dit en Languedoc, ou chartre, comme on dit en Normandie, avec de pauvres chartiers auxquels le roi fournit le pain, l'eau et la paille à l'ancien prix de quatorze, quinze deniers par jour ? Vous vous doutez d'ailleurs que le roi n'est pas autrement exact à payer, et qu'alors le juge ne les nourrit pas, ou du moins qu'il n'avance pas l'argent de leur nourriture, comme le Parlement à Paris.

Vous me direz que les prisonniers pour dettes reçoivent de leurs créanciers trois sous par jour ; soit. Mais j'en ai bien peu.

Quelle différence de ma prison avec les prisons de Paris, où, lorsqu'elles ne sont pas peuplées, les geôliers demandent, dans ces temps malheureux, un dédommagement ; où le seul balayage est payé soixante francs ; où dans l'intérieur on fait tant de procès par écrit, où il y a tant à gagner sur le papier, le parchemin, le feu et la chandelle ; où la réparation des chaînes, les frais de ferrer, de déferrer, montent à de si grosses sommes!

Quelle plus grande différence encore avec les prisons des officialités, où souvent l'on marie par force les prisonniers, où la prison se change aussitôt en salle de noces!

DIX-SEPTIÈME SIÈCLE

* * * * * * * * * * * * * *

Hier au soir, en revenant de la ferme, l'académicien et moi aperçûmes d'assez loin le maître berger, jeune drôle, haut en couleur, et ordinairement de l'humeur la plus joviale. Nous le trouvâmes triste, abattu. L'académicien l'appela : Petit-Jean, lui dit-il, qu'as-tu donc? — Ce que j'ai, monsieur, j'ai été en prison. — En prison! toi! un garçon si honnête! si sage! qu'avais-tu donc fait? — Rien. — Comment! rien! explique-toi. — Eh bien! puisqu'il faut vous le dire, vous saurez que nous avons dans le village une petite laitière appelée Lucette, qui, à la fin de l'été, alla, je ne sais comment, s'accuser et m'accuser devant le bailli d'une mésaventure qu'elle ne pouvait plus cacher (1).

(1) On sait que sous l'ancien régime les individus qui avaient séduit une fille étaient condamnés à l'amende ou à la prison. Jusque là, c'était bien, car la séduction est une lâcheté criminelle qu'on ne saurait trop flétrir ; mais dans les cas de grossesse, la constatation de la paternité présentait des difficultés qu'il était presque toujours impossible de résoudre. Une foule **de femmes**, d'une vie plus ou moins déréglée, prétendaient avoir

Inutilement mon oncle dit que c'était une glorieuse qui avait plusieurs amants; on lui répondit que de tous j'étais le plus beau garçon; et, en cette qualité, je fus condamné à cent francs de dommages. C'est tout autant que je puis gagner durant quatre ans de ma vie. Je refusai de payer; on envoya des sergents pour me prendre. Je me cachai; mais un jour je fus découvert, heureusement mes amis accoururent et me délivrèrent; un autre jour je me défendis avec ma houlette et mes chiens; un autre je fus pris à la bergerie, et l'on fut obligé de me relâcher, parce qu'elle fut considérée comme une maison; un autre je fus pris en dansant, on fut encore obligé de me relâcher, parce que c'était dimanche. Enfin un lundi je fus pris hors de la bergerie et je fus conduit en prison.

Dès que j'eus passé le guichet, le geôlier ou le maître, c'est tout un, se prit à me regarder de la tête aux pieds, par devant, par derrière, et en tournant autour de moi. Comme j'étais tout surpris, il me dit que j'étais à la morgue, et qu'il devait me morguer à mon arrivée aussi bien qu'à ma sortie; ensuite il me poussa au delà d'une autre porte et me voilà tout à fait en prison. Là je ne mangeais ni lait, ni fromage, ni raves, ni châtaignes; je ne pouvais ni courir, ni sauter, ni tresser des paniers, ni prendre des grives.

été séduites, et elles accusaient des innocents pour en obtenir des dommages et intérêts. C'est par ces motifs que la recherche de la paternité a été interdite par nos lois modernes, et que la séduction n'emporte plus aujourd'hui que la flétrissure morale. — L.

Je m'ennuyais à mourir; j'étais d'ailleurs mal couché, mal nourri, mal traité.

Après avoir souffert pendant six mois, après avoir gagné les fièvres, je me décidai à payer les cent francs, ainsi que les frais; et il y a quinze jours que je suis en liberté. Mais, monsieur, me voilà malade pour longtemps et ruiné pour toujours; ah! je vous assure que maintenant, lorsque je vois passer une jeune fille à cent pas, je fais comme si je voyais le diable : car, quelque honneur qu'il y ait pour un pauvre paysan de loger dans une prison royale, ainsi que me disait le geôlier, je ne veux plus y retourner.

— Mon ami, lui dit l'académicien, on exagère ordinairement ses maux. Je ne crois pas que tu aies été aussi mal que tu le dis. D'abord les prisons doivent être aérées, saines et nettes. — Ah! monsieur, répondit Petit-Jean, allez dire quelques mots de douceur à une Lucette de votre village, et faites-vous mettre dans les prisons royales, vous verrez si elles sont aérées, saines et nettes; moi je ne pouvais y voir, je ne pouvais y respirer, et même, au milieu de l'été, je trouvais que jamais elles n'étaient sèches. Je ne savais pas ce que c'étaient que les rhumatismes, les sciatiques; je le sais maintenant.

— Il est cependant des prisons où l'on fait du feu en hiver. — Je n'en ai jamais vu à la nôtre.

— Ensuite l'écrou, le registre qu'on tient à la geôle depuis l'empereur Théodose, dont sûrement tu entends parler pour la première fois, a dû porter que tu étais détenu civilement, et tu as dû être mis avec les prisonniers civils, par conséquent en bonne compagnie.

— En bonne compagnie, monsieur! le plus honnête homme de ces gens-là aurait été fort content de n'être envoyé qu'aux galères.

— Ensuite, si tu as voulu un lit, on a dû t'en fournir un à raison de cinq sous par jour, ou même seulement de trois sous si tu as voulu coucher dans un lit à deux, et même à raison d'un sou si tu as voulu te contenter d'une paillasse.

Ensuite, comme tu n'étais pas prisonnier pour crime et que tu n'étais que dans les fers de ta bergère, je conviens que tu n'as pas été nourri aux dépens du roi, sur les plus clairs deniers du domaine, c'est-à-dire qu'on ne t'a pas gratuitement donné du pain et de l'eau; mais aussi, d'après les règlements, tu n'as sans doute payé que la dépense d'un prisonnier pour dettes, quatre sous par jour.

Ensuite, ces mêmes règlements interdisent au doyen des prisonniers de rien demander pour la bienvenue. Ensuite, je suis sûr que tes compagnons ont dû être polis avec toi, car il leur est même défendu, sous peine du fouet, de fumer la pipe.

Ensuite, s'il est vrai que tu craignes maintenant la rencontre des jeunes filles, tu n'as eu dans les prisons à cet égard rien à craindre : les prisonniers des deux sexes y sont, comme dans les messageries, séparés avec la plus grande sévérité, et tu n'as dû voir que les dames de miséricorde, les dames des prisons, qui t'ont distribué du pain, du linge, ou qui t'ont donné quelques secours, qui ne t'ont apparemment tenu que des propos de charité, de religion. Ensuite, si tu as eu un vrai repentir de tes péchés, tu as pu te nourrir dans ces bons sentiments : les prisonniers sont tous les jours obligés d'assister à la messe, à la prière du matin et à celle du soir.

Adieu, mon enfant; je te recommanderai au fermier; mais à l'avenir garde-toi de nouveaux méfaits : tu n'aurais pas de prisons plus belles.

DIX-HUITIÈME SIÈCLE.

Aussitôt que mes commissions me furent expédiées, je partis dans ma berline, sur laquelle je m'étais donné les airs de faire mettre un drapeau tricolore, comme un petit représentant.

J'avais neuf cents ou mille prisons à visiter, trente mille, peut-être quarante mille prisonniers à interroger sur la manière dont ils étaient traités. Pensez que ma tâche n'était pas si petite.

Dans cette dernière inspection, j'appris à me méfier plus que jamais des gens qui parlent des choses sans les connaître. Tous ceux qui, à mon su, ont écrit sur les prisons ont remué, pour ainsi dire, le fond de leur encre, afin de rendre leurs lignes plus noires (1).

Ils ont dit qu'à mesure que le sort du genre humain était devenu de siècle en siècle meilleur, le sort des prisonniers était devenu au contraire de siècle en siècle plus mauvais. Comment ont-ils peint les pri-

(1) Nous n'avons pas besoin de faire remarquer que dans ce chapitre, Monteil résume les divers opinions émises par les écrivains du dix-huitième siècle au sujet de la réforme des prisons, ainsi que les divers projets présentés au gouvernement pendant la révolution. — L.

sons de toute la France? Comme de profondes cavernes remplies de vapeurs de tabac et de vin, jonchées d'une paille grasse et humide, entourées de meubles et d'ustensiles sur lesquels il était impossible d'arrêter la vue. N'ont-ils pas même avancé que les plus pauvres vieillards ne permettraient pas que les animaux immondes de leurs basses-cours fussent aussi mal tenus, aussi mal couchés que le plus grand nombre des prisonniers? Quand j'eus vu les prisons, je ne pus m'empêcher de dire que ce n'était pas là certainement la vérité, car la vérité était cent fois pire. A mon retour, je la dis telle qu'elle était; j'apitoyai le Comité de salut public, qui, on le sait, ne s'apitoyait guère.

Depuis, les administrateurs qui lui ont succédé me firent appeler pour me demander quels remèdes il y avait à porter dans cette partie de l'économie publique. Je leur répondis qu'à cet égard mon plan de réformation était tout entier celui d'un bon et franc Provençal, auquel la justice voulait que j'en fisse honneur.

Dans le cours de ma mission, leur-dis-je, et dans le temps que j'étais à Orange, je me trouvai logé chez un riche bourgeois qui recevait chez lui beaucoup de monde. Il y venait entre autres un de ses amis, l'homme, je crois, le plus âpre, le plus têtu de la Provence; c'est vraiment une tête de fer, mais les ressorts en sont bons.

Le hasard amena l'ingénieur en chef au moment où l'ami de mon hôte était avec moi. Il venait m'apporter le plan d'une nouvelle prison à construire. Il déroula promptement son grand papier enluminé. Il me semblait que c'était à moi à donner un avis; ce fut l'ami de mon hôte qui donna le sien. Quoi! s'écria-t-il, est-ce là une prison? Je veux mourir si je n'aurais pas plutôt cru que c'était un palais à fenêtres grillées ! Que font là ces colonnes, ces frontons, ces entablements ? Est-ce donc la figure, le caractère d'une maison de force ? Parbleu ! dit l'ingénieur, c'est bien à un procureur à venir juger mon travail ! Eh! pourquoi pas ? lui répartit durement l'ami de mon hôte ; depuis quand est-il défendu aux procureurs d'avoir de la raison et aux ingénieurs de n'en avoir pas ? Dans l'ancien régime, dans un temps où les hommes n'étaient pas toujours à leur place, l'ami de mon hôte avait été procureur ; depuis, il était magistrat du parquet, il continuait imperturbablement à parler. Citoyen délégué, me dit l'ingénieur, j'ai fait mon cours d'architecture à Paris ; je ne veux pas en faire un second ici : je me retire. Je lui répondis qu'il fallait écouter tout le monde et je le retins. Il ne cessa d'abord de sourire et de hausser les épaules ; mais enfin, voyant que je ne souriais ni ne haussais les épaules en entendant l'ami de mon hôte, il cessa.

Il y a quelque temps, dit d'un ton goguenard l'ami de mon hôte, que la révolution eut besoin des cloches pour faire les canons, et, sans autrement se gêner, elle les prit ; elle a eu ensuite besoin, pour faire les prisons, des clochers et des tours des anciens monastères ou des anciens châteaux, et, sans autrement se gêner, elle les a pris encore. Nous devons quelquefois beaucoup au génie du hasard, et dans cette occasion nous pouvons encore le mettre à profit ; il semble nous indiquer la forme de nouvelles prisons. Je pense donc, avec la permission de messieurs les ingénieurs, que trois ou cinq grosses tours en forme de trois ou cinq hautes cages, grillées de barreaux aux fenêtres, sortant d'un massif, devraient ombrager dans tous les chefs-lieux de département une grande place, au milieu de laquelle serait un grand échafaud en pierre où se feraient les exécutions et les expositions.

Ces prisons, toujours battues par les vents, toujours aérées, seraient environnées de préaux plantés d'arbres et défendus par un double fossé et un double chemin de ronde. Les plus bas étages auraient trois pieds au-dessus du sol; les cachots, les chambres du secret seraient aux plus hauts étages.

En même temps que je raserais toutes les vieilles prisons, j'annulerais successivement toutes leurs vieilles lois, et ce serait à l'expérience que j'en demanderais de nouvelles.

L'expérience m'aurait appris que la bassesse d'éducation, la bassesse des sentiments des gardiens des prisons, sont les principales causes de tout mauvais régime. Les places et les noms de geôlier seraient pour toujours supprimés.

Il y aurait dans chaque prison un administrateur élu par l'assemblée électorale. L'administrateur de la prison porterait continuellement un hausse-col d'argent où serait écrit en relief : « Administrateur de la prison. » — L'administrateur de la prison porterait continuellement aussi au bras gauche une écharpe de soie aux trois couleurs avec frange d'or. Tous ses employés porteraient aussi la même écharpe, sans frange. — L'administrateur des prisons serait ou renouvelé ou confirmé à chaque assemblée électorale. Il nommerait tous ses employés. Il en répondrait. — L'administrateur des prisons aurait, en cas d'absence, de maladie ou de mort, un suppléant nommé aussi par l'assemblée électorale.

L'expérience m'aurait appris combien étaient abusives les rétributions exigées des prisonniers. Toute espèce de rétribution, directe, indirecte, sous quelque nom ou quelque forme qu'elle eût lieu, serait défendue, à peine de destitution et de mise en jugement, comme délit de forfaiture. Il serait donné à tous les employés un salaire public, et l'administrateur des prisons aurait les mêmes appointements que les administrateurs du département.

L'expérience m'aurait appris combien les voleurs incarcérés étaient à leur tour indignement volés. Les sœurs de l'hôpital seraient exclusivement chargées de la nourriture des prisonniers. Elles seraient chargées aussi du vêtement. Elles auraient aussi la direction de l'infirmerie.

L'expérience m'aurait appris combien se multipliaient les dilapidations, les gaspillages, les vols des effets ou des deniers des aumônes faites aux prisonniers. Les dons et les charités de ce genre ne seraient plus reçus qu'aux greffes des municipalités. — Au commencement de chaque mois, et par avance, la recette du département verserait dans le trésor des prisons cinquante centimes par journée de chaque prisonnier pour tous frais de nourriture et d'entretien.

L'expérience m'aurait appris combien étaient scandaleux les banquets, les concerts de musique et les tables de jeu des prisons des grandes villes. Les restaurateurs, les cafetiers, seraient tenus de vider le local qu'ils occupent dans l'intérieur des prisons, et **les galas et les plaisirs bruyants seraient interdits.**

18.

— Tous les prisonniers qui ne se nourriraient pas à leurs frais mangeraient en commun. — Tous les prisonniers condamnés à la détention mangeraient en commun : car la privation des repas délicats doit faire partie de la punition légale. — Tous les prisonniers condamnés à la détention temporaire seraient habillés d'un habit mi-parti de blanc et de jaune. — Tous les prisonniers condamnés à la détention perpétuelle seraient habillés d'un habit mi-parti de blanc et de noir. Puisqu'ils seraient morts pour la société, ils porteraient les couleurs du drap mortuaire.

L'expérience m'aurait appris que les épidémies les plus meurtrières ont leur germe primitif dans les prisons : car, tandis que dans certaines la mortalité est d'un sur quarante, dans d'autres elle est d'un sur sept. — Les médecins et les chirurgiens auraient pour première tâche de répondre de la salubrité des prisons, de leur blanchiment, de la désinfection, du renouvellement de l'air.

L'expérience m'aurait appris que, surtout dans les prisons, l'oisiveté est la mère de tous les vices. — Il y aurait pour les enfants des écoles de lecture, d'écriture, d'arts mécaniques; et, pour les hommes et les femmes, des ateliers appropriés à l'industrie du pays.

L'expérience m'aurait appris que, sous les voûtes des prisons, les lumières de l'Évangile brillent de leur éclat le plus doux. — Un aumônier ou un chapelain recevrait dans chaque prison la sainte mission de faire renaître à la société des hommes de tous les âges.

L'expérience m'aurait appris que les meilleurs règlements dorment dans l'ombre des prisons. — Une

commission, composée de l'évêque ou du curé de la
principale paroisse, du commandant du département,
du président de l'administration de département, du
président du tribunal et du maire, visiterait tous les
trois mois les prisons, examinerait si les prévenus de
divers délits, si les hommes, si les femmes, si les enfants, sont rigoureusement séparés, si chaque prisonnier a son lit, s'il a les meubles indispensables, si les
écrous sont bien tenus. Elle examinerait toutes les
parties de l'administration ; elle entendrait toutes les
plaintes ; et, pendant le temps de la visite, l'administrateur de la prison, ainsi que ses employés, seraient
consignés dans leur logement.

L'expérience m'aurait appris que les détentions arbitraires ont toujours menacé la liberté individuelle et
la liberté publique. — Les six espèces de maisons
d'arrêt ou de prisons porteraient écrite sur un
marbre au dessus de la porte leur destination.—Tout
gardien d'une maison d'arrêt ou d'une prison non légale serait mis à mort dans les vingt-quatre heures.
— Tout gardien d'une maison d'arrêt ou d'une prison
légale qui recevrait un prisonnier sur un ordre non
légal serait puni de dix ans de fers.

L'expérience m'aurait appris que les détentions
d'une durée arbitraire n'offensent guère moins les
droits de la société que les détentions arbitraires. —
Tout gardien de maison d'arrêt ou de prison, à peine
de la plus prompte destitution, serait tenu d'écrire en
gros caractères, sur un tableau grillé, en dehors de
la porte extérieure, le nom de tous les prisonniers et
la date de leur entrée.

Quand l'ami de mon hôte eut fini, je lui demandai

pourquoi il voulait au devant de ses prisons un grand échafaud en pierre, qui coûterait beaucoup et qui serait un monument fort lugubre.

Au bout de dix ans, me répondit-il, vos échafauds mobiles auront plus coûté qu'un échafaud en pierre de taille, solidement bâti pour plusieurs siècles; mais la dépense, au lieu d'être moindre, fût-elle plus grande, il ne faudrait pas y regarder à cause des avantages. C'est parce que ce monument serait lugubre, effrayant, qu'il parlerait éloquemment aux oisifs, aux fainéants, qu'il exhorterait au travail, qu'il détournerait du chemin du vol et du vice.

Par la même raison, il faudrait peut-être établir qu'après chaque exécution trois coups de canon annonceraient à la ville et à la campagne qu'un homme vient de satisfaire à la justice; par la même raison, il faudrait peut-être établir encore que le coucher des prisonniers fût, tous les soirs à la chute du jour, sonné par une grande cloche.

L'ingénieur se leva et me salua; je le saluai. L'ami de mon hôte bientôt après se leva et me salua; je le saluai et le remerciai.

Réunion des Notables

(Biblioth. nat.)

DIX-HUITIÈME SIÈCLE

PIÈCES HISTORIQUES

Les deux documents qui suivent donneront aux lecteurs une idée exacte de ce qu'était encore au dix-huitième siècle la justice criminelle en France. La première offre un extrait de l'arrêt de mort prononcé contre Damiens, par le parlement de Paris ; la seconde est une facture du bourreau de la même ville. Ce sinistre fonctionnaire n'avait point de traitement fixe ; il travaillait à ses pièces, et chaque fois qu'il avait roué, pendu, traîné sur la claie, décapité ou brûlé un cadavre, il remettait au procureur général la note des frais. Il arrivait très-souvent que celui-ci trouvait cette note trop élevée et faisait des réductions. Le bourreau lui adressait alors une nouvelle note, pour prouver qu'il n'avait point surfait la première.

Les papiers du procureur général Joly de Fleury qui occupèrent le parquet du parlement de 1717 à 1788, contiennent sa correspondance avec l'exécuteur, et nous ne savons rien de plus triste que le marchandage du sang versé qui s'établit entre l'un des représentants les plus élevés de la magistrature et le terrible instrument de la vindicte des lois. **L.**

ARRÊT DE MORT ET SUPPLICE DE DAMIENS.

Arrêt du samedi 26 mars, contre Robert-François Damiens, domestique sans condition. La Cour, suffisamment garnie de princes et de pairs faisant droit sur l'accusation contre Robert-François Damiens, le déclare dûment atteint et convaincu du crime de lèse-majesté divine et humaine au premier chef, pour le très-méchant, très-abominable et très-détestable parricide commis sur la personne du Roi, et pour réparation, condamne ledit Damiens à faire amende honorable devant la principale porte de l'église de Paris, où il sera mené et conduit dans un tombereau, nu en chemise, tenant une torche de cire ardente du poids de deux livres ; et là, à genoux, dire et déclarer que méchamment et proditoirement il a commis ledit très-méchant, très-abominable et très-détestable parricide, et blessé le Roi d'un coup de couteau dans le côté droit, dont il se repent, demande pardon à Dieu, au Roi et à justice : ce fait, mené et conduit dans ledit tombereau à la place de Grève, et sur un échafaud qui y sera dressé, tenaillé aux mamelles, bras, cuisses

et gros des jambes; sa main droite tenant en icelle
le couteau dont il a commis ledit parricide, brûlée de
feu, de soufre, et sur les endroits où il sera tenaillé
jeté du plomb fondu, de l'huile bouillante, de la poix-
résine brûlante, de la cire et du soufre fondus ensemble, et ensuite son corps tiré et démembré à
quatre chevaux, et ses membres et corps cousumés
en feu, réduits en cendres, et ses cendres jetées au
vent. Déclare ses biens, en quelques lieux qu'ils soient
situés, confisqués au Roi.

Ordonne qu'avant ladite exécution, ledit Damiens
sera appliqué à la question ordinaire et extraordinaire
pour avoir révélation de ses complices.

Ordonne que la maison où il est né sera démolie;
celui à qui elle appartient préalablement indemnisé,
sans que sur ledit fond de ladite maison puisse être à
l'avenir fait autre bâtiment.

Après la lecture de l'arrêt et la question, Damiens
a été remis entre les mains de ses confesseurs qui
sont : M. le curé de Saint-Paul et M. l'abbé de Mar-
silly, docteur de Sorbonne.

Voici maintenant les détails que nous a transmis
l'avocat Barbier sur le supplice de Damiens :

A trois heures Damiens est parti de la Conciergerie,
dans un tombereau, avec le bourreau et les deux confesseurs, pour se rendre à Notre-Dame pour faire
amende honorable. Il n'étoit escorté que par des archers de robe courte et les officiers à cheval; point
de haies, sur son passage, de soldats aux gardes,
comme on le croyoit.

Les régiments des gardes suisses et françoises

étoient cependant postés et répandus dans Paris, cent hommes par compagnie; les gardes suisses étoient de l'autre côté de la rivière, dans les quartiers Saint-Honoré et autres. Il y avoit dans toutes les places et endroits principaux une compagnie des gardes, d'où sortoient continuellement des détachements de cinq hommes, qui se promenoient dans toutes les rues adjacentes.

Il y a eu tout le jour et toute la nuit des corps de garde considérables aux portes du Collége des Jésuites, du Noviciat et de la Maison professe (1).

Des brigades de guet à cheval se promenoient aussi dans les rues et la maréchaussée étoit dehors de la ville à toutes les barrières et sorties.

Après l'amende honorable, Damiens a été conduit à la Grève, toutes les boutiques et fenêtres garnies de monde pour le voir passer.

Arrivé à la Grève, dans l'enceinte garnie tout autour d'archers à pied et à cheval, il a monté à l'Hôtel-de-Ville, où étoient les quatre commissaires et autres; mais point de princes ni de ducs. Il y est resté près d'une heure, d'où on l'a redescendu comme on l'avait monté, dans une couverture, pour le mettre sur l'échafaud, c'est-à-dire sur la table de bois où on l'a attaché.

Il est resté près d'une demi-heure assis vis-à-vis de l'échafaud, tandis que l'on préparoit tout pour son

______

(1) Cette circonstance s'explique par l'idée, alors très accrédité, que les Jésuites n'étaient point étrangers à l'attentat de Damiens, mais rien ne justifiait cette supposition; elle n'en **prépara pas moins l'expulsion de l'ordre en 1762. — L.**

supplice, et qu'il regardoit tranquillement. Il auroit eu le temps de déclarer ce qu'il auroit voulu au peuple, s'il avoit eu des complices.

Le supplice a commencé vers les cinq heures : la main brûlée, le tenaillement avec le plomb fondu lors duquel il a fait des cris terribles ; ensuite il a été écartelé, ce qui a été long parce qu'il étoit fort. On a été même obligé d'ajouter deux chevaux de plus, quoique les quatre autres fussent vigoureux. Comme on ne pouvait pas parvenir à l'écarteler, on a monté à l'Hôtel-de-Ville pour demander aux commissaires la permission de donner un coup de tranchoir aux jointures ; ce qui a été refusé d'abord, pour le faire souffrir davantage, mais à la fin il a fallu le permettre. Il n'y avait personne monté sur les chevaux, ni bourreau, ni huissiers comme on avoit dit. Il a fait des cris, mais il n'a proféré aucuns jurements, soit à la question, soit au supplice. Les deux cuisses ont été démembrées les premières, ensuite une épaule, et alors le patient est expiré à six heures un quart, après quoi les quatre membres et le corps ont été brûlés sur un bûcher. (*Journal de l'avocat Barbier;* Paris, Charpentier, tom. VII, p. 500 et suiv.)

UNE FACTURE DU BOURREAU DE PARIS.

Mémoire de ce quy est dut a l'exécuteur pour avoir my a exécution l'arest de la cour qui condamne un particulier a estre pendue a Montmartre; préalablement appliqué à la question.

SAVOIR :

Pour s'estre transporté audit Montmartre avec deux hommes et y avoir passé la journée entière .... 30 liv.

Pour la voiture et deux chevaux......... 15

Plus pour avoir présenté ledit particulier à la question................................ 15

Plus pour l'avoir pendu................. 30

Plus pour avoir porté au lieu de la sépulture le cadavre après l'exécution.......... 30

Total....... 120 liv.

Notes à joindre au tariffe des exécutions.

Teste tranchée à...................... 100 liv

L'on cour risque de cassé le damas dont la lamme couste 500 liv. Si elle s'ébreche la réparation est de 24 liv. Et pour l'entretien et repassage 6 liv. par année. Ainsi cette somme est très-modique, vues les raisons ci-dessus.

Brulé à............................. . 50 liv.

La dépences en cordes, cros, perche, pelles et autres hustencille nécessaire, ce monte à 20 ou 25 liv.

Les roués à......................... .... 50 liv.

On cour risque de cassé la barre, ce quy est arrivé plusieurs fois. En ce cas, c'est 18 liv. de frais ; en outre comme l'on ce serre d'un moulinet, et que la corde passe à travers le plancher de l'échafaut cela les coupes. Et il en a été cassé pour 40 liv. dans un exécution à la place Saint-Michelle.

Pendu à............................ 25 liv.

Sy les cordes casse, chaque corde couste six livres. En outre elles ne peuve jamais servire que deux fois à l'exécuteur.

Pour ce qui est des autres justices il y a toujours quelque frais à faire qui vat lun dans l'autre à 3 ou 6 liv.

En outre tous les jours employé aux grande justice, il couste à l'exécuteur 10 ou 12 liv. de frais, pour la norriture, celle des domestiques et du cheval.

Il est obligé d'avoir toujours ce qui serve aux justices en provisions, pour n'aporté aucun retard à répondres aux ordres sans delay, ce qui tient des fond considérable sans aucun profit.

En outre il est obligé d'ebergé ces confraire hors de leur séjour a Paris, sans quoy il ne les trouveret point dans les car d'heur pressants, ou il est obligé

de repondre a plusieur jurridiction à la fois, et il na
dautre ressource puisquil n'y a personne a employer
pour cela, hors de cette vacation.

Il y a mil autre petit detaille, au quels il faudret un
volume pour en faire l'explication, mais la lumiere
des magistras doive les pénétrer sans paine.

[illegible]

I. Ministre de la justice (Napoléon Ier), d'après Herbé. — II. Commissaire de la
République, d'après Ferraris. — III. Un membre du Conseil des Cinq-Cents.
— IV. Procureur du Parlement (Louis XIV). — V. Président à mortier (Louis XIV).
— VI. Membre du Parlement (Louis XIII, d'après Herbé.

SUPPLÉMENT

LA JUSTICE ET LES LOIS AU XIXe SIÈCLE

Au moment où éclata la Révolution, on comptait en France 13 parlements, 829 siéges et juridictions inférieures, présidiaux, sénéchaussées, bailliages ; une prévôté de l'hôtel du roi, et une foule de juridictions militaires, maritimes, religieuses et administratives, telles que le tribunal des maréchaux de France, la connétablie, les eaux et forêts, les élections au nombre de 177, les chambres des comptes, les cours des aides, les officialités, plus les justices des villes et 52,000 justices seigneuriales.

La France, au point de vue de la législation, se divisait en deux grandes zones : les *pays de droit écrit* au midi, les *pays de droit coutumier* au nord.

Les pays de droit écrit comprenaient le Languedoc,

la Guienne, le Béarn, la Navarre, les provinces basques, le Roussillon, la Provence, le Dauphiné, le Lyonnais, le Mâconnais, une partie de la Saintonge, de l'Auvergne et de la Basse-Marche. On y suivait le droit romain, et quelques dispositions coutumières, les unes écrites les autres orales, en tout 10 provinces et 3 subdivisions de provinces.

Les pays de droit coutumier comprenaient la Flandre, le Hainaut, l'Artois, la Picardie, l'Ile-de-France, le Vermandois, la Champagne, l'Orléanais, le Berry, l'Anjou et le Maine, la Normandie, la Bretagne, le Poitou, la Touraine, l'Angoumois, une·partie de la Saintonge et de la Basse-Marche, la Haute-Marche, l'Auvergne et le Bourbonnais, les deux Bourgognes, la Lorraine, en tout 24 provinces ou subdivisions de provinces.

Les coutumes générales se rapportaient toutes à l'une de ces 24 circonscriptions; à côté de ces grandes coutumes territoriales, on trouvait 490 coutumes qui régissaient soit les villes, soit les bailliages et les sénéchaussées, et au-dessous de ces secondes coutumes, une infinité de petites coutumes locales qui régissaient les villages et les seigneuries.

Au-dessus des coutumes, venaient les *ordonnances* des rois, les unes s'appliquant à tous les sujets du royaume, les autres s'appliquant à des individus et à des cas spéciaux ; — les *déclarations* qui interprétaient ou modifiaient les ordonnances; — les *arrêts* du conseil qui statuaient sur les affaires administratives, en même temps qu'ils pouvaient se substituer aux tribunaux ordinaires, — et les arrêts du parlement qui formaient une sorte de jurisprudence supplétive ou complémentaire du droit écrit, du droit coutumier, des ordonnances, des déclarations et des arrêts du conseil. — C'était le chaos, mais au sein même du chaos, les jurisconsultes du moyen âge et des derniers temps de la monarchie, avaient fait pénétrer les grands principes de la science du droit, et ce fut la gloire de la Révolution de les mettre en lumière, en faisant disparaître l'infinie variété des juridictions et en fondant, par la rédaction des codes, l'unité législative.

Trois projets de codification furent successivement présentés par Cambacérès à la Convention nationale : le 9 août 1793, — le 23 fructidor an II, — le 24 prairial an IV ; mais ces projets n'étaient qu'une imparfaite ébauche. La lutte que la Convention soutenait contre l'Europe, les orages parlementaires auxquels elle était livrée, l'échafaud qui se dressait en perspective devant ses membres les plus illustres et les plus influents, ne lui laissaient d'ailleurs ni le temps ni le calme dont elle avait besoin pour résoudre des questions où se trouvaient engagés les plus grands intérêts de la société française. Le coup d'état du 18 brumaire fit passer en d'autres mains le soin d'accomplir l'immense travail dont Charlemagne avait fait l'essai, et le premier consul se mit à l'œuvre sans retard.

Une commission composée des jurisconsultes les plus éminents, tels que Merlin de Douai, Bigot de Préameneu, Malleville, Treilhard, Henrion de Pansey, Portalis, fut chargée d'étudier notre ancienne législation, d'en extraire les principes fondamentaux qui font la base même de la science du droit, et de concilier ce qu'il y avait de juste et de pratique dans les

coutumes, la législation romaine et les grands jurisconsultes, avec les besoins des temps nouveaux. Impatient d'attacher son nom, comme Théodose, au
Code qui allait régir le peuple qu'il voulait gouverner
avec le titre d'empereur, le premier consul prit la
part la plus active aux travaux de la commission, et
grâce à l'irrésistible impulsion qu'il imprimait à tous
les services, la rédaction commencée en 1800 fut terminée en 1810.

Nos Codes sont aujourd'hui au nombre de huit.
Six ont été élaborés sous le Consulat et l'Empire ; ce
sont le *Code civil*, promulgué du 15 mars 1803 au
17 septembre 1804 ; — le *Code de commerce;* — le
Code de procédure civile; — le *Code d'instruction
criminelle;* — le *Code pénal;* — le *Code rural.* Les
deux autres, le *Code forestier* et le *Code de la pêche
fluviale* ont été rédigés sous la Restauration et promulgués en 1827. Le droit commun fut ainsi fixé,
rectifié, et réduit comme à Rome en formules simples
et précises.

Le droit politique, qui n'existait pas sous l'ancienne
monarchie, ou qui n'était réglé que par des ordonnances royales, fut codifié comme le droit civil et
pénal. Les états généraux de 1789 avaient demandé
que la forme du gouvernement, les attributions de la
couronne, les limites de son autorité, les obligations
des citoyens envers l'État, le pouvoir l'État sur les
citoyens, fussent déterminés par un contrat passé
entre le prince et la nation, en d'autres termes, qu'une
constitution fût accordée à la France, et que le peuple
fût associé d'une manière effective à l'exercice de la
souveraineté. Ce vœu si légitime, que les états gé-

néraux du quatorzième siècle avaient déjà formulé vaguement, fut réalisé en 1791, et depuis cette époque tous les gouvernements ont conclu avec le pays, sous le nom de *constitution ou de charte*, un pacte politique qui définissait les droits et les devoirs respectifs des gouvernants et des gouvernés. La première et la seconde République, le premier et le second Empire, la Restauration, la monarchie de Juillet nous ont donné successivement :

La Constitution de 1791, la plus remarquable et la plus sage de toutes, parce que la Révolution n'avait pas encore subi les souillures sanglantes de la terreur ;

La Constitution du 24 juin 1793, qui proclame la République française, une et indivisible.

La Constitution de l'an III (1795) qui délègue le pouvoir exécutif à un directoire composé de cinq membres ;

La Constitution de l'an VIII (1799), qui délègue le pouvoir exécutif à trois consuls, et qui fraye à Napoléon la route du trône ;

La Charte constitutionnelle, *octroyée* par Louis XVIII le 4 juin 1814, qui fait résider *l'autorité tout entière* dans la personne du roi, comme sous l'ancienne monarchie, et délègue le pouvoir législatif à une chambre des pairs et à une chambre des députés.

L'acte additionnel, promulgué par Napoléon à son retour de l'île d'Elbe, comme supplément aux constitutions de l'Empire, qui sont en même temps modifiées dans un sens plus libéral.

La Charte de 1830, votée par chambre des députés

le 7 août 1830, et acceptée le lendemain par Louis-Philippe ; cette charte est une sorte de conciliation entre le principe de l'hérédité au trône, suivant les rapports de parenté, et la souveraineté du peuple ; elle maintient la pairie, mais elle en supprime l'hérédité ; elle abaisse le cens électoral, abolit la religion de l'État et proclame la liberté de conscience.

La Constitution de 1848, pastiche malheureux des premières constitutions républicaines ; elle établit le suffrage universel, une chambre unique, qui fut bientôt en proie à tous les déchirements des partis, et elle attribue le pouvoir excutif à un président, nommé tous les quatre ans par tous les Français jouissant de leurs droits civils.

La Constitution de 1852, qui confie pour dix ans la présidence à Louis-Napoléon.

Le sénatus-consulte du 7 novembre 1852 qui rétablit l'empire héréditaire.

Ces dix chartes et constitutions nous ont fait passer tour à tour de la monarchie tempérée à la démocratie ; de la démocratie à la démagogie de la terreur ; de la terreur à l'empire ; de l'empire à la monarchie constitutionnelle ; de la monarchie constitutionnelle à la république ; de la république au second empire, et nous voici maintenant revenus du second empire à la troisième république. Proclamées aux cris de : *vive le roi ! vive la république ! vive l'empereur !* et toujours avec un égal enthousiasme, les constitutions et les chartes n'ont empêché ni la chute du roi, ni la chute de la république, ni la chute de l'empire, et aujourd'hui, après tant d'essais et de bouleversements, **nous nous demandons quelles garanties elles offrent** à la stabilité des gouvernements, à la liberté, à l'ordre, à la prospérité du pays; car c'est une loi fatale de notre histoire, que les pactes politiques qui nous ont régi depuis quatre-vingts ans, ont toujours été violés, soit par les gouvernements, soit par les peuples.

Nos codes de droit commun, nos codes de droit public, sont complétés par une foule de lois particulières, telles que les lois sur les impôts, les chemins de fer, la chasse, l'instruction primaire, les associations ouvrières, etc., etc. Et si nous ne sommes pas un peuple modèle, le peuple le plus tranquille et le plus heureux de la terre, il ne faut certes pas s'en prendre à nos législateurs, car, ainsi qu'on l'a dit, nous avons assez de chartes monarchiques, démocratiques, constitutionnelles et additionnelles, pour en fournir à tous les royalistes et à tous les républicains de l'Europe; — assez de lois civiles, criminelles, rurales, commerciales, gallicanes, industrielles, de police et de voirie pour encombrer les plus vastes bibliothèques.

Si grand que soit cependant notre amour du changement, nous avons depuis plus d'un demi-siècle respecté le Code civil, et les plus grands novateurs eux-mêmes n'y ont fait que des modifications peu importantes. Mais il n'en a pas été de même du Code pénal. Malgré l'abîme que la Révolution avait creusé entre l'ancien et le nouveau régime, les souvenirs du passé étaient encore trop vivants pour ne point laisser leur empreinte sur le nouveau droit criminel. La marque du fer rouge, le carcan, la peine de mort pour fausse monnaie, pour incendie, pour attentat politique furent maintenus; mais il se fit peu à peu une réaction très-vive contre ces diverses peines ; le carcan et la marque que, du reste, on n'appliquait plus que rarement depuis 1832, furent abolis par un décret du 2 mars 1848. La peine de mort pour fausse monnaie et pour incendie fut remplacée par les travaux forcés ; les délits politiques furent assimilés aux délits ordinaires par le Gouvernement de 48 ; mais la peine capitale fut rétablie en 1853 pour les attentats contre le chef de l'État. Le jury, institué par l'édit du 30 avril 1790 pour le jugement des affaires criminelles, a été depuis sa création l'objet d'une foule de dispositions qui se ressentent toutes des agitations politiques du moment, mais qui n'ont point détruit son caractère (1).

(1) L'institution du jury a été de notre temps l'objet de nombreuses discussions : quelques écrivains ou légistes ont demandé qu'elle soit appliquée aux causes purement civiles, mais cette extension a rencontré de nombreux adversaires. La question a été très-savamment débattue en 1872 à l'Académie des sciences morales, et voici les motifs qui ont été invoqués, par un savant jurisconsulte, M. Charles Giraud, en faveur du maintien de la législation aujourd'hui en vigueur.

Pour ce qui est de l'application du jury en matière civile, M. Giraud la considère comme une chimère. Autre chose est selon lui le jury criminel, autre chose le jury civil. Le premier est une institution toute politique, une garantie de liberté et d'humanité. Le jury en matière criminelle assure une justice en général plus humaine et plus douce, mais non pas toujours plus équitable. On a vu des jurys rendre des arrêts iniques, inspirés uniquement par l'esprit de parti. Cependant la plupart sont exempts de cette dureté que produit chez les juges la longue habitude de se trouver face à face avec des criminels. Pourtant, depuis un siècle bientôt qu'il a été institué, le jury n'est pas encore entré dans nos mœurs. On ne se dérange pas sans peine pour voter : à *fortiori*, pour aller siéger au tribunal. Il n'y a pas longtemps **qu'à chaque session il se trouvait cinq à six jurés aimant**

Le système de la pénalité, en ce qui touche les peines corporelles a été, comme tout le reste, profondément modifié par la Révolution. Nos lois modernes n'admettent, pour les crimes entraînant la peine capitale, que deux modes d'exécution : la déca-

mieux se laisser condamner à l'amende que d'aller juger des crimes. Certes on se dérangerait encore moins s'il s'agissait d'intérêts. Au criminel, le jury est le défenseur du pacte social. Tout le monde, d'ailleurs, est compétent en pareille matière ; ce n'est qu'une affaire d'impression. Mais en matière civile, la question de fait se confond toujours plus ou moins avec la question de droit. Il faut, pour discerner et apprécier, des lumières, des capacités qui obligeraient à ne prendre les jurés que dans une classe élevée.

Le jury civil n'est pas une idée neuve. Au commencement de la Révolution, il a été repoussé par la démocratie ; il suppose des connaissances juridiques qui ne sont pas familières à la masse et que même la plupart des jeunes gens sortant de nos écoles ne possèdent qu'imparfaitement. Nous ne sommes plus à Rome où l'aristocratie faisait de la pratique du droit et de la défense des clients un instrument politique. Nous ne vivons pas, comme les citoyens de Rome et d'Athènes, sur la place publique. Notre société laborieuse et besoigneuse, pour qui le temps est de l'argent, est obligée de laisser au gouvernement le soin de pourvoir à l'administration de la justice.

Songeons combien les légistes les plus experts, ceux de la Cour de cassation, sont souvent embarrassés en présence des questions de droit, encore bien que la jurisprudence soit faite sur tous les points fondamentaux. Combien de fois la cour suprême a-t-elle à dégager le droit du fait litigieux. Ce n'est pas tout : avec le jury en matière civile, on serait conduit à bouleverser tout le système de preuves (système fort sage et qui date de loin), à rendre à la preuve testimoniale, aujourd'hui restreinte à un petit nombre de cas, l'importance qu'elle avait dans le droit romain.

Lanjuinais déclarait qu'après vingt ans d'expérience, la distinction du fait et du droit lui semblait la plupart du temps impossible. Sans doute, il y a des procès où le fait domine et

pitation par la guillotine pour les condamnés civils, la fusillade pour les condamnés militaires. L'emprisonnement a été également modifié, et de notre temps même il a été l'objet de nombreuses réformes. Sous l'ancienne monarchie, en effet, l'emprisonnement était moins une peine proprement dite qu'un moyen de s'assurer de la personne des prévenus et des condamnés, et de les mettre dans l'impuissance de s'échapper ou de faire le mal. Ce n'était en quelque sorte que l'accessoire du fouet, de la mutilation et des autres supplices qui constituaient le véritable châtiment. Les lois du 22 juillet et 6 octobre 1791, supprimèrent les peines corporelles pour les crimes qui n'étaient point passibles de la mort, et les remplacèrent par la prison à temps ou à perpétuité, en se fondant sur ce principe que la société ne doit pas seulement punir le condamné et le mettre hors d'état de nuire, mais qu'elle doit encore travailler à son amendement, suivant la maxime des jurisconsultes romains : *Pœna constituitur in emendationem hominis.* De là est sorti notre système pénitentiaire moderne et le régime de nos prisons.

Aujourd'hui nos prisons comprennent, suivant la nature des délits et des peines :

1° Les maisons de police municipale qui reçoivent les individus condamnés par les tribunaux de simple

où la solution dépend d'une expertise. C'est ce qui a lieu dans les affaires industrielles et commerciales. Mais, en pareil cas, le jury ne fera pas lui-même l'expertise. S'il juge conformément aux conclusions du rapport des experts, il est inutile ; s'il juge en sens contraire, il devient dangereux.

police à un emprisonnement dont le minimum est d'un jour et le maximum de cinq jours ;

2° Les colonies pénitentiaires des jeunes détenus, où sont renfermés jusqu'à l'âge de 21 ans, les enfants et les adolescents tombés sous le coup de la justice répressive. Ils y suivent des cours complets d'instruction primaire, et font l'apprentissage d'un métier. Les colonies pénitentiaires sont au nombre de vingt et une ;

3° Les maisons d'arrêt où sont enfermés les prévenus et les condamnés à un emprisonnement qui ne dépasse pas un an ; on en compte une par arrondissement ;

4° Les maisons de justice établies au chef-lieu du département et dans lesquelles sont placés les individus qui se sont pourvus en appel ;

5° Les maisons de détention ou de force, au nombre de vingt et une qui sont affectées aux malfaiteurs condamnés à la réclusion ou a plus d'un an de prison, et les femmes condamnées aux travaux forcés.

Jusqu'en 1851, les condamnés aux travaux forcés à temps et à perpétuité subissaient leur peine dans les bagnes, à Rochefort, à Brest et à Toulon ; mais l'entassement de sept ou huit mille bandits dans trois établissements seulement, présentait les inconvénients les plus graves. Les *escarpes*, les *cambriolleurs*, et autres forçats émérites y faisaient à leurs compagnons de chaîne des cours de scélératesse, et quand les condamnés à temps rentraient dans la société, ils y portaient, avec une perversité plus grande, les secrets et les raffinements de la science du crime, et **les vices monstrueux qui se développent dans ces** charniers vivants où fermentent toutes les putréfactions morales. L'administration mit à l'étude la suppression des bagnes ; elle fut décidée en 1852, et remplacée par des colonies pénitentiaires à l'intar des colonies anglaises. Depuis cette époque un grand nombre de forçats ont été dirigés sur l'Algérie, Cayenne, Nossi-bé et les îles Marquises; les derniers sont partis en 1872 ; mais la réforme est encore trop récente pour qu'il soit possible d'en apprécier les résultats. Un autre essai, l'application du système cellulaire, a été tenté dans les prisons ; il n'a produit rien de satisfaisant. On pensait qu'en isolant les détenus, en les laissant face à face avec eux-mêmes on obtiendrait, par les remords et la réflexion, leur réhabilitation morale ; mais c'était là une pure illusion, car le remords suppose la conscience, et la conscience, pour la plupart des détenus, reste à la porte des prisons, comme l'espérance aux portes de l'enfer.

II

L'enchevêtrement des juridictions et la confusion des pouvoirs qui était l'une des plaies de notre ancienne justice, a complétement disparu de nos jours. Des tribunaux spéciaux, ayant chacun des attributions parfaitement définies, connaissent des causes diverses auxquelles peuvent donner lieu les rapports de la vie sociale. Ces tribunaux sont, d'après l'ordre de leur importance et la hiérarchie des appels :

1° Les justices de paix, instituées par la loi du 23 août 1790 ; elles ont pour attributions de concilier les parties avant qu'elles aient recours aux tribunaux civils, et de statuer, sans frais et sans ministère d'avoués, sur des contestations de peu d'importance ; elles connaissent, en outre, des contraventions de simple police ;

2° Les tribunaux de commerce qui remplacent les anciennes justices consulaires ; ils connaissent de toutes les contestations entre commerçants, des faillites simples, et jugent en dernier ressort les demandes dont le principal n'excède pas 1,500 francs ; les juges sont nommés par leurs concitoyens, et renouvelables tous les trois ans ;

3° Les conseils de prud'hommes, organisés par un décret de 1806 ; ils se composent de patrons, de contre-maîtres et d'ouvriers élus par leurs pairs, et jugent les conflits d'intérêts qui surviennent dans les ateliers et les fabriques entre les ouvriers et les patrons. Les affaires y sont exposées et défendues par les parties elles-mêmes ;

4° Les tribunaux de première instance qui jugent les affaires civiles et les affaires correctionnelles, c'est-à-dire les délits plus graves que ceux attribués aux tribunaux de simple police, mais qui n'entraînent point de peines afflictives et infamantes. Il existe un tribunal de première instance dans chaque arrondissement ;

5° Les cours d'appel, dites aussi suivant les époques *cours impériales* ou *cours royales*. Elles forment le deuxième degré de juridiction et statuent sur les appels des tribunaux de première instance et de commerce. On en compte vingt-sept;

6° Les cours d'assises qui rendent la justice criminelle avec le concours du jury. Elles ne sont point permanentes ; les juges qui les composent sont désignés chaque année parmi les membres des cours d'appel, et se transportent à des époques fixes au chef-lieu de chaque département. Leurs arrêts sont affichés dans toute l'étendue du ressort.

7° La Cour de cassation, tribunal suprême qui siége à Paris, et prononce sur les demandes en invalidation portées contre les jugements rendus en dernier ressort par les cours d'appel. Cette cour dont les arrêts, comme les anciens *arrêts d'édit* des parlements, établissent des points obscurs ou controversés de jurisprudence, se compose d'une *chambre des requêtes*, d'une *chambre civile* et d'une *chambre criminelle*. La Cour de cassation ne connaît point du fond, mais seulement de la forme.

Outre les juridictions que nous venons de nommer et qui ont des attributions générales de droit commun, il existe encore chez nous des juridictions spéciales, administratives, financières et militaires. Elles comprennent :

Les conseils de préfecture qui jugent au contentieux, sous la présidence du préfet, les affaires administratives de chaque département. Les membres de ces conseils qui, jusqu'en 1871, avaient été nommés par le gouvernement, sont aujourd'hui remplacés par des conseillers généraux nommés à l'élection ;

Le conseil d'État, dont une des sections connaît en appel des affaires jugées par les conseils de préfecture ;

La cour des comptes, qui remplace les anciennes chambres des comptes, centralise toutes les pièces de comptabilité, recettes ou dépenses publiques, les soumet à un contrôle sévère et prononce, contre les comptables en défaut, les peines édictées par la loi.

Les conseils de guerre, créés par la loi du 13 brumaire an v (1797) ; ils jugent les crimes et délits commis par les individus de tout grade appartenant à l'armée de terre, et se composent exclusivement de militaires.

Les conseils de guerre maritimes créés en 1806 ; ils se composent d'officiers de marine et connaissent des crimes et délits commis à bord des bâtiments de l'État.

Les cours martiales qui sont des conseils de guerre jugeant sans appel les crimes et délits commis par les militaires en campagne.

Les troubles dont la France a été le théâtre depuis quatre-vingts ans ont souvent interrompu le cours de la justice ordinaire, et donné lieu à la création de tribunaux exceptionnels dont quelques-uns ont tristement rappelés les *commissions extraordinaires* de l'ancien régime. Tels sont :

Sous la première République, le tribunal révolutionnaire, institution sauvage et monstrueuse qui sera la honte éternelle de ceux qui l'ont créée et de ceux qui l'ont subie.

Sous le premier Empire, les commissions militaires dont l'une a assassiné le duc d'Enghien ;

Sous la Restauration, les cours prévôtales qui jugèrent de 1815 à 1817, sans appel et avec rétroactivité les délits politiques, et qui n'étaient autre chose que le tribunal révolutionnaire de la monarchie du droit divin ;

Sous la Restauration et sous Louis-Philippe, la chambre des pairs qui fut érigée plusieurs fois en cour de justice pour connaître des crimes de haute trahison et de complot contre la sûreté de l'État (procès du maréchal Ney, du prince Napoléon, de Barbès).

Sous la seconde République, les commissions qui ont jugé les insurgés de Juin.

Sous la présidence de Louis-Napoléon, en décembre 1851, les commissions qui ont jugé les individus hostiles ou suspects au nouveau régime ; et les condamnations iniques et arbitraires prononcées administrativement en vertu de la *loi de sûreté générale*.

Sous la troisième République, les conseils de guerre qui ont jugé les malfaiteurs accusés de participation aux crimes de la Commune, assassinat des généraux et des otages, incendie de Paris, vol à main armée sous prétexte de réquisitions, etc. (1).

(1) En parlant ci-dessus de notre organisation judiciaire nous n'avons rien dit du parquet, c'est-à-dire des fonctionnaires qu'on appelait autrefois les *gens du roi* ; mais la composition du parquet est si connue que nous n'apprendrions rien à nos lecteurs en leur disant qu'il se compose des procureurs généraux, des avocats généraux, du procureur de la République et de leurs substituts. Il suffit également de rappeler pour

En comparant notre ancienne organisation judiciaire avec notre organisation moderne, on ne peut contester que d'immenses progrès n'aient été accomplis. Est-ce à dire pour cela que de nouvelles réformes et de nouvelles améliorations ne soient pas encore nécessaires ? Nous sommes loin de le penser ; mais lorsqu'il s'agit des lois et de la magistrature, il faut agir avec la plus grande prudence, car le respect des lois est la base de la liberté, et notre premier devoir est de l'enseigner aux jeunes générations auxquelles nous léguerons, en quittant cette vie si rudement éprouvée, le douloureux mais salutaire exemple de nos fautes et de nos malheurs.

Charles LOUANDRE.

mémoire, en ce qui touche l'organisation générale de la police, que les commissariats de police ont été institués par la loi du 29 septembre 1791, que la gendarmerie qui succède à l'ancienne maréchaussée, a été organisée en 1791, et que la direction générale de la police est attribuée au ministère de l'intérieur.

STATISTIQUE CRIMINELLE DE L'ANNÉE 1866

Le document qu'on va lire est emprunté aux comptes rendus de la justice publiés par les soins du gouvernement. Nous avons pensé qu'il intéresserait le lecteur; le volume qui nous l'a fourni ne se trouve guère que dans les bibliothèques publiques ou les archives des tribunaux; c'était pour nous une raison de plus de le reproduire ici. On a parlé si souvent, de notre temps, de l'adoucissement de la pénalité, qu'il nous a paru utile de montrer, par des chiffres exacts, combien est grand encore, malgré les progrès de la civilisation, le nombre des malfaiteurs qui menacent la société, et combien il est imprudent de vouloir la désarmer.

L.

Les cours d'assises ont statué contradictoirement sur 3,676 accusations, dont 1,777 concernaient des attentats contre les personnes et 1,897 contre les propriétés.

Les accusés impliqués dans les 3,676 affaires soumises au jury en 1866 étaient au nombre de 4,551. Des crimes contre les personnes étaient imputés à 1,971 d'entre eux, et des crimes contre les propriétés à 2,580.

CRIMES CONTRE LES PERSONNES. — 1866.

Meurtres	115
Assassinats	191
Parricides	6
Infanticides	201
Empoisonnements	23
Coups et blessures ayant occasionné la mort sans intention de la donner	104
Coups et blessures à des ascendants	23
Viols et attentats à la pudeur { sur des adultes	160
{ sur des enfants	883
Avortements	14
Autres crimes contre les personnes	47
Totaux	1,777

CRIMES CONTRE LES PROPRIÉTÉS. — 1866.

Fausse monnaie...........................   27
Faux....................................   316
Abus de confiance......................   76
Vols domestiques......................   347
Vols sur des chemins publics.........   41
Autres vols qualifiés..................   807
Incendies..............................   188
Banqueroutes frauduleuses...........   79
Autres crimes contre les propriétés.....   18

Totaux............   1,899

Le rapprochement du nombre total des accusés avec le recensement de la population de 1866, donne pour toute la France, un accusé sur 8,365 habitants. Cette moyenne est honorablement dépassée dans 59 départements ; elle s'élève même à 20,309 dans le Bas-Rin, à 24,422 dans le Nord, à 24,484 dans la Nièvre, et jusqu'à 28,051 dans le Cher. Dans 30 départements, au contraire, elle n'est malheureusement pas atteinte : ainsi, elle n'est que de 4,004 dans la Corse, de 3,629 dans les Bouches-du-Rhône, de 3,480 dans la Seine, et de 2,489 dans le Var.

Après la Seine, qui entre pour un septième dans le nombre total des accusés (618 sur 4451, ou 14 p. 0/0), les départements où il en a été jugé le plus sont ceux des Bouches-du-Rhône (151), de la Seine-Inférieure (147), du Var (132), de la Gironde et de la Loire-Inférieure (91), du Puy-de-Dôme (90), de la Marne (86), etc. Dans le Rhône, le Pas-de-Calais, les Côtes-du-Nord et Saône-et-Loire, où la population est cependant considérable, le nombre des accusés a varié entre les chiffres fort mo-

dérés de 48 à 65. Il n'en a été traduit aux assises que 16
dans le Doubs, 15 dans le Cantal, 14 dans l'Indre, les
Hautes-Alpes et la Nièvre, 12 dans le Cher, et 11 dans
les Basses-Alpes.

. . . .

. . . .

Les 3676 accusations déférées au jury ont reçu les so-
lutions suivantes : 2,417, les deux tiers (66 p. 0/0),
ont été admises entièrement; 350 (9 p. 0/0) ont été ac-
cueillies avec des modifications qui laissaient au fait déclaré constant le caractère de crime; 229 (6 p. 0/0) ont
été suivies de verdicts qui transformaient le crime en
délit; enfin 680, ou près d'un cinquième (19 p. 0/0), ont
été rejetées entièrement.

. . . .

. . . .

338 accusés ont été déclarés coupables de crimes entraînant la peine capitale, savoir : 129 d'infanticides;
90 d'assassinats; 76 d'incendies d'édifices habités; 18
d'empoisonnements; 18 de meurtres accompagnés de
viols ou de vols; 6 de parricides, et 1 de meurtre d'un
agent dans l'exercice de ses fonctions.

Mais la peine capitale n'a été réellement prononcée
que contre 17 hommes et 3 femmes. 9 avaient été convaincus d'assassinats; 4 d'incendies; 3 de meurtres
précédés de viols; 2 de parricides; 1 d'empoisonnements et 1 d'infanticide. On comptait parmi eux 12 repris
de justice, dont un ancien forçat : 9 ont été exécutés.

. . . .

. . . .

Les 370 tribunaux correctionnels qui avaient statué,
en 1865, sur 139,350 affaires en ont jugé 139,441 en 1866;
ce n'est donc, pour cette dernière année, qu'une augmentation de **91** sur l'ensemble. Mais les variations sont

fort sensibles, si l'on examine la nature des infractions
et leur répartition entre les deux grandes catégories,
dont l'importance est loin d'être égale, celle des délits
communs et celle des contraventions fiscales et fores-
tières ; si le total de la dernière est descendu de 23,124
à 21,052, les délits communs se sont élevés de 116,226
à 118,389

. . . .

. . . .

Le tableau suivant montre quel a été en 1866, pour
les infractions les plus graves ou les plus fréquentes, le
mouvement des prévenus.

Infraction au ban de surveillance.......	3,588
Vagabondage.........................	7,122
Mendicité............................	6,083
Rébellion............................	3,010
Outrages et violences envers des fonc-tionnaires publics....................	8,332
Religion, (délits contre la) et outrages envers les ministres des cultes.......	169
Coups et blessures volontaires.........	24,446
Délits divers contre les mœurs.........	4,206
Diffamation et injures ; dénonciation ca-lomnieuse..........................	4,799
Vols simples..........................	36,439
Banqueroute simple...................	876
Escroquerie	2,914
Abus de confiance....................	3,135
Atteinte à la liberté du travail et de l'in-dustrie.............................	130
Tromperie sur les marchandises et faux poids..............................	3,542

A reporter.......   108,791

Report........	108,791
Destructions de récoltes, d'arbres, de clôtures, d'animaux......................	2,219
Délits politiques, contraventions électorales.......................	179
Fausses nouvelles......................	69
Outrages à la morale publique et livres ou gravures obscènes...............	273
Colportage d'imprimés sans autorisation.	80
Contraventions diverses en matière de presse.............................	162
Chemins de fer (Infractions aux lois sur les)........	1,107
Cabarets et cafés (Ouverture illicite de).	1,913
Armes prohibées (Port d'). Armes de guerre (Fabrication et détention d')...	440
Chasse (Délits de)...................	20,155
Délits ruraux et maraudage............	480
Douanes, contributions indirectes, octrois.............................	1,807
Pêche (Délits de Pêche)...............	8,488
Postes { Usage de timbres-poste ayant déjà servi..................	574
{ Autres contraventions postales.	181
Forêts (Contraventions aux lois sur les).	12,864
Roulage (Contravention aux lois sur le)..	904
Autres délits et contraventions de toute espèce.............................	7,329
TOTAUX............	168,025

Les 168,025 prévenus jugés en 1866 par les tribunaux correctionnels se répartissent ainsi, eu égard aux décisions intervenues : 16,056 acquittés (0,10) et 151,969 condamnés, savoir : 8,456 (0,05) à un an ou plus d'emprisonnement; 82,293 (0,49) à moins d'un an de la même peine, et 61,220 (0,36) à l'amende.

Parmi les 16,056 prévenus acquittés, sont classés 3,361 mineurs de seize ans, que les tribunaux ont considérés comme ayant agi sans discernement, et qu'ils ont remis à leurs parents au nombre de 1,238, ou renvoyés dans une maison d'éducation correctionnelle au nombre de 2,123.

Indépendamment de l'emprisonnement et de l'amende, 2,271 prévenus ont vu prononcer contre eux des peines accessoires, telles que la surveillance de la haute police pour 2,538, l'interdiction des droits mentionnés en l'article 42 du Code pénal pour 227; la réparation (art. 226 et 227 du Code pénal) pour 5; enfin, l'éloignement d'un lieu déterminé (art. 229 du Code pénal); les tribunaux du Havre, d'Hazebrouck et de Mantes ont seuls appliqué ces deux dernières dispositions légales, dont le caractère moral, exemplaire et préventif est évident.

.   .   .   .

.   .   .   .

L'annexion à chaque procédure criminelle d'extraits du casier judiciaire donne le moyen de connaître exactement les antécédents des accusés. Parmi les 4,551 accusés traduits, en 1866 devant le jury, 1,813 avaient été antérieurement condamnés. C'est une proportion de 40 p. 0/0 identique à celle de l'année précédente, 49 de ces récidivistes étaient libérés des travaux forcés; 79 de la réclusion; 571 de l'emprisonnement de plus d'un an; 966 de l'emprisonnement d'un an ou moins, et 148 n'avaient encouru auparavant que des condamnations pécuniaires, 570 (31 p. 0/0) ont été jugés en 1866, pour des attentats contre les personnes, et 1,243 pour des crimes contre les propriétés. Les dernières poursuites ont abouti à l'acquittement de 196, c'est-à-dire de 11 p. 0/0, tandis que, pour les accusés purs de tout antécédent judiciaire, la proportion s'élève à 31 p. 0/0; les 1,617 autres accusés récidivistes ont été condamnés, savoir : 15 à mort; 94 aux travaux forcés à perpétuité; 436 aux travaux forcés à temps; 433 à la réclusion, et 642 à l'emprisonnement.

.   .   .   .

.   .   .   .

En 1866, les tribunaux de simple police ont statué sur 390,429 contraventions portées à leur connaissance; 383,025 par le ministère public, et 7,404 par la partie civile. Le nombre total de ces infractions avait été, en 1865 de 406,036; c'est donc pour 1866 une diminution de 15,607; le tribunal de police de la Seine y participe pour plus des deux tiers.

La France a obtenu, en 1866, des gouvernements étrangers, l'extradition de 71 criminels et autorisé la remise de 68. En 1865, le premier chiffre avait été de 90 et le second de 65. Des 71 extraditions accordées en 1866 à la France, 19 l'ont été par la Belgique, 18 par l'Espagne, 15 par la Suisse, etc. ; et notre pays, de son côté, a livré à la Belgique 22 malfaiteurs, à l'Italie 19; à la Prusse 7, à la Suisse 6, à la Bavière 4, au grand-duché de Bade 3, etc.

Les arrestations opérées dans le département de la Seine ont été plus nombreuses en 1866 qu'en 1865; on en compte 28,644 au lieu de 25,546. Au point de vue du sexe, de la nationalité et de la moralité, ces 28,644 individus se divisent en 24,416 hommes et 4,228 femmes; 26,267 français et 2,377 étrangers; 16,645 repris de justice et 11,999 inculpés dont les antécédents n'ont pu être immédiatement constatés. La préfecture de police a pris,

à l'égard des individus saisis, les mesures suivantes :
3,142 ont été relaxés sur-le-champ et 731 placés dans des
hôpitaux ; 39 ont été conduits par la gendarmerie dans les
départements, ou à la frontière, ou remis à l'autorité
militaire ; enfin 24,732 ont été amenés devant l'autorité
judiciaire.

Les procureurs impériaux ont reçu 13,612 procès-verbaux constatant des morts accidentelles dont avaient été
victimes 11,353 hommes (83 p. 0/0) et 2,259 femmes. En
1865, le nombre total de ces événements était inférieur
de 48 seulement (13,564). La submersion entre toujours
pour un tiers dans les causes de morts involontaires
(4,828 en 1866).

On constate encore un nouvel accroissement du nombre des suicides : 5,119 en 1866 ou 173 de plus que l'année précédente. Les femmes figurent parmi les suicidés
pour 950 ou près d'un cinquième. Il n'a pas été possible
de connaître l'âge, l'état civil et le domicile de tous les
suicidés. Ceux pour lesquels des renseignements exacts
ont pu être fournis se classent dans les catégories suivantes : En égard à l'âge, 214 n'avaient pas atteint la
majorité civile, 573 étaient âgés de vingt et un à trente
ans ; 762, de trente à quarante ans ; 983, de quarante à
cinquante ans ; 1,110, de cinquante à soixante ans, et
1,438 avaient dépassé cet âge. En égard à l'état civil, on
compte 1,665 célibataires, 2,523 mariés, et 846 veufs.
En égard au domicile, 2,736 habitaient des villes et
2,325 des communes rurales, c'est-à-dire dont la population agglomérée est inférieure à 2,000 âmes.

Quant aux motifs présumés, les procès-verbaux les
ont relevés pour 4,763 suicides seulement dont on peut
attribuer : 534 à la misère ou à des revers de fortune ;
728 à des chagrins domestiques ; 891 aux égarements de
l'amour, de la jalousie, de la débauche, de l'inconduite ;

1,023 à des peines diverses et notamment aux souffrances physiques; 1,552 à des maladies cérébrales. Enfin il y a eu 35 suicides des auteurs de crimes capitaux.

. . . .

. . . .

Le nombre total des affaires jugées contradictoirement, en 1866, par les cours d'assises de l'Algérie a été de 351, soit 37 de plus qu'en 1865. Cette augmentation de 12 p. 0/0 est afférente, pour les quatre cinquièmes, aux accusations de crimes contre les propriétés (224 au lieu de 194); elle se répartit entre six arrondissements : ceux de Blidah, d'Oran, de Mostaganem, de Tlemcen, de Constantine et de Philippeville, et porte principalement sur les vols et les faux.

Ces 351 affaires comprenaient 553 accusés, parmi lesquels on ne compte que 11 femmes. 402, près des trois quarts, étaient indigènes; 93, Français, et 58, Européens. Les mineurs de vingt et un ans entrent pour un quart dans le nombre total des accusés, tandis qu'en France leur proportion n'est que du sixième.

TABLE DES MATIÈRES

INTRODUCTION.

QUATORZIÈME SIÈCLE.

ARGUMENT.

QUINZIÈME SIÈCLE.

ARGUMENT.

Les parlements provinciaux. — La pragmatique sanction
et l'église gallicane. — Les principales coutumes du
XVᵉ siècle....................................

SEIZIÈME SIÈCLE.

ARGUMENT.

DIX-SEPTIÈME SIÈCLE.

ARGUMENT.

DIX-HUITIÈME SIÈCLE.

LA RÉVOLUTION ET LA MAGISTRATURE.

ARGUMENT.

DIX-NEUVIÈME SIÈCLE.

CITÉS OU NOMMÉS DANS CE VOLUME.

Clichy. — Impr. PAUL DUPONT et Cie, rue du Bac-d'Asnières, 12.